ADAC

Berlin

von Martina Miethig

 ADAC Top Tipps

Das müssen Sie gesehen haben! Die zehn Top Tipps bringen Sie zu den absoluten Highlights.

 ADAC Empfehlungen

Unterwegs gut beraten: Diese 25 ausgesuchten Empfehlungen machen Ihren Urlaub perfekt.

Preise für ein DZ mit Frühstück:
€ | bis 100 €
€€ | 100–200 €
€€€ | ab 200 €

Preise für ein Hauptgericht:
€ | bis 15 €
€€ | 15–25 €
€€€ | ab 25 €

1 Open air janz weit draußen

Die Waldbühne kennt jeder, aber schon mal was vom Freilichtkino Friedrichshagen gehört? In dem Köpenicker Stadtteil versteckt sich in einem urigen Wäldchen eine Oase – und das seit fast 100 Jahren, damals noch mit Schauspiel und Operetten. Nach jahrzentelangem Verfall geht hier seit 2006 im Halbrund wieder die Post ab: ob bei Kinoklassikern oder Poetry Slam, beim »Schalala-Mitsingding«, Ü30-Partys mit Wunderkerzen oder Konzerten.
■ S3 Friedrichshagen, Hinter dem Kurpark 13, 12587 Berlin, www.kino-union.de

3-mal draußen

2 Durch den wilden Norden

Auf dem abwechslungreichen Barnimer Dörferweg geht es gemütlich in zwei Etappen ab Alt-Tegel über Karow nach Ahrensfelde (insgesamt 34 km, ausgeschildert). Zuerst wird es asiatisch-dschungelig mit Wasserbüffeln, dann streift den Wanderer ein Hauch von Wildem Westen, wenn der Weg vorbeiführt an Pferdekoppeln und Reiterhöfen bis hin zu zottligen Rindern aus Schottland. Felder, (Moor-)Wiesen, Obstplantagen und schöne alte Ortskerne samt Kirchturm liegen auch am Wegesrand.

■ GPS-Daten zum Download: www.berlin.de

3 Outdoor-Bade-Spaß ...

... ganzjährig auf der Spree! Ob es schneit oder regnet, bei Hitzewellen oder Nebelschwaden: Der Badedampfer ist ein elektrisch betriebener Whirlpool, für den man nicht mal einen Bootsführerschein braucht. »Deutschlands erste schwimmende Badewanne« ist leicht zu manövrieren, und der kleine Unterwasser-Holzofen wärmt das Badewasser auf 25 bis 30, im Winter auf 40 Grad. Auf Wunsch gibt es Getränke, Fingerfood und Musikbox, sogar Badeshorts und Bikini kann man preiswert kaufen. Oder man bucht gleich den Saunadampfer ...

■ www.badedampfer.de

INHALT

Seite 20

Intro

3-mal draußen 2

Impressionen 8
Eine fabelhafte Hauptstadt
Auf einen Blick 11

Magazin

Panorama 12
Das sieht nach Urlaub aus!

Beste Reisezeit 18
Frühling, Sommer 18
Herbst, Winter 20

So schmeckt's in Berlin 22
In aller Munde: Die Currywurst 25

Einkaufsbummel 26
Das perfekte Souvenir 27

Mode aus Berlin 28

Mit der Familie unterwegs 30
Gar nicht teuer 30
Gut gebettet 30
Und Action! 31

Tierisch gut 31
Schauen und Staunen ohne Ende .. 32
Theater, Kino und mehr 32

Kunstgenuss 34
Street-Art – Tschüs, ihr grauen Wände!
Ben Wagin – eine lebende
Berliner Legende 35
Urban Nation – Museum for
Urban Contemporary Art 37

So feiert Berlin 38
*Bunt, bunter, am buntesten:
Karneval der Kulturen*

Die Kieze Berlins 40
Die schönsten Kiezfeste 41

**Berlin –
gestern und heute** 44
Aufstieg unter den Hohenzollern .. 44

Seite 38

INHALT

Seite 36

Seite 24

Horchen und horchen lassen –
Hauptstadt der Spione 45
Als die Mauer plötzlich fiel 46
Am Puls der Zeit:
Monopoly in Berlin 47

Orte, die Geschichte schrieben 48
Flughafen Tempelhof und die Luftbrücke

Das bewegt Berlin 50
Mythos Linie 1

ADAC Traumstraße 52
Alleen, Schlossparks, Badeseen: Landpartie für Entdecker

Von Ahrensfelde zum Oderdeich
in Hohenwutzen 52
Von Hohenwutzen über Flusspolder nach Seelow 53
Von den Oderhängen Seelow-Lebus nach Müncheberg 55
Von Müncheberg in den Kneipp-Kurort Buckow 56
Von Buckow nach Altlandsberg 57
Hotelempfehlungen 57

Im Blickpunkt

Schatten der Vergangenheit
in der Wilhelmstraße 70
Bahnbrechende Bauten der
Berliner Moderne 98
Die Berliner Mauer – Geschichte
und Geschichten 113
Absolute Kontrolle? Vom
Aufstieg und Fall der Stasi 125
Grüne Oase mit Kultur 130
Frechheit siegt – der Hauptmann
von Köpenick 140
Berlinalefieber 150

Seite 27

INHALT

Unterwegs

ADAC Quickfinder
Das will ich erleben 60

Vom Reichstag zum Alex 64

1. Reichstag 66
2. Brandenburger Tor 68
3. Holocaust-Mahnmal 70
4. Unter den Linden 70
5. Gendarmenmarkt 74
6. Friedrichstraße 76
7. Friedrichswerdersche Kirche – Schinkelmuseum 79
8. Museumsinsel 80
9. Humboldt Forum 86
10. Nikolaiviertel 86
11. Rund um den Alexanderplatz 88

Am Abend/Übernachten 92/93

Potsdamer Platz und Tiergarten 94

12. Potsdamer Platz 96
13. Museum für Kommunikation 98
14. Topographie des Terrors 98
15. Martin-Gropius-Bau 99
16. Großer Tiergarten 100
17. Kulturforum 102
18. Gedenkstätte Deutscher Widerstand 105
19. Bauhaus-Archiv 105

Am Abend/Übernachten 106/107

Nördlich der Spree – Mitte und Prenzlauer Berg 108

20. Futurium 110
21. Hamburger Bahnhof – Nationalgalerie der Gegenwart 110
22. Museum für Naturkunde 110
23. Dorotheenstädtischer Friedhof 111
24. Gedenkstätte Berliner Mauer 112
25. Oranienburger Straße 112
26. Alter Jüdischer Friedhof 115
27. Hackesche Höfe 116
28. Sophienstraße 117
29. KulturBrauerei 118
30. Rund um den Kollwitzplatz 118

Am Abend/Übernachten 120/121

Friedrichshain-Kreuzberg und der Osten 122

31. Volkspark Friedrichshain 124
32. Karl-Marx-Allee 125
33. East Side Gallery 126
34. Oberbaumbrücke 127
35. Treptower Park 128
36. Paul-Lincke-Ufer und Maybachufer 130
37. Märkisches Museum 131
38. Berlinische Galerie 131
39. Jüdisches Museum 132
40. Viktoriapark und Bergmannstraße 132
41. Deutsches Technikmuseum 135
42. Gedenkstätte Berlin-Hohenschönhausen 136
43. Tierpark Friedrichsfelde 137

INHALT

44 Gärten der Welt	138
45 Köpenick	138
46 Großer Müggelsee	141
Am Abend/Übernachten	142/143

City West und Charlottenburg-Wilmersdorf ... 144

47 City West	146
48 Schloss Charlottenburg	151
49 Käthe-Kollwitz-Museum	152
50 Museum Berggruen	153
51 Sammlung Scharf-Gerstenberg	154
52 Bröhan-Museum	154
53 Funkturm	154
54 Georg Kolbe Museum	155
Am Abend/Übernachten	156/157

Der grüne Westen und Sanssouci ... 158

55 Altstadt Spandau	160
56 Brücke-Museum	161
57 Freilichtmuseum Domäne Dahlem	162
58 Museum Europäischer Kulturen	163
59 Botanischer Garten	163
60 Grunewald	164
61 Großer Wannsee	165
62 Pfaueninsel	166
63 Schloss und Park Sanssouci	168
64 Filmpark Babelsberg	172

Zu diesen Orten und Sehenswürdigkeiten finden Sie Detailkarten im Innenteil des Reiseführers.

■ Service

Berlin von A–Z ... 175
Alle wichtigen reisepraktischen Informationen – von der Anreise über Notrufnummern bis hin zu Verkehrsmitteln in der Stadt.

Festivals und Events	176
Chronik	184
Register	186
Bildnachweis	189
Impressum	190
Mobil vor Ort	192

Umschlag:

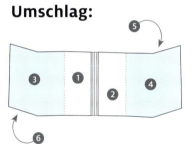

ADAC Top Tipps: Vordere Umschlagklappe, innen ❶

ADAC Empfehlungen: Hintere Umschlagklappe, innen ❷

Übersichtskarte Innenstadt: Vordere Umschlagklappe, innen ❸
Übersichtskarte Stadtgebiet: Hintere Umschlagklappe, innen ❹
Verkehrslinienplan: Hintere Umschlagklappe, außen ❺
Ein Tag in Berlin: Vordere Umschlagklappe, außen ❻

Eine fabelhafte Hauptstadt, die stets im Wandel ist

Die glorreiche Renaissance einer jungen Wilden – von der Mauerstadt zum angesagten Hotspot

Entspanntes Beisammensein in der Abendsonne mit Blick auf die Museumsinsel

Berlin boomt – auch die nur noch fünf Millionen Touristen im Jahr 2021 können nicht irren (2019 waren es fast 14 Millionen!). »Berlin, du bist so wunderbar«, die viel besungene »Berliner Luft« oder »der Koffer in Berlin«, die Techno-Hauptstadt Europas oder die Weltmetropole der Street-Art – den Berlinern mangelt es wahrlich nicht an Selbstvertrauen, da können noch so viele Flughäfen nicht fertig werden und Viren die Welt lahmlegen.

Dabei hatte auch hier einst alles ganz klein angefangen: Berlin war nie nur eine einzige Stadt. Schon lange vor der urkundlich ersten Erwähnung der Doppelstadt Cölln (1237) und Berlin (1244) gab es Köpenick und Spandau jwd (sprich: jottweedee, also »janz weit draußen«), außerdem das alte Rixdorf, Schmargendorf und Reinickendorf.

Impressionen aus Berlin

Erst 1920 wurde das alte Berlin mit den umliegenden Städten und Gemeinden zu Groß-Berlin vereinigt. Und so ist es heute noch: Berlin besteht nicht nur aus den zwölf Bezirken, es sind viele kleine Kieze, von denen einige bis heute mit ihrem dörflichem Charakter bezaubern und die 3,7 Millionen Einwohner aus 190 Nationen beherbergen.

und Verdrängung durch rasant steigende Mieten mit sich. Ebenso pflegt man mit Promis und Weltstars einen betont lässigen Umgang: Wo sonst könnten Tom Hanks, Brad Pitt und Angelina Jolie in aller Öffentlichkeit ihren Kaffee austrinken und Angela Merkel an der Supermarktkasse sogar beklaut werden?!

Das geschichtsträchtige Pflaster zieht Hollywood und Filmteams aus aller Welt an. Kein Tag scheint zu vergehen, an dem nicht ein Spionagethriller aus dem Kalten Krieg vor Westberliner 1980er-Kulisse gedreht wird oder ein Nazi-Holocaust-Drama im einst jüdi-

Stilles Gedenken am Holocaust-Mahnmal (unten) – Einst Symbol der Teilung: die Oberbaumbrücke (ganz unten)

Berliner Lebensart: leben und leben lassen

Dass Berlin auf den dritten Platz im Europa-Ranking der Reiseziele hinter Paris und London vorgerückt ist und in einem Atemzug mit New York genannt wird, nimmt der echte (weil hier geborene) Berliner gelassen bis skeptisch zur Kenntnis – denn es bringt nicht nur Vorteile und zahlende Hotelgäste, sondern auch Immobilienspekulanten

Eine fabelhafte Hauptstadt

schen Scheunenviertel. Oder sogar ganze US-Serien. Was wiederum zum Meckern anregt: Straßensperrungen wegen Dreh oder Bauarbeiten, wegen Demos oder Staatsbesuch sind an der Tagesordnung.

> *Ihr Völker der Welt!*
> *Ihr Völker in Amerika,*
> *in England, in Frankreich,*
> *in Italien!*
> *Schaut auf diese Stadt!*
>
> Ernst Reuter, erster Oberbürgermeister der drei Westsektoren, am 9. September 1948 anlässlich der Blockade

Berlin-Mitte mit der alten Doppelstadt Berlin-Cölln zieht die meisten Touristen an – und das zu Recht: Brandenburger Tor, Reichstag, Pergamonmuseum, Fernsehturm! Dazu ist das Kulturangebot Weltklasse und über die ganze Stadt verteilt: rund 175 (!) Museen von Technik und Spionage über DDR bis hin zu Abseitigem. Wo sonst kann man den Philharmonikern lauschen und hinterher noch in die Spätvorstellung des Quatsch Comedy Clubs gehen? Nach den Kulturschätzen auf der Museumsinsel oder den Meisterwerken Picassos und Warhols am Kulturforum noch zu einer Street-Art-Performance? Den einen Abend in einem der drei Opernhäuser genießen und am nächsten Abend ins Improvisationstheater zum Mitmachen? Oder doch lieber zu den bekannten Boulevardgrößen vom Ku'damm? Es locken unzählige Vernissagen und Lesungen, Varieté, Musicals und Konzerte. Ganz zu schweigen vom

Historisch neben modern: das Regierungsviertel

ausgiebigen Nachtleben – dessen »Geheimtipps« so rasch wechseln wie Ampelphasen.
Bahnbrechend war und ist dagegen die Architektur mit Namen von Weltrang wie Le Corbusier, Walter Gropius, Daniel Libeskind, Renzo Piano und Meinhard von Gerkan: etwa die futuristisch-exzentrische Stadt in der Stadt am Potsdamer Platz, der gläserne Hauptbahnhof, das Botschaftsviertel oder auch die älteren UNESCO-gekürten Wohnsiedlungen der Moderne wie die Hufeisensiedlung in Britz und die IBA-Bauten wie das Hansaviertel.

Stadt der Kontraste

Die berlintypischen »exotischen« Kontraste liegen oft nur ein paar Schritte voneinander entfernt: Imbissbuden und Michelin-Sterne-Restaurants. Eckkneipen-»Milljöh« und schicke Nachtclubs (Türsteher!). Berlinale-Glamour und Straßenstrich. Hochherrschaftliche Adelspalais und Plattenbauten. Großbaustellen und weite Parks und Wälder. Abseits der Flaniermeilen Ku'damm und Unter den Linden und der Vorzeigeecken der Jungen, Wilden und Kreativen entpuppt sich der großstädtische Rest nicht selten als eine Mixtur aus »Spätis«, Videotheken, Kebab-Läden, vietnamesischen Nagelstudios und zugemüllten Hinterhöfen. Ooch dit is Berlin.
Berlin ist zweifellos internationaler und aufregender geworden, auch Taschendiebbanden fühlen sich hier wie zu Hause. Doch solange die Berliner Polizei ihren 50 000 Followern noch Folgendes twittert, besteht kein Grund zur Panik: »Oma mit Rollator und Krückstock schlägt in #Neukölln auf zu lauten Lkw und geht anschließend einkoofen, #ditisberlin, #24hPolizei« …

Auf einen Blick

Fläche 892 km²
*(Ost-West-Ausdehnung: 45 km,
Nord-Süd-Ausdehnung: 38 km,
Länge der Stadtgrenzen: 234 km)*

Grüne (Wasser-) Stadt ca. 2500
*Park- und Grünanlagen, Kolonien,
Friedhöfe (13 %), Wald (18,4 %),
5 Flüsse, 4 Kanäle (mit Seen: 6,7 %)*

Einwohner 3,7 Mio.,
im Ballungsgebiet 6 Mio.

Tourismus ca. 5 Mio. Besucher
*und 14 Mio. Übernachtungen
bei einer Bettenkapazität von
rund 140 000 (im Jahr 2021)*

Bezirke Charlottenburg-Wilmersdorf, Friedrichshain-Kreuzberg,
*Lichtenberg, Marzahn-Hellersdorf,
Mitte, Neukölln, Pankow,
Reinickendorf, Spandau, Steglitz-Zehlendorf, Tempelhof-Schöneberg
und Treptow-Köpenick*

Oft gehörte Redewendungen
*Da kiekste, wa?
Von nüscht kommt nüscht!
Ick gloob, mir laust der Affe!*

Berühmte, Berlinerinnen
*Die Goldelse, also die Viktoria-Figur auf der Siegessäule;
Marlene Dietrich*

Das lieben alle Berliner
*Eckkneipen, Spätis,
Pfannkuchen (die süß gefüllten
Faschings- und Silvesterkrapfen –
also nicht »Berliner«!)*

Magazin

Der forsche Ampelmann ist mittlerweile regelrecht zur Ikone avanciert – kaum ein Besucher, der ohne den sympathischen Berliner im Miniaturformat nach Hause zurückkehrt. Hier steuert er schnurstracks auf die Museumsinsel zu. Eine gute Wahl! Beherbergen ihre fünf Museen doch nicht nur sagenhafte Kunstschätze, sondern sind selbst wahre Kunstwerke. Geniale Architekten wie Schinkel, Stüler und zuletzt Chipperfield haben sich hier verewigt. Dass das Ensemble zum UNESCO-Welterbe gehört, versteht sich da fast von selbst. Planen Sie also unbedingt genügend Zeit für eine ausgedehnte Inseltour ein!

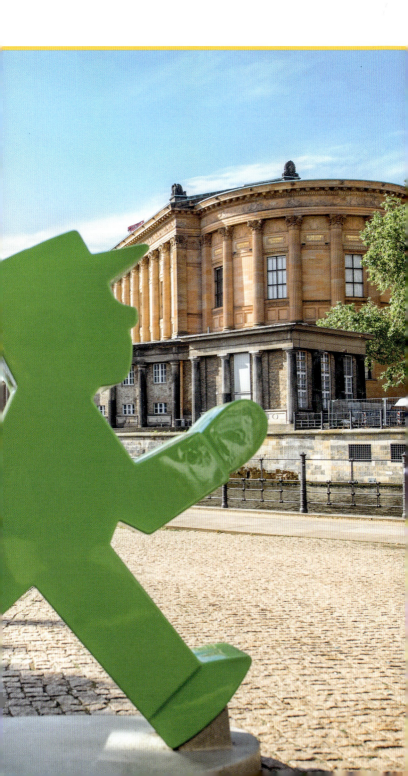

Als 1817 nach nur 15 Jahren das Königliche Nationaltheater am Gendarmenmarkt abbrennt, verwirklicht Karl Friedrich Schinkel mit dem Schauspielhaus hier eines seiner Hauptwerke. Die strenge Rasterung der Fensterachsen wurde später wegweisend für die moderne Architektur. Auch heute noch besticht das klassizistische Konzerthaus mit seiner schlichten Eleganz. Vom Podest der Freitreppe aus schweift der Blick über einen der schönsten Plätze Berlins. Mit dem Deutschen Dom (hier im Bild) und dem Französischen Dom ihm gegenüber ist er beliebte Kulisse für Open-Air-Veranstaltungen und einen stimmungsvollen Weihnachtsmarkt.

In der Kuppel des Reichstags dreht sich alles ums Parlament. Die Symbiose aus Alt und Neu ist sowohl architektonisch gelungen als auch geschichtlich interessant. Und die Aussicht auf das Regierungsviertel und den Tiergarten rundum ist natürlich grandios.

BESTE REISEZEIT

Beste Reisezeit Berlin

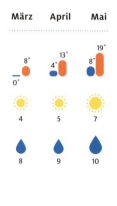

März	April	Mai
8° / 0°	13° / 4°	19° / 8°
4	5	7
8	9	10

Die Bedeutung der Symbole
(Angaben sind Mittelwerte)

 Temperatur min./max.

Sonnenstunden am Tag

Regentage im Monat

Sehnsüchtig erwartet: die ersten wärmenden Sonnenstrahlen des Jahres

FRÜHLING

Berlin erwacht: Frühjahrsputz! Frühjahrsgefühle! Frühjahrsfeste!

Kaum wärmen die ersten Sonnenstrahlen, sind die Tische vor den Cafés und in den Biergärten voll besetzt. Nach dem langen, grauen Winter lechzen die Berliner geradezu nach Licht und Luft, holen die Räder aus dem Keller und die Joggingklamotten aus dem Schrank. Welche andere Hauptstadt hat so viele Grünflächen zu bieten – und das mitten in der Stadt? Berlin ist eine grüne Oase mit gleich zwei Zoos, diversen Lust- und Schlossgärten, etlichen Schrebergartenkolonien, Parkfriedhöfen und Volksparks, Urban-Gardening-Initiativen in den Kiezen und, nicht zu vergessen, ehemaligen Brachflächen wie dem Park am Gleisdreieck oder dem riesigen Tempelhofer Flughafenfeld.

Straßen- und Volksfeste, Gartenschauen und Parkfestivals locken ab März/April die Berliner mit Kind und Kegel nach draußen, etwa zu den Neuköllner Maientagen, Berlins größtem Parkfest, oder etwas besinnlicher für Blumenfans die Britzer Baumblüte am Gutspark Britz. Hier und in anderen Ecken Berlins wähnt man sich ein paar Tage lang sogar in Fernost: 1990 von einem japanischen TV-Sender gespendet, blühen heute die meisten der 10 000 Zierkirschen auf dem ehemaligen Mauerstreifen. Das zartrosa Blütenmeer erstreckt sich

BESTE REISEZEIT

Den Sommer genießen am Spreeufer mit Blick zum Berliner Dom

zwischen Treptow und Neukölln am Landwehrkanal oder am schönsten auf der TV-Asahi-Kirschblütenallee zwischen den S-Bahnhöfen Lichterfelde Süd und Teltow. Auch die Gärten der Welt in Marzahn laden Mitte April zum Kirschblütenfest Hanami.

Achten Sie bei der Urlaubsplanung auch auf die Termine großer Messen wie der ITB Anfang März, denn dann sind Hotels entsprechend teurer und ausgelastet.

SOMMER

Wenn der Sommer mitspielt, herrscht mediterranes Urlaubsflair in der Hauptstadt

Um es gleich vorwegzunehmen: Im Hochsommer kann Berlin die reinste Pracht sein – wie im Jahrhundertsommer 2022! Oder total verregnet. Aber wenn das Wetter mitspielt, sind die Strand- und Freibäder überfüllt, die Grills auf Balkonien und in den Volksparks im Dauereinsatz – dichte Rauchschwaden inklusive. Beste Chancen also, mal die »echten« Berliner kennenzulernen. Nischt wie raus! Es muss ja nicht immer der Wannsee sein.

Eines ist sicher: Die Stadt ist voll und Spontanbesuche eher teuer, denn die Hotels sind ausgebucht. Und keine Frage: Auch die Südländer haben Ferien und Berlin fest im Griff. In der U-Bahn herrscht ein einziges babylonisches Sprachengewirr, aus dem im Juli und August Spanisch und Italienisch besonders hervorstechen: »Vamos a la Reichstag!« Aber selbst »Vamos a la playa« ist hier kein Problem: Neben den Freibädern locken etliche Spreestrände, und so kann der sightseeinggestresste Urlauber abends die Füße bei Cocktails und chilliger

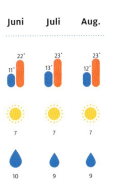

BESTE REISEZEIT

Musik in den warmen Sand stecken. Mediterranes, wenn nicht gar karibisches Urlaubsfeeling in der Hauptstadt! Auch die Auswahl an Aktivitäten ist riesig – für alle und jedermann, häufig sogar umsonst und draußen. Wie wäre es mit einer Runde Stand Up Paddling, etwa beim Treptower Badeschiff oder auf dem Müggelsee? Oder Boulespielen (S. 41)? Oder Tango, Salsa, Swing in der Strandbar Mitte? Outdoor-Fitness-Training, Qi Gong oder Yoga-Schnupperstunde im Park?

Die Zahl der Festivals, Freiluftkinos und Open-Air-Bühnen ist schier unüberschaubar: ob Leichtathletik beim Stadionfest ISTAF, ob Wassermusik im HKW oder »Lange Nächte« im Botanischen Garten und den Staatlichen Museen – die Massen verteilen sich …

HERBST

Auch im Herbst besteht die Qual der Wahl zwischen Wäldern, Museen und Flohmärkten

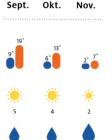

Das Top-Argument für den Herbst in Berlin, und sei es nur ein einziger Abend: das Festival of Lights (S. 74). In der ersten Oktoberhälfte werden dabei etliche Gebäude aufwändig illuminiert – wohl eine der spektakulärsten Attraktionen der Stadt.

Aber Herbst ist auch Drachenzeit! Einer der besten Orte dafür: der 120 Meter hohe Teufelsberg mit tollem 360-Grad-Sonnenuntergangspanorama. Wer nur zuschauen will, kann sich hingegen das Festival der Riesendrachen auf dem Tempelhofer Feld vormerken.

Wenn sich das Laub fotogen rot-gold verfärbt, sind Spaziergänge im Tiergarten, in den Wäldern in und um Berlin oder im Botanischen Garten angesagt. Wenn es nicht

Milde Herbsttage sind ideal für Sightseeing, wie hier am Reichstag.

Die Weihnachtsmärkte sind auch bei Schmuddelwetter beliebt.

mehr so heiß ist, kann man auch endlich wieder zu Fuß in die Höhe streben, den Grunewaldturm (200 Stufen) oder die Siegessäule (285 Stufen) erklimmen. So richtig sportlich wird es im September beim Berlin-Marathon. An den Wochenenden heißt es Stöbern und Schauen auf den Flohmärkten, bei Regen z. B. im riesigen überdachten Hallenflohmarkt in Treptow. Und wenn es wirklich ungemütlich wird: Ab in die Museen! Rund 175 stehen zur Wahl, darunter so einige, wo man einen ganzen Tag verbringen kann, wie im Naturkundemuseum.

WINTER

Berliner Matsch oder Rodelschnee: Zeit zum Shoppen, Schmausen und: Schwitzen!

Egal ob märchenhaft verschneit oder grauer Matsch: Gehen Sie auf den Weihnachtsmarkt (S. 179)! Wohl für jeden Geschmack gibt es den passenden, aber immer mit dabei: Glühwein, Grünkohl, gebrannte Mandeln. Die Berliner verkriechen sich jetzt in den eigenen vier Wänden, aber zwischen den Ständen mit »Fressalien« und Kunsthandwerk trifft man sie – fast alle! Und überhaupt: Jetzt kann man sich endlich mal so richtig der Berliner Küche widmen, denn die ist ja eher winterlich-schwer als sommerlich-leicht, man denke nur an Eisbein, Kassler und Königsberger Klopse. Das ist dann übrigens gleich die richtige Grundlage für Weihnachtsshoppingmarathons oder die riesige Silvesterparty am Brandenburger Tor. Man kann natürlich auch durch Schnee oder Matsch in einen Sauna-Spa stapfen und sich wohlig verwöhnen lassen oder sich im Februar bei der Berlinale unter die Stars mischen. Und wenn's endlich schneit – und liegenbleibt: nichts wie raus zur Rodelbahn auf dem Teufelsberg!

Die Hotels sind rund um Silvester und die Berlinale ausgelastet, frühzeitiges Buchen empfiehlt sich also.

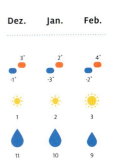

SO SCHMECKT'S IN BERLIN

Auch ein Teil der Berliner Gastroszene: Im Sommer sind die Gehwege mit Cafétischen gepflastert.

Aufregende kulinarische Mischung

In Berlin reist man kulinarisch einmal um die Welt. Die rund 190 hier lebenden Nationen wollen mit ihrer Landesküche verköstigt sein – von aramäisch über kambodschanisch bis zyprisch. Die traditionelle Berliner Küche aber ist echte Hausmannskost: deftig, fleischlastig und kalorienhaltig. Ansonsten jagt hier ein Speisetrend den nächsten.

Sie ist selten geworden: Die gute alte Eckkneipe. Die schwarze Tafel am Eingang verkündet, was die Wirtin gerade so kocht: Eisbein mit Erbspüree, Rinderroulade mit Rotkohl und Klößen, Berliner Leber mit Zwiebeln und Apfelscheiben. Wer essen will wie die Berliner zu Hause und partout keinen echten Berliner kennt, der muss in die Eckkneipen gehen. Hier bekommt man noch mundwässernde Regionalküche aufgetischt, mit Einsprengseln aus Pommern, Schlesien und Ostpreußen. Und im Frühjahr natürlich ganz klassisch: Beelitzer Spargel. Für den schnellen Hunger tun es auch mal Senfeier oder Broiler mit Pommes rot-weiß.

SO SCHMECKT'S IN BERLIN

TRENDS KOMMEN UND GEHEN
Zwar gehören zu den zahlreichen Kulinariktrends auch jene, die strikt auf saisonale und regionale Kost setzen. Jedermanns Geschmack ist die neue Berliner Küche aber wohl nicht angesichts so wilder Kreationen wie gegrilltem Salatkopf oder Tomateneis. Und an Brennnessel und Löwenzahn stört sich manch ein älterer Berliner schon deshalb, weil es an Kriegszeiten erinnert. Aber derartige Trends sind auch schnell wieder passé.

KEBAB & CO.
Aber der Reihe nach, schön chronologisch: Herta Heuwer erfand bekanntlich 1949 die Currywurst (S. 25) – ein Glück! In den 1970er-Jahren brachten die Italiener ihren Pizzaofen und die Türken ihren Drehspießgrill mit nach Berlin: Der Döner Kebab, das Lamm- und Kalbsfleisch im Fladenbrot, hat der Currywurst zwar nicht den Rang abgelaufen, aber auch um den türkischen Imbiss ist ein regelrechter Hype ausgebrochen. Bei der Wahl des besten, »gemüsigsten« oder türkischsten Döners scheiden sich die Geister, aber die zweifelsfrei höchste Dönerbudendichte weisen immer noch Kreuzberg und Neukölln auf. Typisch arabisch sind die Falafel, aromatisch gewürzte, knusprige Kichererbsenbällchen, die nicht nur Vegetariern schmecken.

BURGER UND FOODTRUCKS
Eine regelrechte Burger-Welle überrollt die Stadt seit einigen Jahren, und gleich nach dem Burger-Boom kam der Foodtruck-Boom. Die ausgedienten Polizei-, Militär- oder Postwagen haben oft keinen festen Standort, anders als die meisten Currywurstbuden, sondern kom-

Burgerfans können in Berlin unter etlichen Varianten wählen, von vegan bis deluxe.

SO SCHMECKT'S IN BERLIN

men quasi als Essen auf Rädern daher: Mal gibt es Veggie-Burger, frische Backwaren oder ein kurios belegtes Sandwich, das kultig-lifestylig aus dem Vintage-Truck über die Theke gereicht wird.

ESSEN UND »DETOXEN«.
Szenebezirke wie Neukölln und Friedrichshain sind voller Restaurants mit vegetarischer und veganer Kost. Vor einigen Jahren kamen schließlich auch die »Superfoods« nach Berlin, nähr- und vitaminstoffreich, zum Detoxen, kurz: supergesund. Pudding und Brot aus Chia-Samen, Goji-Beeren und Acai-Säfte, Kurkuma- und Makapulver und der allgegenwärtige Matcha-Tee. Aber auch Heimisches gehört dazu: Wie wäre es mit einem Heidelbeermüsli oder Grünkohl-Smoothie?

HOPFEN UND MALZ UND: BERLINER WEIN!
Bier gehört zu einer Brauereistadt wie saure Jurke zur Bulette. Der letzte Schrei: Craft-Bier-Bars und -Touren. Craft-Biere sind etwas für Freunde vom malz- und hopfenbetonten, aromaintensiven Gesöff, meist von kleinen experimentierfreudigen Brauereien. Es muss ja nicht immer Berliner Kindl sein!

Wer hätte gedacht, dass in Berlin sogar Wein angebaut wird? Die Stadt kann auf eine mehr als 800-jährige Weinbauhistorie zurückblicken, mit 70 Weinbergen und 26 Weingärten. Eine »Kleine Eiszeit« und der Dreißigjährige Krieg sorgten schließlich für das Ende der Winzerei. Seit 1999 wird im Prenzlauer Berg wieder Wein von mehr als 600 Rebstöcken geerntet, ebenso schon seit 1968 am Viktoriapark (S. 132), außerdem gibt es den Wilmersdorfer Stadionwein und das Britzer Weingut in Neukölln. Das Ergebnis ist freilich Geschmackssache …

Ein See, ein Steg, ein kühles Bier: entspannte Stunden im Tiergarten

SO SCHMECKT'S IN BERLIN

In aller Munde

Die Currywurst

Die Currywurst ist Kult – ob in der Berliner TV-Serie der 1980er »Die drei Damen vom Grill« verewigt, als Kinokomödie oder Grönemeyer-Song, in zig Büchern oder als Briefmarke der Deutschen Post.

Drehen wir die Zeit nochmal zurück: »Es war in einer regnerischen Herbstnacht des Jahres 1949, am 4. September. Es goss kleene Kinderköppe, keen Mensch war an meiner Bude. Aus Langeweile rührte ich Gewürze mit Tomatenmark zusammen. Und es schmeckte herrlich.« So erzählte Herta Heuwer (1913–1999) der BZ viele Jahre später aus ihrer Imbissbude in der Kantstraße die Anekdote, wie die Wurst zur Sauce kam. Die Zutaten: Tomatenmark, Curry-, Paprika- und Chilipulver, Worcestershiresauce, Salz, Pfeffer, Zucker, Wasser und Pflaumenmus. Das exakte 1958 patentierte Rezept aus ihrer »1. Currywurst Braterei der Welt« nahm die alte Dame als wohl gehütetes Geheimnis mit ins Grab. Viele Geschichten und Legenden ranken sich um die Berliner Wurst, und so ist auch die Version von »Erfinderin« Herta Heuwer nicht ganz unumstritten …

Aber ganz ehrlich: Ob in Pappschale mit Holzpieker oder auf dem Porzellanteller – dem Berliner ist das eigentlich »wurscht«. Und wer kann bei 70 Millionen verzehrten Currywürsten alljährlich schon sagen, wo es die Beste gibt? Eine Frage jedoch ist entscheidend: Mit oder ohne? Um die Pelle geht's: Mit Darm kommt der Berliner Snack als Dampf- oder Bockwurst daher oder knackig-kross in Erdnussöl gebrutzelt. Ohne ist die Brühwurst weich und ähnelt der bayerischen Weißwurst.

Der Klassiker unter den Wurstbuden und zwar schon seit 1930: Konnopkes Imbiss, Schönhauser Allee 44B, unter der Hochbahn, www.konnopke-imbiss.de, Mo, So geschl.

Nur Hartgesottene sollten »Berlins schärfsten Imbiss« aufsuchen: Curry & Chili, Osloer Str./ Ecke Prinzenallee oder Warschauer Str./Ecke Stralauer Allee, www.curry-chili.de

Die Concept Shopping Mall Bikini Berlin am Zoo bietet vor allem Mode und Design.

Im Shoppingfieber

Ob Ku'damm, Friedrichstraße oder Alte Schönhauser – planen Sie extra Zeit fürs Shopping ein, und am besten einen extra Koffer! Berlin steckt voller kreativer Köpfe, Modedesigner mit innovativen Ideen. Man gönnt sich ja sonst nichts, und in Berlin darf's auch ruhig mal was Schräges sein.

SHOPPINGTEMPEL FÜR ALLE ANSPRÜCHE
Unzählige Boutiquen säumen die Seitenstraßen rund um den Ku'damm oder den Savignyplatz. Kleine lokale Modemacher findet man auch im Bikini Berlin (S. 150). Ebenso hip wie dort geht es in der Alten Schönhauser Straße oder rund um den Kollwitzplatz zu. Gegen diese kreative Konkurrenz mit verrückten Lädchen und Werkstätten müssen sich selbst die großen Einkaufspaläste etwas Neues einfallen lassen. Mit großen Namen von Armani bis Swarovski und Events lockt z. B. die Mall of Berlin am Leipziger Platz die Kundschaft ins Haus: eine Modenschau, ein Konzert mit »Spontanorchestern«, abends Tanzworkshops auf der Piazza, Autogrammstunden mit Stars und Sternchen und für die Kids die größte Indoor-XXL-Rutsche in einem Shoppingcenter. Ansonsten geht der Trend auch in Berlin zu immer neuen, größeren Einkaufscentern mit den immer gleichen Ketten.
Davon heben sich die Kaufhäuser für gehobene Ansprüche ab: Erlebnis-Shopping mit wahren Gourmet-Tempeln bieten die Galeries Lafayette (S. 79) und natürlich das legendäre KaDeWe (S. 150). Fürs kleinere Portemonnaie eignen sich beispielsweise das Europa-Center am Breitscheidplatz, Galeria Kaufhof am Alex oder Das Schloss in Steglitz.

EINKAUFSBUMMEL

BUNTES MARKTTREIBEN

Auch die Berliner Flohmärkte sind voller Preziosen und Skurrilitäten: Porzellan, Silberbesteck oder eine Stola wie von Oma, ein antikes Schmuckstück, ein Bilderrahmen mit Ölschinken oder ein oller Schraubenzieher. Goldene Regel: Je bekannter der Trödelmarkt, desto teurer ist auch der letzte Ramsch. Höherwertiges in Sachen Avantgarde und Gegenwartskunst findet man in den rund 90 Galerien im Scheunenviertel (S. 117).

Ein Erlebnis sind die sage und schreibe 250 Wochenmärkte (S. 43 und 179). Dort werden neben regionalem Gemüse oder Fleisch auch allerlei Spezialitäten angeboten: Da steht ein kleiner Klapptisch mit einer einzigen Sorte Olivenöl neben einem Stand mit handgestrickten Mützen, ein Fischräucherofen neben einem Wagen mit hausgemachter Pasta, Spreewälder Gurkenfässer neben türkischen Oliven. Man kann sich stundenlang treiben lassen, von Stand zu Stand durchprobieren und gleich noch ein paar originelle Mitbringsel von kleinen Manufakturen erstehen.

Das perfekte Souvenir

Der Buddy Bär – ein bärenstarker Kumpel aus Berlin

Sie sind knallbunt, 2 Meter groß, 50 Kilo schwer und sehen aus, als wollten sie die ganze Welt umarmen. Das tun sie auch, denn seit der erste 2001 vor dem KaDeWe seinen Dienst aufnahm und von 350 bemalten Kunststoffkumpeln berlinweit unterstützt wurde, herrscht Buddy-Mania sogar weltweit. Und kaum ein Tourist, der auf ein Selfie mit dem dicken Sympathieträger verzichtet.

Gesponsert von Firmen und Botschaften, werben sie für ein multikulturelles Berlin, sie stehen auch für die Vielfalt der Weltreligionen, Toleranz und Völkerverständigung. Sie sind Abbild des bunten Lebens und Treibens in der Hauptstadt: mal ganz offiziös mit Berliner Fahne, mal in Badelatschen, mal als Queer Bär in Regenbogenfarben, mal schwarz mit Zebras auf der Brust. Natürlich sind sie allesamt Nichtraucher, bis auf einen, man ahnt es: den kubanischen Buddy Bär, der eine dicke Zigarre schmaucht. Auch für wohltätige Zwecke, z. B. UNICEF, machen sie sich bei Versteigerungen stark. Wer den Buddy Bär jetzt nicht nur auf dem Selfie mit nach Hause nehmen will, der bekommt ihn allerorten auch als Miniatur (6–22 cm) oder Schlüsselanhänger – handbemalt mit berlintypischen Motiven.

Standorte in Berlin: www.buddy-baer.com

Kunterbunt wie die Stadt, sind sie ideale Botschafter des »Berlingefühls«.

MODE AUS BERLIN

Hauptsache, lässig

Zugegeben: Die Düsseldorfer und Münchner kleiden sich schicker. Die Berliner sind: anders. Mit Schlabberjeans in die Oper, im Designerkleid in der U-Bahn, und die Wollmütze gehört sowieso dazu, auch bei 30 Grad. Die Stadt punktet dennoch als Modemetropole. Fashion Week und Neo.Fashion ziehen jedes Jahr internationale Designer an. Ethisch korrekte Mode heißt das neue Motto der Berliner Kreativen.

Leyla Piedayesh in ihrem eigenen lala-Look

Von wegen »overdressed«! Die Frage, ob Modemacher-Mode wirklich tragbar sein muss, interessiert hier eigentlich niemanden. Genauso wie Dresscodes. Man muss nur mit offenen Augen die Kastanienallee im Prenzlauer Berg entlanggehen: Der reinste Laufsteg! Da sieht man Avantgarde, Straßenkluft und Mädchenlook – in einem einzigen Outfit vereint.

BERLINS KREATIVSTE KÖPFE

Immer mehr Berliner Modedesigner, darunter viele Frauen, machen international Karriere. Zu den erfolgreichsten kreativen Berliner Köpfen gehört lala Berlin (www.lalaberlin.com) mit anfangs kunterbunten Strickwaren. Die deutsch-iranische Modeschöpferin Leyla Piedayesh machten ihre Kaschmirschals im Palästinenser-Look berühmt. »Eine Symbiose aus urbaner Coolheit und elegantem Chic«, so nennt die Modemacherin selbst ihre Kreationen. Zu ihren Kunden in mittlerweile mehr als 250 Boutiquen weltweit zählen Claudia Schiffer, Jessica Alba und Cameron Diaz.

Ebenfalls bekannt durch die Fashion Week: Kaviar Gauche (www.kaviargauche.com). Dahinter stecken ein Zitat Jean-Paul Sartres und die beiden Designe-

MODE AUS BERLIN

rinnen Johanna Kühl und Alexandra Fischer-Roehler. Ihr größter Coup, der ihnen zum Durchbruch verhalf, war eine Guerilla-Modenschau in einem gemieteten Apartment während der Modewoche 2003 in Paris. Mit anhaltendem Erfolg: Wer etwas auf sich hält, trägt heutzutage wenigstens bei der Hochzeit ein Teil dieser Berliner Modemarke.

DIE MODE DER ZUKUNFT

Auch beim Modekauf geht's immer öfter um den korrekten Lifestyle, beispielsweise mit recyceltem Material – und das muss nicht nur schicker Messingschmuck sein, sondern auch die zerschlissene Jeans. Also bloß nicht wegschmeißen! Die neue Mode ist grün, ökofair und nachhaltig. Dabei kommen so trendige Kreationen heraus wie vegane Sneaker und Boots ohne Leder, auch für Männer, etwa bei Loveco Selected in Friedrichshain. Auch bei avesu, ebenfalls in Friedrichshain, kommen Pumps und High Heels, Plateauschuhe, Stiefeletten und Slipper ganz ohne tierisches Leder aus.

Auf Shoppingtour

avesu, *Warschauer Str. 33, www.avesu.de, Mo, Di, Do–Sa 13–18 Uhr*
Loveco Selected, *Sonntagstr. 29, www.loveco-shop.de, Mo–Fr 12–20, Sa 11–19 Uhr*
Supermarché, *Wiener Str. 16, www.supermarche-berlin.de, Mo–Fr 11–19, Sa 11–18 Uhr*

Bio-Kleidung muss nicht (mehr) wie ein Sack daherkommen, sondern präsentiert sich durchaus stylish. Genäht und bedruckt wird die Bio-Baumwolle beispielsweise in kleinen Schneidereien in Kenia oder in Textildruckereien in Indien, die ihren Angestellten überdurchschnittliche Löhne und soziale Absicherung bieten, etwa beim Label Hirschkind. Die Mode von Wunderwerk trägt Knöpfe aus Steinnuss statt Plastik, auch die Reißverschlüsse und Etiketten sind plastikfrei. Beide Marken gibt es bei Supermarché in Kreuzberg. Weitere kleine Modeläden und Öko-Boutiquen finden sich im und um den Kollwitzkiez im Prenzlauer Berg. Natürlich gibt es hier kein Schnäppchen-Shirt für 3,99 Euro, aber unbezahlbar ist die ethisch-korrekte Mode ganz und gar nicht – und sie tut dem Gewissen gut …

MIT DER FAMILIE UNTERWEGS

Hauptstadtabenteuer für Kind und Kegel

Zum Mond fliegen, mit Farben kleckern, Tarzan spielen und 1001 Eisdiele testen: All das und noch viel mehr zum Austoben und Einkriegen können Klein und Groß in Berlin erleben.

GAR NICHT TEUER
Ein Citytrip mit der Familie muss nicht unbedingt teuer sein. Für die öffentlichen Verkehrsmittel zum Beispiel bietet die Welcome Card (S. 183) Vergünstigungen. Kinder bis sechs Jahre besuchen viele Museen und Attraktionen kostenlos, manche sogar bis 18 Jahre, zum Beispiel den Berliner Dom (S. 82) und die Staatlichen Museen. Für Sparfüchse gut zu wissen: Besucht man das Naturkundemuseum, zahlen Mutti, Papa oder Oma hinterher im Technikmuseum nichts (S. 135). Viele Kulturveranstaltungen sind ohnhin gratis, wie der Kultursommer im Garten des Jüdischen Museums (S. 132) mit Kinderprogramm, Jazzmatineen, Lesungen und Comedy.

GUT GEBETTET
Kein Luxus und unnötiger Schnickschnack, gepflegt und verkehrsgünstig gelegen, dazu ein gutes Preis-Leistungs-Verhältnis – hier ein paar familienfreundliche Vorschläge zum Übernachten. Das Citylight Berlin (www.citylight-hotel.de) ist ein angenehmer Mix aus Hotel und Jugendherberge: Familienzimmer mit Etagen-, Extra- oder Babybett. Frühstück ist selbst für die Kleinsten inklusive, ebenso Tischkicker und Billardtisch. Wer sich wie im Märchen betten will, der kommt um das Grimm's (S. 107) nicht herum. Hier erzählen sogar die Wände Märchen, lauter hübsche Details schmücken nicht nur die sechs Königssuiten. Im NH Collection Berlin Mitte (S. 107) schlafen Kinder bis 12 Jahre kostenfrei, im Adina Apartment Hotel Mitte (www.adinahotels.com) haben sie bis 11 Jahre freies Frühstück, dann geht's gleich rüber ins Naturkundemuseum.

Schlummern wie Dornröschen im Märchenhotel Grimm's

MIT DER FAMILIE UNTERWEGS

Sich mal wie ein Zwerg fühlen: zu Besuch bei den Dinos im Naturkundemuseum

UND ACTION!

Die »Hauptstadt der Kinder« liegt im Ostteil der Stadt, jedenfalls in den Sommerferien. Aber auch sonst ist im FEZ in der Wuhlheide (www.fez-berlin.de) Austoben angesagt oder Jonglieren im Zirkusworkshop, Tretbootfahren und Brotbacken. Mr. Spock & Co. können die Kids quasi leibhaftig erleben – wenn Astronauten aus ihrem Alltag erzählen.

Im Filmpark in der Medienstadt Babelsberg (S. 172) gleiten die Kids durchs Panama-Traumland von Janosch und andere Drehkulissen, treffen Filmtiere und staunen bei Stuntshows. Die Älteren ab 16 Jahren trauen sich bei den Horrornächten in Labyrinthe voller Monster (www.horrornaechte.de).

»Highway to hill!« Im Mellowpark (www.mellowpark.de) sind die BMX-Könner und Skater gefordert – an Spine, Halfpipes und Wallride. Eltern können derweil einen BMX-Kurs belegen oder beim Beachvolleyball punkten. Ein abenteuerlicher Ausflugsspaß für die ganze Familie mit Übernachtung und BBQ ist die Huckleberry Tour (www.huckleberrys-tour.de). Mit dem Floß geht's dabei auf den Spuren von Tom Sawyer und Huckleberry Finn die Spree hinunter, das gefällt auch dem Papa!

TIERISCH GUT

Zoo (S. 148) und Tierpark (S. 137) stehen ganz oben auf der Rangliste der Berlinbesucher mit Nachwuchs. Der Zoo ist zentral gelegen und punktet mit einem tollen Aquarium. Der Tierpark ist etwas abseits, dafür aber sehr weitläufig, und begeistert u.a. mit seinem regelmäßigen Elefantennachwuchs.

Tierisch Mitanpacken heißt es im Freilichtmuseum Domäne Dahlem (S. 162) mit vielen Nutztieren von Huhn bis Pony: Auf dem Biohof können die Kids beim Kartoffelfest im September die Knollen direkt hinter dem Traktor aufsammeln und gleich am Lagerfeuer brutzeln. Außerdem: Töpferkurse, Adventsbasteln, Märchenlesungen und das spaßige Kühemelken.

SCHAUEN UND STAUNEN OHNE ENDE

Jurassic Park lässt grüßen: Das Naturkundemuseum (S. 110) in Mitte mit dem weltweit größten Dinosaurierskelett – 13 Meter hoch, 50 Tonnen schwer! – und anderen Artgenossen ist der absolute Hit unter den Museen. Ebenfalls staunen können Groß und Klein im Deutschen Technikmuseum (S. 135).

Mitmischen im wahrsten Sinn kann man im Kindermuseum Labyrinth (www.labyrinth-kindermuseum.de) mit seinen kreativen Workshops und Anfass-Ausstellungen für Menschen von 4 bis 14.

Auch die Staatlichen Museen bieten in den Schulferien ein umfangreiches Führungs- und Workshopprogramm für Kinder. Auch sonst gibt es in den Staatlichen Museen regelmäßig spannende Kinder- und Familienführungen (www.smb.museum).

Im FEZ können Kinder mal so richtig aufdrehen.

Bei »Peterchens Mondfahrt« im Planetarium am Insulaner (www.planetarium.berlin) erleben Himmelsforscher ab drei Jahren, wie Maikäfer Sumsemann gerettet wird, wie Sternschnuppen entstehen und dass es wirklich einen Großen Bären am Himmel gibt.

THEATER, KINO UND MEHR

Das Kulturangebot auch für Kinder ist in Berlin unüberschaubar: Es gibt Museen, Theater und Kino für alle Altersstufen, zudem etliche Feste und Festivals. Das Magazin HIMBEER, das in vielen Läden kostenlos ausliegt, bietet Orientierung und einen Veranstaltungskalender für Familien (auch online: www.berlinmitkind.de).

ANZEIGE

Das DRIVE.
People.Meet.Mobility.

Foto: © Volkswagen AG

Das DRIVE. Volkswagen Group Forum repräsentiert auf 4.500 Quadratmetern den Volkswagen Konzern und seine Marken. Im Herzen von Berlin ergründet und visualisiert das DRIVE durch thematisch wechselnde Ausstellungen und ein begleitendes Rahmenprogramm die aktuellen Mobilitätsthemen. Als Dialogplattform pflegt das DRIVE dazu den gesellschaftlichen Diskurs mit Interessierten, Berliner Bürgern, Journalisten, Politikern und Stakeholdern zu den Themen Transformation und Innovation, Umwelt und Nachhaltigkeit, alternative Antriebe, Technik und Design. Hierzu finden verschiedene Veranstaltungsreihen wie Diskussionsrunden und Interviews, aber auch Events von Sport bis Musik, gastronomische Events sowie Netzwerkveranstaltungen statt.

Mehr zum DRIVE:

Im Shop, dem DRIVE.STORE, gibt es immer wieder Neues zu entdecken: Accessoires der Konzernmarken, Lifestyle & Fashion und passend zum Themenschwerpunkt »Future Mobility« Artikel aus den Bereichen Elektrifizierung, Digitalisierung & Konnektivität. Dazu ausgewählte Bücher und Papeterie, Nützliches für Outdoor & Travel sowie eine Kids' Corner. Und selbstverständlich gibt es eine große Auswahl an Miniaturautomodellen.

DRIVE. Volkswagen Group Forum
Friedrichstraße 84 / Ecke Unter den Linden
10117 Berlin
Telefon: +49 30 2092 1300
E-Mail: info@drive-volkswagen-group.com
Web: drive-volkswagen-group.com

KUNSTGENUSS

Street-Art unter Denkmalschutz – die East Side Gallery

Street-Art – Tschüs, ihr grauen Wände!

Die Berliner Graffiti-Szene ist groß und vielfältig, bunt sowieso. Sie reicht von anonymen Gangs und »Vandalen«, die sich an S-Bahnwaggons und Gedenktafeln austoben, bis hin zu Auftragsmalern für Fassaden- und Werbegraffiti, darunter Grafikdesigner mit einträglichen Honoraren. Die Szene hat ihr Schmuddelimage längst abgelegt.

Zweifellos: Der »Weltbaum« ging langsam ein (siehe Bild S. 35). Seine Farbe verblichen, teils abgeblättert, teils durch schrille Graffiti übersprüht. Die Zeit nagte an dem schreienden Baum, der seit 1975 am S-Bahnhof Tiergarten stand, seine kahlen Äste in den Himmel reckte und zum Stadtbild gehörte wie kein anderer Baum. Und nun sollte er hinter einem siebengeschossigen Neubau sozusagen lebendig begraben werden! Das konnten die Dixons und andere Künstler aus dem zehnköpfigen Berlin Art Bang im Mai 2018 verhindern: mit Farbeimer, Farbrolle und Spraydose wurde der legendäre »Weltbaum« von Ben Wagin (1930–2021) »umgepflanzt«. Die stadtälteste Wandmalerei gilt sozusagen als die historische Wurzel der Berliner Street-Art. Das erste Mural Berlin – so nennt die Szene ihre Wandbilder – gedeiht nun in der Lehrter Straße in Moabit weiter. Damit wollten die Jungen in Kapuzenpulli und Basecap dem Alten ihren Respekt erweisen.

KUNSTGENUSS

FESTIVALS UND POP-UPS

Dieser öffentlichkeitswirksame Knaller war 2018 übrigens auch der Startschuss zum ersten Berlin Mural Fest unter dem Motto »Alle Wände voll zu tun – Nackenstarre garantiert«. Bei der größten Open-Air-Galerie Berlins malten 100 Künstler aus aller Welt frische Wandbilder auf 10 000 m² Fläche (www.berlinmuralfest.de, mit interaktiver Mural-Straßenkarte als App). Dabei waren selbstverständlich auch die umtriebigsten Akteure der Szene, die Dixons aka xi-design, mit ihrem riesigen »Bärliner Ikonenbild« gegenüber der East Side Gallery (S. 126) – selbst ein Street-Art-Monument.

Sie hatten schon 2017 mit »The Haus« für Furore gesorgt. Für die spektakuläre und kostenlose Street-Art-Schau in einem abrissreifen Bankgebäude in der Nürnberger Straße standen Besucher bis zu fünf Stunden an, im Regen oder bei 30 Grad. Insgesamt 80 000 kamen in acht Wochen, Kameras und Handys mussten draußen bleiben. Drinnen hatten 165 Künstler und Teams bis zur Eröffnung Tag und Nacht gewerkelt: Laserkünstler, Skulpteure, Game Designer, Sprayer und Tape Artists. Dabei waren: der Lichtenberger Icke_Art, der seine Installation aus 50 Kilo Gips und sechs Bettlaken gezaubert hatte. Oder Akte One, der mit seinen klassischen »tags« voller schriller Farben seit 1991 zu den alten Hasen der Graffitiszene gehört und mittler-

Ben Wagin – eine Berliner Legende

Er war der »Urvater« der Wandmalerei in Berlin. Die Stadt setzte dem 2021 gestorbenen Aktionskünstler schon zu Lebzeiten ein Denkmal: Den S-Bahnhof Savignyplatz zieren viele seiner Werke. Natur und Umwelt, Krieg und Gewalt waren zeitlebens seine Themen, ob in seinen Malereien oder als Baumpate: Seine »Kinder«, Tausende Ginkgobäume und Sonnenblumen, wachsen auf dem ehemaligen Todesstreifen, an der Gedächtniskirche, vor dem Berliner Ensemble. Er erfand das »Parlament der Bäume« mitten im Regierungsviertel, das mit Gedenktafeln, originalen Mauerteilen und 16 Bäumen an 258 Mauertote erinnert. Wagin hatte unzählige prominente Fans und Förderer, darunter viele Bundespolitiker. Bis ins hohe Alter arbeitete der Meister und »Papst der Bäume« weiter, etwa an seinem »Garten der Erinnerung« im Atelier im Park am Gleisdreieck.

KUNSTGENUSS

weile Workshops gibt. Alles geschaffen für die Endlichkeit, denn schließlich wurde das Haus dann tatsächlich abgerissen.

WEG VOM SCHMUDDELIMAGE

Die Sprayerszene ist nicht nur mit Akte One längst als pädagogisch wertvoll in die Schulen eingezogen. Von wegen, verruchte Ecken und hastig sprayende dunkle Gestalten! Und auch die Werbebranche und den Kunstmarkt hat die Street-Art schon lange erobert. Da blieb die Kommerzialisierung nicht aus. Die Dixons malen Murals für Whiskey, die Pop-Sängerin Adele, Fitnessstudios oder Kinofilme.

Ständig entstehen neue Trends und Kunstformen rund um die einstige Subkultur: Das Künstlerkollektiv Tape That arbeitet mit Klebestreifen, die sich zu klassischen Bildern, abstrakten Strukturen und sogar Raum- und Lichtinstallationen zusammenfügen. Sie haben auch schon den Berliner Hauptbahnhof bunt »verzierklebt«, ganz legal. Oder die Berliner Klebebande: Deren Kunstwerke aus Gaffa- und Paketband wirken wie leuchtende LEDs. Mithilfe von Videoprojektionen erzeugen sie tolle 3D-Effekte für Clubs, Messen und Events, um das Auge an der Nase herumzuführen. Eines ihrer dauerhafteren Werke namens »Neuro« ist an der Fassade des Gasometer auf dem EUREF-Campus in Schöneberg zu bewundern.

Dabei ist vieles scheinbar Neue gar nicht so neu. Ebenfalls mit optischen, aber bodenständigen Tricks arbeitet Gert Neuhaus (geb. 1939) – und das schon seit den 1970er-Jahren in mittlerweile rund 40 Berliner Wandbildern. In der Wintersteinstraße 20 beispielsweise durchbricht sein Ozeanriese »Phoenix« förmlich die Häuserwand. Sein jüngstes Werk malte er 2017 mit seinem Sohn: eine Palme an der Fassade des Hotels Seehof am Lietzensee.

Gemeinschaftswerk von HERAKUT, Onur und Wes21 zum Berlin Mural Fest 2018

NICHT FÜR DIE EWIGKEIT

Auf echte Hingucker stößt man allerorten in Berlin, und jeder Stadtbummel kann quasi im Vorübergehen zum Kunsterlebnis werden. Also halten Sie die Augen offen, es gibt einiges zu entdecken! Die Murals schmücken Brandwände, hässliche Bausünden und Lattenzäune. Zu bewundern, bis der Nächste kommt und das Bild »crosst« oder der Zaun abgerissen wird. Street-Art ist eben vergänglich. Pop-ups kommen und gehen.

Aber immer öfter verschönern Straßenkünstler auch normale Berliner Wohnhäuser mit langlebigerer Kunst, z. B. entlang der Hochbahn

KUNSTGENUSS

Fassadenkunst und Workshops: Tape That am und im Panke Culture im Wedding

in der Schöneberger Bülowstraße. An dieser Kunstmeile durften sich seit 2013 internationale Künstler im Rahmen des Urban-Nation-Projekts beteiligen, auch mit Installationen und Skulpturen. Darunter sind Größen wie Shepard Fairey, Banksy, The London Police, Jonathan LeVine und das Künstlerduo HERAKUT. Das Markenzeichen dieser beiden sind kalligrafische Elemente und ein etwas »dreckiger« Look, zu sehen zum Beispiel in der Moabiter Stromstraße 36 (Bild S. 36).

Urban Nation – Museum for Urban Contemporary Art

Im 2017 eröffneten Urban Nation Museum, dem ersten seiner Art, lassen sich Werke von 150 teils weltbekannten Künstlern bestaunen: alles schön gerahmt und gut ausgeleuchtet. Initiator ist eine Berliner Wohnungsbaugesellschaft. Ob das noch Street-Art im eigentlichen Sinne ist?! Dagegen wirkten einige Berliner Graffitiaktionen, wie »The Haus« regelrecht subversiv. Aber allein die Museumsfassade, die seit der Eröffnung von Künstlern bereits mehrmals umgestaltet wurde, ist spektakulär. Drinnen geht es dann vorbei an Graffitis und fast real wirkende Sprühporträts, an Malereien, Mosaiken, Collagen, Tape Art. Der Besucher bleibt immer nah dran am aktuellen Trend: Schon mal was von »Lettering« und »Tattooing« gehört? Auch für Kinder und Jugendliche ist das unbedingt zu empfehlen, denn außer den Kunstwerken gibt es diverse Aktionen und Workshops. Und wer vor lauter Verzückung knipst und knipst, könnte sich unversehens auf den ebenfalls »streetartigen« Toiletten wiederfinden …

Bülowstr. 7, www.urban-nation.com, Di, Mi 10–18, Do–So 12–20 Uhr, Eintritt frei

SO FEIERT BERLIN

Bunt, bunter, am buntesten: Karneval der Kulturen

Die erste Gruppe setzt sich in Bewegung – traditionell: »Sapucaiu no Samba«. Der Sound von 100 Trommeln und Tröten geht ins Mark und bis in den kleinen Zeh, da kann keiner stillhalten! Pfauenfedern und Hüften wippen im Takt. Der Karneval der Kulturen ist seit mehr als 20 Jahren eine kunterbunte Mischung aus Folkloreigen, Fantasy-Kostümen und Tropicana-Schönheiten – Solidaritätskundgebung sowieso.

Ein paar Feen schweben federleicht vorbei zu sphärischen Klängen, einige Wagen später folgen schwere Jungs aus Recklinghausen, die auf den ersten Blick auch als Wikinger durchgehen würden – wären da nicht ihre urig-archaischen »Schnappviecher« mit Zottelmähne. Eine Art schwarzer Voodoo-Priester im Leopardenfell turtelt mit einer Höllsteinhexe aus der Narrenzunft. Selbst die Berliner Sparkasse wollte nicht immer nur sponsern und war 2018 mit einer eigenen rot gewandeten Tanzgruppe dabei. Ebenso die »Freuwillige Feierwehr« mit ihrer »träshiquen Musique«. Heavy Metal trifft auf Blumenmädchen, Latex-Dragqueen auf Andenvolk, Happy-Hippie-Feeling auf tanzende Kosaken. Flamenco auf Salsa, Dudelsack auf Posaune und Irokesenschnitt auf Männerdutt.

EXOTIK, EROTIK, ESOTERIK

Die beliebtesten Foto- und Videomotive sind zweifellos die exotischsten: die Samba-Tänzerinnen mit viel nackter Haut und die Trommelgruppen, die den brasilianischen Karneval aus Rio, Recife und Olinda nach Berlin bringen. Und die mitreißend-hüftschwingenden Salseras y Salseros. Viel Exotik, ein Hauch Erotik mit einer Prise Esoterik – der Karneval der Kulturen, kurz KdK, ist gelebte Vielfalt. Viele der über 190 in Berlin lebenden Nationen

Ansteckender Hüftschwung beim ausgelassen-fröhlichen Karnevalsumzug

sind unter den 5000 Akteuren: Die Kolumbianerinnen erwecken mit ihren goldenen Kostümen und strahlenden Gesichtern eine heimatliche Legende zum Leben, die Koreaner den Inmyeonjo, ein menschliches Wesen mit Vogelkörper aus dem Sagenschatz ihrer Heimat. Und die Chinesinnen würden jeden Preis für den schönsten traditionellen Kopfschmuck gewinnen: ein Meer aus Bommeln, Perlen, Münzen, Ketten.

ZIEL: DIE WELT RETTEN
Politisch korrekt muss das Ganze selbstverständlich auch sein. Da sind die sympathischen »Superhelden« bei ihrem Weltkugeltanz, mit dem sie, was sonst, »die Welt retten«. Die Neuköllner Kids tanzen für »ein Meer ohne Plastik«, dahinter ihre Eltern für eine »Welt ohne Armut«. Natürlich sind auch die Rollstuhlfahrer mittenmang und eine Kurdengruppe mit Palästinensertüchern. Beim viertägigen Straßenfest tanzen dann alle gemeinsam zu Weltmusik, Soul, Balkanpolka und Latinoklängen – da wird schon mal die Berliner Polizistin spontan aufgefordert und zur tanzenden Salsera, während ihre Pistole am Hüftgurt locker mitschwingt.

Abgedreht: Hula-Hoop-Truppe beim Umzug

Die interkulturellen Karnevalisten in Berlin hat das Virus voll erwischt: Der Karneval der Kulturen fand wegen der Corona-Pandemie 2020 und 2021 nicht statt. 2022 gab es lediglich einige kleinere bunte Alternativprogramme und Multi-Kulti-Mini-Events, etwa in der Kulturbrauerei und den Gärten der Welt. Der richtige Karneval soll mit neuem Konzept 2023 wieder losgehen, wo und wie genau, war bis Redaktionsschluss noch offen. Die Veranstaltung war in der Vergangenheit auch in die Kritik geraten, etwa durch Anwohner, da mit einer derart großen Veranstaltung natürlich auch unerwünschte Begleiterscheinungen wie Müllberge einhergehen. Und so wird sich eventuell die Idee der dezentralen kleineren Karnevalveranstaltungen – verteilt auf mehrere Bezirke – am Ende durchsetzen. Man darf also gespannt bleiben. Infos: www.karneval.berlin

DIE KIEZE BERLINS

Auf nach Kiezistan!

Gedränge auf angesagten Märkten, endlose Schlangen an Museumskassen, Fantasiepreise für eine Tasse Kaffee und Hostels voll partywilliger Schulklassen. Wer eine Pause vom Massentourismus und Berlin-Hype braucht, der geht dahin, wo der Berliner in seinem Dorf zu Hause ist: in den Kiez.

Stolze 96 Ortsteile hat Berlin. Wer einige davon kennenlernen möchte, beginnt vielleicht in den lauschig-schönen alten Stadtkernen. Sie stammen aus der Zeit, als Berlin noch ein Flickenteppich aus einzelnen, teils uralt-slawischen Dörfern war. Da wäre etwa der romantische Kietz in Alt-Köpenick (S. 138) mit liebevoll restaurierten Fischerhäusern und Bänken am Ufer der Dahme. Oder Alt-Düppel in Zehlendorf: Das Museumsdorf rekonstruiert eine Siedlung aus dem 12. Jh., mit leibhaftigen Webern, Schmieden und Brotbäckern (www.dueppel.de). In Alt-Tegel kommt hingegen fast schon mediterrane Urlaubsstimmung auf. Im idyllischen Ortskern schlendert man von Eisdiele zu Eisdiele, immer Richtung Seeterrassen. Von den Cafés an der Greenwichpromenade schweift der Blick dann weit über den Tegeler See. Und in Alt-Marzahn wandelt man im Frühjahr unter einem Dach aus rosa Kirschblüten. Eine kleine kopfsteingepflasterte Straße mit alten Gaslaternen führt hier rund um die neogotische Backsteinkirche von 1871. Ein Müller mahlt in der hölzernen Bockwindmühle, die allerdings aus den 1990er-Jahren

Scheinbar fernab vom Trubel, aber doch mittendrin: Richardplatz in Böhmisch-Rixdorf

stammt, Getreide und zeigt seine Kunst auch angemeldeten Besuchern (www.marzahner-muehle.de). Vergessen sind die Plattenbauten Marzahns ringsum, weit weg ist der Trubel der Großstadt. Wie wäre es von hieraus mit einem Abstecher in die wunderschön angelegten Gärten der Welt (S. 138)?

Die schönsten Kiezfeste

- **Kietzer Sommer:** Straßenfest im Köpenicker Fischerkietz (ein Samstag im Juni, www.kietzersommer.de)
- **Tegeler Hafenfest:** mit Bühnenprogramm und großem Feuerwerk (vier Tage im Juli)
- **48 Stunden Neukölln:** Kunstfestival mit offenen Ateliers und vielen Ausstellungen (ein Wochenende im Juni, www.48-stunden-neukoelln.de)

NEUKÖLLN – MAL GANZ TRADITIONELL

Selbst in trendigen Nord-Neukölln kann man noch ruhige Ecken entdecken, zum Beispiel im Körnerpark (S.130) oder rund um den Richardplatz: Böhmisch-Rixdorf mit gusseisernen Laternen und einstöckigen Häuschen mit hübsch verzierten Fassaden. Hier wirtschaften noch traditionelle (Familien-)Betriebe wie die Puppenklinik, Berlins älteste Schmiede von 1624 (www.feine-klingen.de, mit Workshops) und die Kutscherei von 1894. Der alte Gustav Schöne kutschierte damals noch Ärzte zu ihren Patienten raus nach Buckow und Rudow. Drücken Sie den Klingelknopf in der Richardstraße 35: Der private Comenius-Garten ist eine wunderbar versteckte Oase, ein Lehrgarten mit Veilchenbeet, Obstbäumen und Irrgarten, nicht nur für die Schulkinder zum Schauen und Entdecken (www.comenius-garten.de, tgl. ca. 12.30–19.30 Uhr). Es muss nicht immer die Deutsche Oper sein, den Anzug kann man in der Neuköllner Oper (www.neukoellneroper.de) getrost zu Hause lassen – in den 1980ern Teil der Off-Kultur aus dem Kiez, ist sie heute eine Berliner Institution!

Leibliches Wohl
Im Louis am Richardplatz 5 wird das »wahrscheinlich größte Wiener Schnitzel der Stadt« serviert (www.cafe-restaurant-louis.de).

BOULEN, PADDELN UND TRABEN LASSEN

Darf es etwas mehr Bewegung sein? Wie wäre es dann mit einer Runde auf dem Boule- und Boccia-Platz im Rudolf-Wilde-Park in Schöneberg, open air und gratis?

DIE KIEZE BERLINS

Fernöstliches Gewusel im Thaipark

Dabei kann man auch gleich einen Blick auf den oberirdischen U-Bahnhof Rathaus Schöneberg und den imposanten Hirschbrunnen werfen.
Bei einem Ausflug nach jwd, also »janz weit draußen«, lernt man Berlins grünste Seiten kennen. Das geht z. B. beim Paddeln auf der Havel durch »Klein-Venedig« in Spandau: Das Kanu gleitet in Tiefwerder vorbei an Seerosen, Auenwäldern, Wiesen und wildromantischen Schrebergärten. Die Spandauer Altstadt (S. 160) und die Zitadelle mit Juliusturm sind auch nicht weit – vielleicht spielt hier sogar gerade eine tolle Rockband.
Sich unters Volk mischen und dabei aufs richtige Pferd setzen, das können Sie auf der Trabrennbahn Karlshorst. Mondäner Kopfschmuck wäre hier freilich fehl am Platze.

Lauschiges Fleckchen
Der Biergarten Platzhirsch am Volkspark Wilmersdorf bietet Hausmannskost.

KULINARISCHE WELTREISE

Frühlingsrollen brutzeln im Wok, nebenan hustet jemand am Green-Curry-Stand in einer Chiliwolke. Weniger scharfe Klassiker wie Pad Thai oder panierte Riesenwasserwanzen gibt's natürlich auch: im Thaipark im Wilmersdorfer Preußenpark (April–Okt. Fr–So 10–20 Uhr, www.thaipark.de). »Sabai« und »sanuk« – sich wohlfühlen und genießen – heißt es hier seit 20 Jahren auf Thailändisch. Mittlerweile schmausen und brutzeln hier auch Laoten, Vietnamesen und Chinesen. Dieser Treffpunkt der in Berlin lebenden Asiaten war sozusagen der erste Street-Food-Markt Berlins und zieht mit verlockenden Duftschwaden von Gaskochern, Grills und Woks sowie mit Cocktails und Thai-Massagen auch die Passanten an. Kiezig-piefig oder trendy? Am Rheingauer Weinbrunnen mischt man sich seit 1967 mitten im gutbürgerlichen Schmargendorf unter die Einheimischen, die hier alljährlich im Weingarten auf Bänken ein Rheingau-Taunus-Weinfest feiern – das findet sogar die New York Times toll (Mai–Anf. Sept. Mo–Sa 15–21.30 Uhr, Eintritt frei).

Touren
Ob Green Design, Mode oder Kiezkultur – bei GoArt! Berlin findet jeder die passende Stadtführung für sich (www.goart.berlin.de).

BUNTER WOCHENMARKT

Am Karl-August-Platz im vornehmen Charlottenburg lädt einer der beliebtesten und mit bis zu 100 Ständen auch einer der größten Wochenmärkte zum Schnabulieren, wie der Berliner sagt: Rund um die Trinitatiskirche kann man exklusive Schokolade schlemmen, Austern und Champagner, aber auch chilenische Empanadas oder russische Piroggen. Im Sommer schmeckt eine Galette aus der Bretagne, im Winter Raclette aus dem Allgäu. Die Pasta ist handgemacht, die Schals handgestrickt und die Currywurst natürlich bio. Neben all diesen Spezialiäten bekommt man hier auch immer noch Berliner Raritäten wie die Linda-Kartoffel, regionalen Bio-Schafsjoghurt sowie Obst und Gemüse aus dem Umland, etwa Beelitzer Spargel (Mi u. Sa vorm.).

GRÜNE OASEN

Und manchmal muss man sich einfach nur in die Hinterhöfe trauen und findet wahre Oasen und lauschige Ecken mit Hollywoodschaukel. Unvermittelt steht man da vor hängenden Zaungärten, Multi-Kulti-Gärten oder begrünten Dächern. Wer jetzt auf den Geschmack gekommen ist, sollte sich die Aktion Offene Gärten vormerken: Rund 120 Gärten in Berlin und Potsdam öffnen dabei ihre Tore, darunter Privatgärten und Gärtnereien (April–Sept. monatlich an einem Wochenende, Termine: www.open-garden.de).

Versteckte Oasen entdeckt man bei der Aktion Offene Gärten in und um Berlin.

Und geht man mit wachem Blick durch die Stadt, entdeckt man auf Brachflächen »Guerilla-Gärten« oder Gemüsebeete auf dem ehemaligen Todesstreifen. Die gehen auf das Konto von Gartenpiraten, die im grauen Straßenbild ganz unauffällig Samenbomben fallenlassen oder hässliche Betonwände mit Buttermilch-Moos-Mixtur bespritzen. Und immer öfter sprießt dann was – im Großstadtdschungel.

Von Kaisern, Spionen und Mauerspechten

Viele Ereignisse in Berlins Geschichte haben Deutschland und die Welt bis heute geprägt: Kurfürsten und Revolutionen, Reichspogromnacht, Mauerbau und Mauerfall. Eine kleine Zeitreise durch drei wichtige Epochen.

AUFSTIEG UNTER DEN HOHENZOLLERN

1648. Berlin-Cölln: Düster sind die Gassen um die Nikolaikirche, viele Häuser vom Krieg zerstört. Eines der dunkelsten Kapitel in Europas Historie ist vorüber, der Dreißigjährige Krieg. Pocken, Ruhr und Beulenpest haben die Bevölkerung im Doppelstädtchen dahingerafft, der Hunger tat ein Übriges. Nicht einmal mehr Wein ist im verwahrlosten Schloss der »Churfürstlichen Residentz Berlin« aufzutreiben!

1640 nahm Kurfürst Friedrich Wilhelm von Brandenburg als 20-Jähriger die Geschicke der Stadt in die Hand, erweiterte die Stadtgrenzen und kurbelte die Wirtschaft an. Er ließ eine moderne Festung und Brücken bauen, Abwasser, Verkehr und Feuerschutz regeln. Laternen erhellten die Straßen, Kunst und Kultur erlebten eine Blütezeit. Die Bevölkerung verdreifachte sich durch die Zuwanderung von Juden und den in Frankreich verfolgten Hugenotten. Kaufleute, Handwerker, Mediziner und Künstler strömten in die Stadt und prägten fortan deren Gesicht.

Damit legte der Große Kurfürst den Grundstein, dass aus dem kleinen Fürstentum Brandenburg-Preußen später mit Hilfe eines 30000-Mann-Heeres das Königreich Preußen werden konnte. Ihm folgten verwirrend viele Friedrichs, Wilhelms und Friedrich Wilhelms. Um es kurz zu machen: Unter Friedrich II., dem Alten Fritz, wird Preußen 1763 europäische Großmacht, mit Wilhelm I. erlangt es 1871 die Vormachtstellung im jungen Deutschen Kaiserreich.

1685
Das Edikt von Potsdam gewährt den in Frankreich verfolgten Hugenotten Aufnahme und allerlei Privilegien.

Denkmal des Alten Fritz, Unter den Linden

Relikt des Kalten Krieges: die Ruinen der amerikanischen Abhörstation auf dem Teufelsberg

HORCHEN UND HORCHEN LASSEN – HAUPTSTADT DER SPIONE

11. Juni 1985. Glienicker Brücke: Das Stahlgerüst schwingt sich über die Havel nach Potsdam und bildet die Kulisse, in der sich seit 10 Uhr morgens geschäftiges Treiben abspielt. Liegt die Brücke sonst im Dornröschenschlaf, so werden heute hier hochrangige Spione ausgetauscht: vier Ost-Agenten, verurteilt in den USA, gegen 23 West-Spione aus DDR-Haft. Das soll ohne große Störungen ablaufen, ein anrollender US-Patrouillen-Jeep wird eilig wegkommandiert. Aus der nahe gelegenen Villa Kampffmeyer im Osten beobachtet der KGB das Geschehen. Dann geht alles ganz schnell. Eine Fahrzeugkolonne nähert sich, der rot-weiße Schlagbaum wird geöffnet, die Ex-Agenten wechseln die Seiten. Nach zwei Stunden ist der Spuk vorbei.

Die Lippenstiftkamera ZVOUK des KGB für weibliche Agenten: elegant und effektiv! Benutzt wurde sie von Margarete Höke, bis 1985 Sekretärin im Bundespräsidialamt. Zu besichtigen im Deutschen Spionagemuseum.

Zwischen 1962 und 1986 wurden an dieser Brücke in drei Aktionen insgesamt 40 Agenten ausgetauscht. 1945 war Berlin in vier Sektoren aufgeteilt worden: vier Weltmächte, zwei politische Systeme und sechs Geheimdienste mindestens (darunter MfS, BND, KGB und CIA). Im Wettstreit: Wirtschaftswunder gegen Planwirtschaft, Ku'damm gegen Stalinallee. Zur Tagesordnung gehörten Propaganda, Sabotage, Entführungen und Abhörmaßnahmen. Davon zeugen noch heute die Ruinen der US-Abhöranlagen, die, riesigen Golfbällen ähnelnd, auf dem Teufelsberg (S. 164) thronen.

Es war auch die Zeit spektakulärer Fluchten und Fluchtversuche: per Tunnel, Seilbahn, Ausflugsdampfer oder Ultraleichtflieger. Heute ist der Kalte Krieg mit allen Sinnen erlebbar im Deutschen Spionagemuseum (S. 97) und im AlliiertenMuseum in Zehlendorf

November 1989 – Freudentaumel nach dem Mauerfall

(www.alliiertenmuseum.de), wo ein Teil eines britisch-amerikanischen Spionagetunnels rekonstruiert ist: CIA und MI6 hatten sich 1953 über 600 Meter von Rudow bis nach Treptow gegraben, um sowjetische Fernmeldeleitungen anzuzapfen. Doch wie das Spionage-Doppelleben so spielt: Die »Operation Gold« war dem KGB längst bekannt – dank ihres Top-Spions beim britischen Auslandsgeheimdienst.

ALS DIE MAUER PLÖTZLICH FIEL

9./10. November 1989: Tack-tack-tack. Seit dieser Nacht, in der die Mauer fiel, hört man sie rund um die Uhr. Sie kommen mit Hammer und Meißel, noch vor den offiziellen Abrissbaggern. An einigen Stellen »hängt« die Mauer bald nur noch an eisernen Verstrebungen, bis Kopfhöhe wurde sie weggehämmert. Viele »Mauerspechte« sind nur auf ein historisches Souvenir aus, andere gehen höchst professionell ans Werk, mit Leiter, Vorschlaghammer und Bohrer. Denn aus der Berliner Mauer lässt sich Bares machen, bis heute. Auch SED-Funktionäre sollen über die staatseigene Außenhandelsfirma Limex kräftig mitverdient haben.

Zuvor war bereits im April der Schießbefehl an der innerdeutschen Grenze aufgehoben worden, 1989 kam es zu Massendemonstrationen in der DDR, zu Massenfluchten über Prag, Warschau und die ungarisch-österreichische Grenze. Die SED löste sich allmählich auf, und mit ihr schließlich die DDR. 28 Jahre nach dem

Unerschöpflich scheinen die Quellen, denn auch heute noch kann man in Souvenirshops Mauerstücke erwerben.

BERLIN GESTERN UND HEUTE

Mauerbau leitete der historische, etwas irrtümliche Satz von SED-Sekretär Günter Schabowski in einer Pressekonferenz den vorzeitigen »Fall der Mauer« ein. Denn er antwortete, zum Zeitpunkt des Inkrafttretens der neuen Reisebestimmungen befragt, etwas stotternd: »Das tritt nach meiner Kenntnis … ist das sofort, unverzüglich.« Diese Änderungen waren allerdings vom Ministerrat noch gar nicht beschlossen worden.
Unverzüglich strömten Tausende Ostberliner zu den Grenzübergängen und zwangen die überraschten Grenzer somit zur Öffnung der Schlagbäume. Der Rest ist Geschichte.

Am Puls der Zeit

Monopoly in Berlin

»Authentisch wohnen«, mittendrin und preiswert – Airbnb macht's möglich. Und der Hauptstadtboom zeigt Folgen: Der Kommerz kommt nicht auf leisen Sohlen, sondern mit extrabreiten Plateaus angeklotzt. Häuser, Straßenzüge, ganze Kieze werden aufgekauft von profitorientierten Immobilienfirmen und Investoren aus aller Welt. Mit der Luxusmodernisierung folgt die Kündigung oder Mieterhöhung, um 50, manchmal gar 200 Prozent. Andere entdecken das höchst lukrative Geschäftsmodell Ferienwohnung und vermieten gleich mehrere Wohnungen an Urlauber. Das böse Wort Gentrifizierung macht die Runde – und das längst nicht mehr nur in angesagten Trendbezirken unter (Lebens-) Künstlern und Freiberuflern, auch gutsituierte Mittelklassefamilien mit Kindern harren oft jahrelang in beengten Verhältnissen aus – sogar der eine oder andere Bezirksstadtrat. Der Wohnungsmarkt ist leergefegt, bis zu 100 Interessenten bei Besichtigungen, die Mieten explodieren, die Spekulation mit Bauland blüht.
Der Berliner »Mietendeckel« wurde vom Bundesverfassungsgericht im April 2021 gekippt. Und so stimmte nur ein paar Monate später beim (rechtlich nicht bindenden) Volksentscheid »Deutsche Wohnen & Co. enteignen« eine knappe Mehrheit der immer verängstigteren Berliner für die Vergesellschaftung großer Immobilienkonzerne. Immerhin müssen Ferienwohnungen seit 2018 registriert werden, sonst droht ein Bußgeld. Ob Berlin, London oder Amsterdam – rücksichtslose Geschäftemacherei zerstört lebendige Innenstädte hier wie dort. Da kann die Verdrängung noch so harmlos und trendy als »homesharing« daherkommen …

ORTE, DIE GESCHICHTE SCHRIEBEN

Rosinenbomber an der Fassade des Technikmuseums

Flughafen Tempelhof und die Luftbrücke

Flughafen Tempelhof 1948: Jungs in kurzen Lederhosen, Mädchen mit Rock und Zöpfen, alle stehen auf dem Trümmerberg und starren gespannt in den Himmel. Da kommt wieder einer: ein Rosinenbomber! Alle drei Minuten dröhnen die Propeller knapp über die Neuköllner Dächer. Die Luftbrücke der Amerikaner und Briten rettete über zwei Millionen Westberliner.

WIE AUS BESATZERN BESCHÜTZER WURDEN

Hier berichten Zeitzeugen:
www.zeitzeugen-portal.de

Der Berliner Peter Erdmann war als Zehnjähriger dabei, er erinnert sich auf dem Zeitzeugen-Portal: »Wenn wir Glück hatten, haben wir einen der kleinen Fallschirme erwischt, da war Schokolade dran und Kaugummi – da waren wir scharf drauf!« Seine Stimme zittert, stockt. Die Zeit nach dem Krieg war schwierig, sagt er, es gab wenig zu essen und nichts zu heizen. US-Pilot Gail Halvorsen hatte die Idee mit den kleinen Taschentuch-Fallschirmen mit Süßigkeiten, viele Kollegen machten es ihm nach. Besonders diese Aktion machte aus den einstigen Feinden und Besatzern nicht nur in den Augen der Berliner Kinder: Freunde.

ORTE, DIE GESCHICHTE SCHRIEBEN

Rückblick: Mit einer Blockade schneidet die Rote Armee die Westsektoren seit dem 24. Juni 1948 von jeglicher Versorgung auf Straßen, Schienen und zu Wasser ab. Nach einer Idee von US-General Lucius D. Clay (1897–1978) schweben schon zwei Tage später die ersten Douglas C-47 über die drei Luftkorridore in der belagerten Stadt ein, landen, werden eiligst entladen und fliegen zurück. Alle drei Minuten eine Landung, manche fliegen auch im 90-Sekunden-Takt und am 16. April 1949 sogar alle 62 Sekunden! Damit es in dieser dramatisch-engen Abfolge nicht zur Katastrophe kommt, müssen die Maschinen in fünf Höhenebenen auf die geteilte Stadt zufliegen. Bis zu 700 Flüge landen an einem Tag mit 5000 Tonnen Lebenswichtigem an Bord – Nahrungsmittel, Kohle, Medikamente, Benzin. Trockenmilch, Trockenei, Trockenkartoffeln. Und Rosinen.

»SCHAUT AUF DIESE STADT!«

Ernst Reuter spricht als damaliger erster Bürgermeister der drei Westsektoren am 9. September 1948 bei einer Demonstration gegen die Blockade vor Hunderttausenden Berlinern seine berühmtesten Worte: »Ihr Völker der Welt! Schaut auf diese Stadt! Und erkennt, dass ihr diese Stadt und dieses Volk nicht preisgeben dürft!« Sein eindringlicher Hilferuf an die Weltgemeinschaft wird erhört. 1949 landen immer größere Maschinen, die Verhandlungen über das Viermächteabkommen mit den Sowjets in New York beginnen.

Seit 2010 heben von der Landebahn auf dem Tempelhofer Feld höchstens noch Lenkdrachen ab.

Am 12. Mai 1949 rollt der erste Interzonenzug unter dem Jubel der Berliner durch den Bahnhof Friedrichstraße. Die Blockade ist beendet.

Noch heute schwebt einer der Rosinenbomber über der Stadt – an der Fassade des Technikmuseums (S.135) in Kreuzberg. Und seit 2010 wird der zwei Jahre zuvor stillgelegte Flughafen samt Landebahn von den Berlinern (zurück-)erobert – mit Flugdrachen, Fahrrädern, und Skateboards, mit Picknickdecken, Gemeinschaftsbeeten und Festivals. Die Debatte um die weitere Nutzung einer der größten innerstädtischen Freiflächen der Welt und des denkmalgeschützen Flughafengebäudes ist aber längst nicht abgeschlossen.

DAS BEWEGT BERLIN

Fast wie im echten Leben: schräge Vögel und schrille Typen im Musical »Linie 1«

Mythos Linie 1

»Einsteijn bitte! Zuuu-rückbleiben!!!« Seit mehr als 30 Jahren läuft das Musical »Linie 1« im GRIPS Theater und ist mittlerweile ein echter Welterfolg. Ihr Vorbild, die U-Bahnlinie 1, ist heute noch ein Kaleidoskop der bunten Hauptstadt.

»Haste mal 'ne Mark?« Im Musical »Linie 1«, dem meistgespielten Bühnenstück Deutschlands, treten auf: Penner und Punks, Proleten und Propheten. Aber Achtung: Hier tanzen die Punks, und die »Kontis« (BVG-Kontrolleure) singen! »Da kiekste, wa?!« Von der klamaukigen Komödie wechselt das Stück mehrfach in die Tragödie bis zum Happy End. Leben und Überleben. Klauen, kiffen, kaputtgehen. Hier lebt der Mythos Kreuzberg noch. »Linie 1« ist eine volle Dröhnung 80er-Jahre mit Vokuhila, Leggins und Schulterpolstern. Ein Stück zum Lachen und Weinen, Träumen und Mitsingen.

VOM BAHNHOF ZOO BIS NACH SEOUL

Schon zwei Jahre nach der Uraufführung im GRIPS Theater (S. 106) wurde 1988 die mitreißende Geschichte von »Wessi-Tussi« und Landei Sunnie im Moloch Berlin verfilmt. »Verr-rrrücktbleiben!« – auch Kabarettist Dieter Hildebrandt war mit einem Gastauftritt als schräger Vogel am Bahnsteig dabei. »Linie 1« gibt es inzwischen als Figurentheater und in zigtausend Schulaufführungen, die Südkoreaner ließen sie mit Volldampf durch die fernöstliche Ghetto-Szene Seouls brettern. Da fast jede Großstadt ihre ei-

DAS BEWEGT BERLIN

gene traurig-schöne »Linie 1« hat, fuhr die musikalische Revue einmal rund um die Welt, in 25 Sprachen. Sie ist damit das weltweit erfolgreichste deutsche Musiktheaterstück nach Brechts »Dreigroschenoper«.

»FAHR MAL WIEDER U-BAHN – LINIE 1!«

Die tatsächliche U1 verlief in den 1980ern vom bürgerlichen Ruhleben über den berüchtigten Bahnhof Zoo bis zum Schlesischen Tor in Kreuzberg. Sie verband und verbindet bis heute die gegensätzlichsten Berliner Milieus. Längst fährt sie auch bis in den ehemaligen Ostteil der Stadt und überquert dabei die Spree auf der schönen Oberbaumbrücke. Die Schar der Fahrgäste ist heutzutage mindestens so bunt wie das Musicalpersonal von damals: Studenten der Freien Universität, Musiker, Touristen, geschäftige Anzugträger, türkische Großfamilien, Kreative. Und so lernt man hier nicht nur einiges über die typische Berliner Mischung, sondern passiert ganz nebenbei noch etliche Sehenswürdigkeiten wie die East Side Gallery, das Deutsche Technikmuseum oder das KaDeWe.

Mit der U1 über die Oberbaumbrücke nach Kreuzberg

Zudem kann man eine städtebauliche Kuriosität erleben: Zwischen den Bahnhöfen Gleisdreieck und Kurfürstenstraße mutiert die Hochbahn zur Untergrundbahn und rattert dabei durch ein Wohnhaus – von vielen Fahrgästen meist völlig unbemerkt. Die Züge tauchen im 2. Stock in ein Haus in der Dennewitzstraße ein, immer weiter abfallend durch einige Hinterhöfe, und kommen schließlich nach 19 Metern Höhenunterschied am U-Bahnhof Kurfürstenstraße unter der Erde an.

VERWIRRENDE LINIE 1

Die Linienführungen der U1, U2 und U3 sowie der temporären Stummelstrecken U12 und U15 wurden seit 1993 so oft verändert, dass sich selbst gebürtige Berliner auf diesen Strecken mit schöner Regelmäßigkeit verfahren. Heute ist die U1 ganze neun Kilometer und 13 Stationen lang und mit Baujahr 1914 die älteste U-Bahnstrecke Berlins. Endbahnhöfe sind Warschauer Straße und Uhlandstraße. Alles aussteigen bitte, Endstation!

ADAC TRAUMSTRASSE

Alleen, Schlossparks, Badeseen: Landpartie für Entdecker

von Bärbel Rechenbach

Nichts geht dem Berliner über seine Fahrt ins Grüne. Wir tun es ihm gleich. Die sanfte Hügellandschaft des Barnim, die abgeschiedene Stille des Oderbruchs und die wildromantische Wald- und Seenlandschaft der Märkischen Schweiz begleiten unsere Stippvisite. Dicht beieinander gelegen, könnten die Gegenden unterschiedlicher nicht sein.

Die Tour auf einen Blick:

Start: Ahrensfelde, Stadtausgang Ost **Ziel:** Altlandsberg
Gesamtlänge: 185 km
Reine Fahrzeit: 3,5–4 Std. (Tagestour)
Orte entlang der Route: Ahrensfelde – Blumberg – Seefeld – Werneuchen – Tiefensee – Bad Freienwalde – Hohenwutzen – Oderaue – Gusow-Platkow – Seelow – Diedersdorf – Trebnitz – Jahnsfelde – Müncheberg – Waldsieversdorf – Buckow – Strausberg – Altlandsberg

 VON AHRENSFELDE ZUM ODERDEICH IN HOHENWUTZEN (52 km/60 Min.)

Mystische Weiher, klare Seen, romantische Auen und Mini-Städtchen zieren das Naturidyll

Pilgergruppe auf dem Jakobsweg zwischen Werneuchen und Seefeld

Wir tanken und starten im Berliner Osten, in Ahrensfelde. Erster Stopp auf der B 158 ist der Blumberger Lenné-Park gleich rechts an der Dorfstraße. Mit 230 Jahre alten Eichenalleen und einem wilden Geflecht von Wassergräben becirct er uns als kleine Oase. Weiter geht's nun nach Seefeld. Hier genießen wir kurz den Ausblick auf den herrlichen Haussee und den Jakobsweg nach Werneuchen. Auch uns zieht es nun dorthin, in ein Städtchen, das schon Fontane (1861) als »sauber und an Wohlhabenheit wachsend« empfand. Im Kreisverkehr folgen wir dem Schild nach Tiefensee.
Am dortigen Bahnhof wartet eine Draisine auf Besucher, um sie ins zwölf Kilometer entfernte Sternebeck zu bugsieren. Dort könnte man den High-Tech-Atombunker Harnekop sehen, der zu DDR-Zeiten für den

ADAC TRAUMSTRASSE

ADAC Traumstraße: Etappen 1 bis 5 (Detailplan siehe Faltkarte Rückseite)

»Ernstfall« angelegt wurde. Wir verschieben das auf ein anderes Mal, genauso wie die Wanderung rund um die malerische Seenkette von Gamen-, Mittel- und Langem See östlich des Ortes.

Nach 20 verkehrsarmen Alleekilometern auf der B158 erreichen wir Bad Freienwalde, das in seine Moorbäder, den Lenné-Kurpark oder auf die 38 Meter hohe, nördlichste deutsche Skisprungschanze von 1929 einlädt. Der Ausblick aus Springersicht ist grandios. Im Kurpark gönnen wir uns am nostalgischen Holzpavillon Blaue Zwiebel eine Kaffeepause.

Wir folgen der B158 gen Norden, überqueren nach circa drei Kilometern die Alte Oder, nach der wir links und gleich wieder rechts abbiegen. Bald darauf geht die B158 in die 158A über, die uns bis Hohenwutzen durch Auenwälder mit schwarzen Pappeln und ins Binnendelta des Oderbruchs führt. Der Parkplatz ist schnell gefunden. Bei einem Deichspaziergang lassen wir in der bezaubernden Flusslandschaft des Grenzlandes die Seele baumeln.

Achtung!
Auf der B158 sind meist nur 80 km/h erlaubt. Stationäre Blitzer sorgen für unbeliebte Erinnerungsfotos!

E2 VON HOHENWUTZEN ÜBER FLUSS-POLDER NACH SEELOW (62 km/75 Min.)

Das Oderbruch: einzigartige Kulturlandschaft mit unberührter Natur und alten Kolonistendörfern

Auf der 158A fahren wir circa vier Kilometer wieder zurück und biegen dann links Richtung Gabow auf die L28. So gelangen wir in das größte zusammenhängende

Romantischer Zwischenstopp am Schloss Gusow: verwunschener Park und Wassergraben inklusive

Abstecher
Das prächtige Schloss und die bekannte Schinkelkirche in Neuhardenberg sind nur sieben Kilometer von Gusow entfernt und über die B167 in nördlicher Richtung schnell erreicht.

Flusspoldergebiet Deutschlands. Das stille Idyll scheint fast unwirklich, es gibt kaum Verkehr. Dieses faszinierend angelegte Grabensystem besticht mit einer fast unberührten Pflanzen- und Tierwelt. Sogar Biber gibt es hier wieder. In der Landschaft verstreut liegen die typischen Gehöfte, Loose genannt. Friedrich II. hatte sie seinerzeit für s(ein) starkes Preußen angeordnet und die Odersümpfe trockenlegen lassen, um Menschen aus aller Herren Länder hier anzusiedeln. Mehr über diese Alt- und Kolonistendörfer erfahren wir in den kleinen Dörfchen um Oderaue, z. B. Neulewin oder Altwriezen, die schon seit Längerem Künstler und Kunsthandwerker anziehen. So freuen sich das Theater am Rand und die Ziegenzüchter in Zollbrücke, die Oderbruchscheune in Neulewin und das Oderbruch Museum Altranft immer über Gäste. Kinder sind sicherlich begeistert von den Rotgesichtsmakaken und Streifenhörnchen im Oderbruchzoo Altreetz.

Gemächlich zuckeln wir via Letschin weiter über die L33 nach Süden zum Schloss Gusow mit seiner herrlichen Parklandschaft. Ein Berliner Architektenpaar hat das Gebäude liebevoll saniert. Stimmungswechsel nach etwa sieben Kilometern auf der B167: Die Gedenkstätte Seelower Höhen erinnert an die größte Schlacht des Zweiten Weltkriegs auf deutschem Boden. Im Frühjahr 1945 ließen hier mehr als 100 000 Soldaten unterschiedlicher Nationen ihr Leben. Heute informieren und begegnen sich dort Menschen aus aller Welt und genießen von der Anhöhe den Blick ins friedliche Land.

E3 VON DEN ODERHÄNGEN SEELOW-LEBUS NACH MÜNCHEBERG
(26 km/30 Min.)

Stimmungsvolle Seen, Schlösser und prächtige Parks locken Großstädter in diese abgeschiedene Gegend

Wir verlassen Seelow in westlicher Richtung und treffen auf die B1. Wir biegen nach links ab: unendliche Felder, Wiesen und Wälder, kleine Hügel und eine zauberhafte Allee, die bis nach Berlin reicht. Wie an einer Kette reiht sich hier See an See, Schloss an Schloss und Park an Park – ein herrliches Kontrastprogramm zum flachen Oderbruch mit seinem schier endlosen Himmel. Kaum verwunderlich also, dass sich Künstler wie Ulrich Plenzdorf, Bettina Wegner oder Klaus Schlesinger hier zu Hause fühl(t)en.

Schattige, gepflege Rastplätze seitlich der Allee sind gut fürs Fahrergemüt. Ebenso der Anblick des privat sanierten Schlosses Diedersdorf im Gutshausstil. Schon ein kurzer Blick in den Schlosspark links der Straße lohnt. Für die 150 Skulpturen und 4000 Zeichnungen des Bildhauers Gustav Seitz im Museum am Schloss Trebnitz braucht es mehr Zeit (in Jahnsfelde rechts abbiegen und drei Kilometer weiterfahren). Fantastisch ist auch der große Schlosspark, seinerzeit eigens von Meister Lenné kreiert. In Jahnsfelde im Stammschloss derer von Pfuel dagegen legte Konkurrent Graf Pückler gekonnt Hand an – überwältigend schön. So auch die Schlosskirche aus Feldstein, dem typischen Baumaterial der Gegend. Nachdem wir unseren Hunger im Landgasthof Jahnsfelde gestillt haben, nehmen wir Kurs auf Müncheberg, das Tor zur Märkischen Schweiz. Dafür biegen wir von der Umgehungsstraße B1 rechts in die Seelower Straße ab und bewundern zunächst die Stadtmauer nebst Türmen, die wie die Kirche Jahnsfelde aus bearbeiteten Feldsteinen bestehen. Nur noch wenige Baumeister beherrschen dieses Handwerk. Es wird in der Region aber wieder gelehrt, um die vielen alten Gemäuer zu restaurieren.

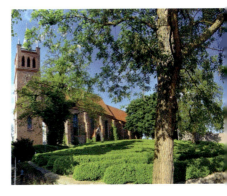

Der Schinkelturm der Marienkirche in Müncheberg bietet einen famosen Rundblick.

ADAC TRAUMSTRASSE

E4 VON MÜNCHEBERG IN DEN KNEIPPKURORT BUCKOW (15 km/15 Min.)

Die beeindruckend abwechslungsreiche Landschaft der Märkischen Schweiz setzt auch künstlerische Akzente

Direkt von der Stadtmitte Münchebergs aus fahren wir auf die B168 gen Norden und streifen bald darauf Waldsieversdorf. Die Seen rund um diesen kleinen staatlich anerkannten Erholungsort inmitten von Laub- und Nadelwäldern wären einen eigenen Tagesausflug wert. Wir machen aber einen kurzen Abstecher zum ehemaligen Sommerhäuschen von John Heartfield. Die heutige Begegnungsstätte erinnert in einer kleinen Ausstellung an den Künstler, der für seine politischen Fotomontagen Berühmtheit erlangte. Sein Freund Bert Brecht hatte ihm den abgeschiedenen Ort empfohlen. Auch heute noch – ob am Lauf der Stobber, im Roten Luch oder an den herrlichen Seen – ahnt man bald, warum.

Wir fahren weiter: nördlich auf der Berliner Straße bis Buckow durch die Märkische Schweiz, dem ersten und kleinsten Naturpark Brandenburgs. Alles, was die Eiszeit formte, können wir hier auf engstem Raum erleben: Sölle, Seen und Fließe, Quellen und Moore, Schluchten und »Berge« und bei Münchehofe sogar eine Binnendüne. In Buckow angelangt, atmen wir die nachweislich nervenstärkende Luft des einzig anerkannten Kneippkurortes in Brandenburg. Wir parken in der Bertolt-Brecht-Straße. Nun können wir entweder das Brecht-Weigel-Haus besuchen, in dem Bertolt Brecht seine letzten Sommer verbrachte, oder wir gönnen uns nach der Autofahrt eine Kneippkur und waten im kühlen Wasser des klaren Schermützelsees mitten im Ort.

Alternative
Von Mai bis Anfang Oktober pendelt an Wochenenden die Kleinbahn »Bucksche« zwischen Müncheberg und Buckow. Und das seit über 120 Jahren!

Vielleicht der schönste der vielen Seen am Wegesrand: der Schermützelsee in Buckow

E5 VON BUCKOW NACH ALTLANDSBERG
(30 km/30 Min.)

Etliche Seen in und um Strausberg laden zum Erholen, Baden und Wassersport ein

Ein letzter Blick zurück, dann verlassen wir Buckow gen Norden und biegen links auf die L34 nach Strausberg. Das Städtchen liegt idyllisch am Straussee, dessen waldiges Ufer ein 9,5 Kilometer langer Rundweg erschließt. Wer abkürzen will, nimmt mitten im Ort die einzige elektrisch betriebene Personen-Seilfähre Europas, die ganzjährig auf die andere Seite übersetzt.

Beschaulicher Ausklang der Tour in Altlandsberg

Uns zieht es aber noch weiter zum nahen Bötzsee im Fredersdorfer Mühlenfließ: In Strausberg biegen wir vor der Stadtmauer links ab und im Ort wieder links in die Große Straße, nach der Tankstelle rechts und im nächsten Kreisverkehr links nach Postbruch. Parkplätze an der Altlandsberger Chaussee gibt es reichlich. Das Strandbad Bötzsee ist nah. Hier könnten wir auch ein Ruderboot mieten und weiter draußen ins Wasser springen oder in einer der vielen kleinen Sandbuchten anlegen. Anschließend geht es westlich weiter auf der L33. In zehn Minuten ist die Eisdiele am Berliner Tor in Altlandsberg erreicht. Bei einem Spaziergang durch den idyllischen Stadtkern erfahren wir einiges über die 800-jährige Geschichte. Zu dieser gehört auch das einstige Armenhaus in der Stadtmauer, das heutzutage in originellem Ambiente regionale Gerichte von Schnitzel bis Zander serviert – ein schöner Abschluss für unsere Landpartie.

Wanderung
Auch den Bötz- und den Fängersee kann man in gut zwei Stunden umrunden, meist direkt am Ufer entlang durch den Wald.

Zurück zum Ausgangspunkt: Über den Mehrower Weg gelangt man in 15 Min. zurück nach Ahrensfelde. Oder direkt in die Stadt: A10 nach Süden bis Abfahrt Berlin-Hellersdorf, dort auf die B1 Richtung Zentrum (Alexanderplatz: 35 km, 45 Min.).

Hotelempfehlungen:

Wenn Sie die Tour in Tagesetappen fahren, empfehlen wir folgende Hotels:

€ | **Maschinenhaus** Freundliche Zimmer und ein traumhaft weiter Blick über die Oder. ›› *Hafenstr. 2, 15324 Letschin OT Groß Neuendorf, Tel. 03 34 78/38 77 10, www.maschinenhaus-online.de*

€ | **The Lakeside Burghotel zu Strausberg** Übernachten vom Feinsten und Spa am Straussee. ›› *Gielsdorfer Chaussee 6, 15344 Strausberg, Tel. 033 41/346 90, www.burghotel-strausberg.de*

Unterwegs

Berlin ist einzigartig: Denkmäler und Museen erzählen von der bewegten Vergangenheit, aufregende Architektur steht für die Moderne, und dazwischen jede Menge Kultur und Lebensart.

Das will ich erleben

Der typische Berlin-Tourist verbringt im statistischen Durchschnitt nicht einmal drei volle Tage in der Stadt. Und wie schafft man dann das Mammutprogramm aus Museen von Weltrang, geschichtsträchtigen Schauplätzen und spektakulären Bauwerken? Nicht zu vergessen: die Gourmetlokale und Konsumtempel, die Flaniermeilen, die Theater und Shows! Immerhin bieten sich einige grüne Oasen und idyllische Rückzugsorte zum Kraftschöpfen zwischendurch an. Man muss sich wohl oder übel und schweren Herzens entscheiden – oder einfach immer wiederkommen!

Hochkulturen und alte Meister

Einfach Weltklasse sind die Schätze der Berliner Museen: etwa auf der Museumsinsel, ein UNESCO-Welterbe, wo man gar nicht weiß, was man zuerst anschauen soll. Glanz und Gloria der alten preußischen Könige lassen sich auch in Potsdams Sanssouci erleben.

- **8** **Pergamonmuseum** 83
  Eine der besten Antikensammlungen der Welt
- **9** **Humboldt Forum** 86
  Neuestes und abwechslungsreichstes Museum
- **17** **Gemäldegalerie am Kulturforum** 102
  Wandeln entlang von Rubens, Raffael und Botticelli
- **63** **Schloss und Park Sanssouci** 168
  Alte Königspracht, wohin man schaut

Tanz, Musik und moderner Zirkus

Schon vor hundert Jahren vergnügte sich die Berliner Boheme bei Revuetanz und in Varieté-Theatern. Und neben den Shows mit Künstlern aus aller Welt sorgen auch die Spielstätten für Staunen, zum Beispiel historische Ballsäle wie das Chamäleon oder Zelte wie das TIPI.

- **Friedrichstadt-Palast** 92
  Diese Show darf man nicht verpassen (Bild links)
- **TIPI am Kanzleramt** 92
  Bei Hochstimmung wackelt hier schon mal das Zelt
- **Wintergarten** 106
  Moderne Akrobatik und Tanz auf hohem Niveau
- **Chamäleon Theater** 120
  Artisten und Zauberer, Tanz und Theater

ADAC Quickfinder

Luftholen im Großstadttrubel

Die zahlreichen grünen Oasen in Berlin liegen meist gleich um die Ecke. Hier kann man spazieren entlang von Denkmälern, Brunnen oder Pagoden, sonnenbaden, grillen, jonglieren oder einfach nur die Seele baumeln lassen.

16 Großer Tiergarten 100
Ein Abstecher in die grüne Lunge Berlins
31 Volkspark Friedrichshain 124
Der größte Park im Osten der Stadt
44 Gärten der Welt 138
Herrliche Exotik zwischen Plattenbauten
62 Pfaueninsel 166
Barocke Gartenbaukunst und ein »Liebesschlösschen«

Trends und Szene: Wo der Bär steppt

So schnell kann man gar nicht schauen, wie sich manche Straßenzüge in »Szene«-Meilen verwandeln. Eher gediegen-touristisch geht es am Kollwitzplatz zu, während der jung gebliebene Bär neuerdings in Nord-Neukölln steppt: hip, kreativ und international.

30 Rund um den Kollwitzplatz 118
Unterwegs im Herzen des beliebten Prenzlbergs
36 Paul-Lincke- und Maybachufer 130
Lebhaft und trendig: Türkenmarkt und Nowkölln
40 Bergmannstraße 132
Szenetreff rund um die Marheineke-Markthalle

Verlockungen auf Schritt und Tritt

Märkte, Boutiquen, Designerläden, Einkaufspassagen oder Concept Mall – in Berlin hat man ständig die Qual der Wahl. Ob es nun ein typisches Berlin-Mitbringsel oder ein T-Shirt ist, ein edler Duft oder ein schickes Kostüm – manch einer muss sich vor der Rückreise sogar noch einen Extrakoffer kaufen ...

6 Galeries Lafayette 79
In der Dependance des Pariser Nobelkaufhauses
27 Hackesche Höfe 116
Bummeln, Schlemmen und Staunen in acht Höfen
47 Ku'damm 147
Darf es ein edles Stück von Gucci & Co. sein?

Das will ich erleben

Schöner speisen

Legen Sie beim Restaurantbesuch nicht nur Wert darauf, was auf den Teller kommt, sondern schätzen auch ein besonderes Ambiente? Dann steigen Sie doch mal hoch hinauf, fahren raus ins Grüne oder genießen anspruchsvolle Küche in einem ehemaligen Umspannwerk.

11 Fernsehturm-Restaurant Sphere 89
360 Grad: grandiose Aussicht in der Mitte der Stadt
36 Volt 130
Gourmetküche von einem Berliner Meisterkoch
57 Landgasthaus Domäne Dahlem 162
Saisonale Kost frisch vom eigenen Biohof

Deutsche Geschichte begreifen

Nirgendwo in Deutschland kann man die nationale Geschichte so hautnah und spannend erleben wie in der Hauptstadt – ob Kriegsschauplätze oder Königsschlösser, Mauerbau oder die Wiedervereinigung.

1 Reichstag 66
Revolution, Reichstagsbrand und »Verpackungskunst«
2 Brandenburger Tor 68
Ein Selfie am Berliner Wahrzeichen gehört dazu
4 Deutsches Historisches Museum 73
Nicht verpassen: 2000 Jahre deutscher Historie
6 Checkpoint Charlie 77
An der ehemaligen Sektorengrenze

Höhepunkte der Baukunst

In Berlin erheben sich einige einzigartige Bauwerke, spektakulär wie das Jüdische Museum oder das imposante Futurium. Lebendige Bauhistorie des 20. Jh. vermittelt das Bauhaus-Archiv.

12 Potsdamer Platz 96
Hoch hinaus geht es in Berlins Stadtmitte
19 Bauhaus-Archiv 105
Museum zur großen Architektur- und Designschule
20 Futurium 110
Ein echter Hingucker, wie aus der Zukunft hergebeamt
39 Jüdisches Museum 132
Ein Meisterwerk mit vielen Ecken und schiefen Kanten

ADAC Quickfinder

Mahnen und Erinnern

Kein anderer Ort Deutschlands ist so sehr mit den unmenschlichen Verbrechen der Nazis im Zweiten Weltkrieg verbunden. Die Stadt war aber auch Schaltstelle der Macht unter der DDR-Regierung – zwei Unrechtssysteme, an die erinnert wird.

3 Holocaust-Mahnmal 70
Das Stelenfeld gedenkt der ermordeten Juden Europas
14 Topographie des Terrors 98
Sehen, wo einst die Nazis herrschten
24 Gedenkstätte Berliner Mauer 112
Wie war das damals mit dem Todesstreifen?
61 Haus der Wannseekonferenz 166
Wo die »Endlösung der Judenfrage« beschlossen wurde

Museumsspaß für die ganze Familie

Ein Museumsbesuch kann wirklich spannend sein. Vor allem dann, wenn man wie im Deutschen Technikmuseum die gezeigte Schätze ausprobieren und anfassen darf oder im Museum für Naturkunde die faszinierende Welt der Dinosaurier hautnah erleben kann.

22 Museum für Naturkunde 110
Zwischen Skeletten, Fossilien und Meteoriten
41 Deutsches Technikmuseum 135
Technikgeschichte zum Erleben und Mitmachen
57 Freilichtmuseum Domäne Dahlem 162
Landleben auf einem historischen Gutshof

Oasen der Ruhe

Berlin ist voll, laut und trubelig. Aber manchmal muss man nur durch eine Hofeinfahrt oder eine kleine Parallelstraße gehen – und wohltuende Stille »bricht« aus. Und dann gibt es noch Orte der Besinnung und Ruhe, wo man sie am wenigsten erwartet.

2 Raum der Stille 68
Ruhe am wohl meistbesuchten Ort Berlins
23 Dorotheenstädtischer Friedhof 111
Viele (historische) Berühmtheiten sind hier zu finden
59 Botanischer Garten 163
Idyllische Ecken zwischen viel Grün

63

Vom Reichstag zum Alex

Hier bummelt man im Herzen der Stadt und dem Ostteil von Berlin-Cölln und staunt über preußischen Prunk und Ostberliner DDR-Flair

Und wenn man nur einen einzigen Tag in Berlin verbringt, hier kommt keiner dran vorbei: Von anno dazumal bis in die spannende Gegenwart wandelt der Besucher auf historischem Pflaster. Nicht weit entfernt von den alten Prachtbauten der Preußenkönige entlang der Flaniermeile Unter den Linden mit Adelspalais und Opernhaus befindet sich heute das Regierungsviertel. Ein Besuch im geschichtsträchtigen Reichstagsgebäude mit Blick in den Plenarsaal des Bundestages gehört ebenso zum Standardprogramm wie einmal durchs Brandenburger Tor zu schlendern.

In diesem Kapitel:

1 Reichstag 66
2 Brandenburger Tor 68
3 Holocaust-Mahnmal 70
4 Unter den Linden 70
5 Gendarmenmarkt 74
6 Friedrichstraße 76
7 Friedrichswerdersche Kirche – Schinkelmuseum 79
8 Museumsinsel 80
9 Humboldt Forum 86
10 Nikolaiviertel 86
11 Rund um den Alexanderplatz 88
Am Abend/Übernachten 92/93

ADAC Top Tipps:

Reichstag
| Bauwerk |
Wer den Spiralgang in der Kuppel nicht entlangflaniert und in den Plenarsaal des Bundestages hinabsieht, war eigentlich nicht in Berlin. 66

Brandenburger Tor
| Bauwerk |
Am Pariser Platz stehen neben dem Wahrzeichen der Stadt auch viele geschichtsträchtige und repräsentative Bauten. 68

Holocaust-Mahnmal
| Bauwerk |
Ein Labyrinth aus 2711 Betonstelen gedenkt der 6 Mio. Juden, die Opfer des Holocaust wurden. 70

Gendarmenmarkt
| Platz |
Der Bilderbuchplatz punktet mit dem Französischen und dem Deutschen Dom. Lauschen Sie dem Glockenspiel

zur vollen Stunde oder dem Konzerthausorchester am Abend. 74

 Museumsinsel
| Museumskomplex |
Ob Götter und Giganten im Pergamonmuseum, die Klassiker in der Alten Nationalgalerie oder die Antikensammlungen – hier sind einige der kostbarsten Kunstschätze der Welt versammelt. 80

 Fernsehturm
| Aussichtspunkt |
Hier präsentiert sich Berlin aus 200 m Höhe – eine Drehplattform sorgt für das »Rundumerlebnis«. 89

ADAC Empfehlungen:

 Käfer
| Restaurant |
»Wenn schon, denn schon«, sagt der Berliner. Die Preise sind hoch, aber wo sonst in der Welt kann man in einem Parlamentsgebäude speisen? 67

 Deutsches Historisches Museum (DHM)
| Museum |
Deutsche Geschichte erleben Groß und Klein im historischen Zeughaus – sogar mit speziellem Familien- und Kinderprogramm. 73

 Festival of Lights
| Lichtspektakel |
Hunderte, vornehmlich historische Gebäude erstrahlen in neuem Glanz, wenn internationale Lichtkünstler im Oktober ans Werk gehen. 74

 Asisi Panorama – Die Mauer
| 360°-Gemälde |
Eine spannende Zeitreise mit Mauer-Feeling erlebt man hier in einer Foto-Sound-Installation. 78

 Park Inn by Radisson
| Hotel |
Hier wohnt man hoch über der Stadt mit Top-Aussicht und nutzt die Lage als hervorragenden Ausgangspunkt für viele Sehenswürdigkeiten. 93

1 Reichstag

Hier kann man den Abgeordneten sprichwörtlich aufs Dach steigen.

1 Reichstag

Ein symbolträchtiger Bau und Sitz des deutschen Bundestages

■ S Brandenburger Tor, U5 Bundestag
■ Platz der Republik 1, Tel. 030/22 73 21 52, www.bundestag.de, Eintritt frei, Kuppel: tgl. 8–24 Uhr, letzter Einlass 21.45 Uhr (Kuppelbesichtigung nach schriftlicher Anmeldung per Fax 030/22 73 64 36, Post oder unter www.bundestag.de. Bei freien Kapazitäten gibt es personengebundene Tickets für die folgenden zwei Tage gegen persönliche Ausweisvorlage bei der Außenstelle des Besucherdienstes neben dem Berlin-Pavillon an der Südseite der Scheidemannstraße; tgl. Führungen und Besuche von Plenarsitzungen etc.).

Der Reichstag am Platz der Republik steht für die bedeutendsten Ereignisse in der deutschen Geschichte: Von einem Fenster des 1884–94 nach Plänen von Paul Wallot im Stil der Neorenaissance erbauten Parlamentsgebäudes rief der Sozialdemokrat Philipp Scheidemann am 9. November 1918 die Deutsche Republik aus, bis 1933 tagte in dem Gebäude das Parlament der Weimarer Republik. Verheerend war der Reichstagsbrand in der Nacht vom 27. auf den 28. Februar 1933, politisch mehr als baulich. Denn nach dem Anschlag setzte Adolf Hitler sein Ermächtigungsgesetz durch, das den Weg zur Alleinherrschaft der Nazis frei machte. Den Untergang des nationalsozialistischen Dritten Reiches und das Ende des Zweiten Weltkriegs markierte das Hissen der Roten Fahne auf dem Parlamentsgebäude durch siegreiche russische Soldaten am 30. April 1945.

Der ab 1973 restaurierte Reichstag auf Westberliner Gebiet diente schließlich mit Plenarsaal für Fraktionstagungen und Bundestagsausschüsse. Zur deutschen Wiedervereinigungsfeier am 3. Oktober 1990 bot er eine würdige Kulisse, spektakulär dagegen die Kunstaktion »Verhüllter Reichstag« von Christo und Jeanne-Claude im Sommer 1995.

Reichstag 1

Kaum waren die Stoffbahnen gefallen, verbargen Baugerüste das Gebäude. Nach Plänen des britischen Architekten Sir Norman Foster wurde es 1996–99 zum Sitz des Deutschen Bundestages ausgebaut mit weltweit berühmten Wahrzeichen. Eines davon: die neue, begehbare Glaskuppel. Zwei spiralförmige Rampen führen hier zur Aussichtsplattform in 40 m Höhe. Auf dem Weg kann man auch in den Plenarsaal des Bundestages blicken. Von der Dachterrasse bieten sich ebenfalls unvergessliche Panoramen.

Sehenswert

Regierungsviertel
| Bauwerk |

Am Spreebogen, in nächster Nachbarschaft zum Reichstag und mit ihm durch ein Tunnelsystem verbunden, erstrecken sich heute die wichtigsten Regierungsgebäude mit einer monumentalen Architektur. Mit viel Glas an Fassaden, Galerien und Hallen soll das demokratische Prinzip von Transparenz und Öffentlichkeit in der Architektur verdeutlicht werden. Im nördlich des Reichstags gelegenen Paul-Löbe-Haus (1997–2001, Stephan Braunfels) im Spreebogen sind Abgeordnetenbüros und Sitzungssäle untergebracht. Die hier über die Spree führende doppelstöckige Brücke ist mit dem Marie-Elisabeth-Lüders-Haus (1998–2002, ebenfalls Braunfels) verbunden, das z. B. die Parlamentsbibliothek sowie eine Kunstausstellung beherbergt. Die Idee des verbindenden Bandes dieser Bauwerke lässt sich bei einer Schifffahrt auf der Spree sehr gut erkennen.

Ebenfalls in Blickweite des Reichstags thront das Kanzleramt (1997–2001, Axel Schultes und Charlotte Franke) am Spreebogen. Das zentrale, 36 m hohe Hauptgebäude mit Kanzlerbüros, Kabinett- und Konferenzsälen wird von zwei Büroflügeln flankiert. Das Foyer des Hauptgebäudes öffnet sich auf den für Staatsempfänge genutzten Ehrenhof, an der Rückseite liegen der Kanzlergarten und der über eine Spreebrücke erreichbare Kanzlerpark am Moabiter Werder.

 Parken

Am besten am Haus der Kulturen der Welt, gegenüber vom Bundeskanzleramt, **John-Foster-Dulles-Allee**.

 Restaurants

€–€€ | **Populär** In dem Selbstbedienungslokal kann man draußen unter Bäumen die Reichstagswartezeit bei schnellen und günstigen Speisen verbringen. ■ Scheidemannstr. 1 (Berlin-Pavillon), Tel. 030/20 65 47 37, www.berlin-pavillon.de, tgl. 8–20 Uhr

① €€€ | **Käfer** Das Dachgartenrestaurant krönt den Bundestag mit allerlei kulinarischen Genüssen. ■ Platz der Republik, Bundestag, www.feinkost-kaefer.de, Tel. 030/227 92 20 (Reservierung telefonisch oder per E-Mail, am besten einige Tage im Voraus!), tgl. 9–17 und 19–24 Uhr

ADAC Wussten Sie schon?

Nirgendwo sonst in der Welt lässt eine Regierung ihre Bevölkerung so nah »ran«: Das **Dachlokal** (s. o.) ist weltweit das einzige Restaurant für »Normalsterbliche«, also auch für Nicht-Parlamentarier in einem Parlamentsgebäude!

Brandenburger Tor

 Das Wahrzeichen der Stadt für Teilung und Wiedervereinigung

Information

- Berlin Tourist Info, Brandenburger Tor, südl. Torhaus, www.visitberlin.de, tgl. 10–18 Uhr
- S, U5 Brandenburger Tor

Als Abschluss des Boulevards Unter den Linden ragt das Brandenburger Tor am Pariser Platz auf. Es ist das Symbol des geteilten Deutschlands: Lag das Bauwerk ab 1961 im abgesperrten Niemandsland im Schatten der Berliner Mauer, so gilt es seit seiner feierlichen Wiederöffnung im Dezember 1989 als Sinnbild für die deutsche Wiedervereinigung.

König Friedrich Wilhelm II. ließ es nach antikem Vorbild ab 1788 erbauen – als Erinnerung an das für Preußen erfolgreiche Ende des Siebenjährigen Krieges im Jahre 1763 und zugleich als Ehrenmal für den 1786 verstorbenen König Friedrich II. Das frühklassizistische Sandsteintor entstand nach Plänen von Carl Gotthard Langhans, der sich an der Athener Akropolis orientierte. Die das Tor krönende Quadriga von Johann Gottfried Schadow entstammt römischer Triumph-Symbolik: den von vier Pferden gezogenen Wagen der Siegesgöttin Viktoria. Wie ihr antikes Vorbild war auch sie zunächst nackt gewesen – man stelle sich den Affront vor, wenn Reisende aus dem Westen zunächst ihr bloßes Hinterteil gesehen hätten! Auf königlichen Befehl wurde daher ein Unterkleid für die Göttin angefertigt, der Monarch weihte das Bauwerk ohne die Quadriga 1791 ein. Die bekleidete Viktoria bezog ihren Platz erst 1793, allerdings nicht für lange: Am 27. Oktober 1806 besetzte Napoleon die Hauptstadt Preußens und ließ u.a. die Quadriga nach Paris transportieren. Den Rückweg trat die symbolträchtige Figur 1814 an, nach der napoleonischen Niederlage in den Befreiungskriegen thronte sie erneut auf dem 26 m hohen, 65 m breiten und 11 m tiefen Bau mit fünf Durchfahrten.

Sehenswert

Pariser Platz
| Platz |
Als Empfangssalon der Metropole präsentiert sich der 1734 als Exerzierfeld angelegte Pariser Platz – rings ums Brandenburger Tor mit den zumeist rekonstruierten repräsentativen Bauten: die Botschaften der USA, Frankreichs und Großbritanniens, das Hotel Adlon Kempinski (S. 93) und die Commerzbank-Zentrale gleich unter der Hausnummer 1 links des Brandenburger Tors. Neben der trutzig-riesigen US-Botschaft beeindruckt die DZ Bank mit einem futuristisch-amorphen Atrium von Architekt Frank O. Gehry, dessen Sitzungssaal aus einem Science-Fiction-Film zu stammen scheint.

Raum der Stille
| Veranstaltungsort |
»Silence« steht in vielen Sprachen im Vorraum an der Wand: 200 Menschen suchen am Tag im Raum der Stille die Ruhe am wohl lebendigsten Ort Berlins – die alle verbindende Stille. Jeder tut das auf seine Art und Façon, wie immer man es auch nennt: Gebet, Abschalten, innere Einkehr, Meditation …

- Brandenburger Tor (Nordflügel), Pariser Platz 8, www.raum-der-stille-im-

Brandenburger Tor

Wo früher Autos fuhren, tummeln sich heute Touristen aus aller Welt.

brandenburger-tor.de, März–Okt. 11–18, Nov., Feb. bis 17, Dez., Jan. bis 16 Uhr, Eintritt frei

Akademie der Künste
| Veranstaltungsort |
Das 1696 als Preußische Akademie gegründete Kunstzentrum empfängt seine Besucher mit gläserner Fassade neben dem Adlon. Die AdK erlangte in ihrer langen Geschichte Weltruhm, u. a. mit Mitgliedern wie Heinrich und Thomas Mann, Alfred Döblin, Max Liebermann, Ricarda Huch und Käthe Kollwitz, später Michael Ballhaus oder Martin Wuttke.
■ Pariser Platz 4, www.adk.de, tgl. 10–20 Uhr

Liebermann-Haus
| Gebäude |
Rechts des Brandenburger Tors sieht man die von Josef Paul Kleihues entworfene Replik des 1735 erbauten Liebermann-Hauses: Der Maler Max Liebermann lebte hier von 1894 bis zu seinem Tod 1935, der Präsident der Akademie der Künste (1920–32) und Impressionist war von den Nazis als »entartet« diffamiert worden.
■ Pariser Platz 7, www.stiftungbrandenburgertor.de

Restaurants

€ | **Mama Trattoria** Die Überraschung: Pasta, Pizza, frische Salate, Bio-Rindfleisch, Veganes und Glutenfreies zu anständigen Preisen bei bester Lage mit Blick aufs Tor. Allerdings sollte man etwas Zeit mitbringen. ■ Palais am Pariser Platz 6a, Tel. 030/20 21 93 93, www.mama.eu, Mi–Sa 12–22, So–Di 12–21.30 Uhr

€–€€ | **Hopfinger Bräu im Palais** Uriges Ambiente zu deftigen Speisen und zünftigen Getränken: das vollmundige bernsteinfarbene Bier nach alter bayerischer Tradition. ■ Ebertstr. 24, Tel. 030/20 45 86 37, www.bier-genuss.berlin, April–Okt. 10–24, Nov.–März 10–23 Uhr

3 Holocaust-Mahnmal

 Das Denkmal für die in der NS-Zeit ermordeten Juden Europas

■ S, U5 Brandenburger Tor, S, U2 Potsdamer Platz
■ Stelenfeld: Ebertstraße/Behrenstraße tgl. 24 Std. zugänglich
■ Ort der Information: Cora-Berliner-Str. 1, www.holocaust-mahnmal.de, Mai–Sept. Di–So 10–20, Okt.–April Di–So 10–19 Uhr, Hörführung mit Audioguide 3 €, erm. 2 €, So 15 Uhr kostenlose Führung

Südlich von Brandenburger Tor und Pariser Platz wurde 2005 das Holocaust-Mahnmal nach Entwürfen des US-amerikanischen Architekten Peter Eisenman eingeweiht. Das Mahnmal gedenkt der 6 Mio. Juden, die Opfer des Holocaust wurden. Es erstreckt sich über 19 000 m² mit einem eindrucksvollen Stelenfeld – ein von allen Seiten begehbares Labyrinth aus 2711 grauen Betonquadern. Eisenman will sein Werk nicht als Friedhof oder Ehrenfeld verstanden wissen, eher als Ort der Hoffnung, in dem Besucher die Stimmen der Opfer hören sollen. Im Ort der Information unter dem Stelenfeld kann man exemplarisch mehr über einzelne Schicksale erfahren. In der Nähe im Tiergarten befinden sich die Denkmäler für die ermordeten Sinti und Roma Europas, für Homosexuelle sowie »Euthanasie«-Opfer.

4 Unter den Linden

Prachtboulevard als Flaniermeile und Bilderbuch der Geschichte

■ S, U5 Brandenburger Tor, U5, U6 Unter den Linden, U5 Museumsinsel, Bus 100, 300

Unter den Linden ist die bedeutendste Straße Berlins und eine Art Bilderbuch der Stadtgeschichte. Im 16. Jh. verband hier ein Reitweg das Stadtschloss mit dem 1527 eingerichteten Tiergarten. Ab 1647 ließ Kurfürst Friedrich Wilhelm den

Im Blickpunkt

Schatten der Vergangenheit in der Wilhelmstraße

Die Wilhelmstraße war von der Kaiser- bis zur NS-Zeit die Straße der Regierung. Otto von Bismarck residierte als Kanzler des Deutschen Reiches in der alten Reichskanzlei. Das Reichspräsidentenpalais war Amtssitz von Friedrich Ebert und Paul von Hindenburg. Joseph Goebbels' Ministerium für Volksaufklärung und Propaganda, ein aus der Hitler-Diktatur erhaltenes Gebäude, ist der heutige Sitz des Bundesministeriums für Arbeit und Soziales (Nr. 49).
Unter allem erstreckte sich ein gigantisches Bunkersystem mit Krankenstation, Werkstätten sowie dem etwa 250 m² umfassenden Führerbunker für Adolf Hitler. Der Bunkerkomplex wurde 1947–59 gesprengt und das Gelände eingeebnet, um eventuellen »Pilgerbesuchen« vorzubeugen. Seit 2006 weist eine nüchterne Tafel in der Gertrud-Kolmar-Straße in den Ministergärten nahe dem Potsdamer Platz den historischen, doch heute überbauten Ort aus.

Unter den Linden

Berlins Prachtstraße Unter den Linden führt vom Brandenburger Tor zur Museumsinsel.

Weg zu einer Allee mit Linden und Nussbäumen umgestalten; die Nussbäume verdorrten. Nachdem 1734 der Pariser Platz angelegt worden war, entwickelte sich Unter den Linden zum Boulevard des Hochadels mit Salons als Treffpunkt von Intellektuellen und Militärs. Mit der Reichsgründung 1871 übernahmen Bankiers und Aktienspekulanten die Adelspalais. Die Flaniermeile galt jedoch um 1900 nach wie vor als Boulevard des Kaisers Wilhelm I.

Geht man vom Pariser Platz die Linden hinauf, so zieht rechts die Russische Botschaft (Nr. 63–65) als stalinistisch anmutender Prunkbau von 1952 die Aufmerksamkeit auf sich. Die Geschäftshäuser, wie das frühere Haus Wagon-Lits (Nr. 40) und der Zollernhof (Nr. 36–38) mit dem ZDF-Hauptstadtstudio, entstanden um 1910. Als einziges Gebäude aus den 1930er-Jahren ist das Haus der Schweiz (Nr. 24) erhalten. An der Ecke Friedrichstraße nutzt das Westin Grand Hotel ein Gebäude, das 1985–87 zur 750-Jahr-Feier in Ost-Berlin errichtet worden war.

 Sehenswert

Forum Willy Brandt
| Museum |

Gegenüber der Russischen Botschaft erinnert seit 2010 das Forum Willy Brandt mit einer Ausstellung an den einstigen Regierenden Bürgermeister West-Berlins und späteren Bundeskanzler.

■ Unter den Linden 62–68, www.willy-brandt.de, tgl. 11–17 Uhr, s. auch Spartipp S. 82

Reiterdenkmal Friedrichs des Großen
| Denkmal |

Auf dem Mittelstreifen des Boulevards, dem Lindenforum vor der Staatsbibliothek, steht das eindrucksvolle, 13,5 m hohe Reiterdenkmal Friedrichs des Großen. Christian Daniel Rauch schuf es ab 1839 im Auftrag König Friedrich Wilhelms III. Der Alte Fritz wirkt fast lebendig im Krönungsmantel, mit Dreispitz, Krückstock und Stulpenstiefeln hoch zu Ross.

Unter den Linden

Bebelplatz
| Platz |

Einer der schönsten Plätze Berlins beeindruckt mit edlen Palais aus der Ära zwischen Barock und Klassizismus. Seit 1947 ist das Ensemble benannt nach August Bebel (1840–1913), einem der Gründungsväter der SPD. Das streng klassizistische Alte Palais (auch Kaiser-Wilhelm-Palais) vis-à-vis der Staatsoper entstand 1834–37 nach Plänen von Carl Ferdinand Langhans als Stadtpalast des Kronprinzen und späteren Kaisers Wilhelm I. Heute nutzt die Humboldt-Universität den Bau. Wegen ihrer barock-geschwungenen rekonstruierten Fassade wird die Alte Bibliothek im Volksmund auch augenzwinkernd als »Kommode« bezeichnet. Zwischen Staatsoper und der Alten Bibliothek neben dem Alten Palais rotteten sich am 10. Mai 1933 Zehntausende Studenten und andere NS-Anhänger zusammen, um etwa 20 000 Bücher »undeutscher« Autoren zu verbrennen. Seit 1995 erinnert das Denkmal Versunkene Bibliothek von Micha Ullmann an dieses Ereignis. Durch eine Glasplatte im Pflaster blickt man in einen 5 m tiefen, weißen Raum mit leeren Bücherregalen. Auf einer Gedenkplatte sind die Worte Heinrich Heines zu lesen: »Das war ein Vorspiel nur. Dort, wo man Bücher verbrennt, verbrennt man am Ende auch Menschen.«

Im Süden des Bebelplatzes erhebt sich die 1747–73 errichtete St.-Hedwigs-Kathedrale mit säulengetragener Tempelfront und lindgrüner Kuppel.

Neue Wache
| Denkmal |

Karl Friedrich Schinkel erbaute die Neue Wache 1816–18 als Wachhaus für königliche Soldaten: Der Baukörper im Stile antiker Architektur und mit dorischem Säulenportikus gilt als ein Hauptwerk des Klassizismus in Preußen. Ab 1929 diente das Gebäude dem Totengedenken, seit 1993 als Zentrale Gedenkstätte der Bundesrepublik Deutschland für die Opfer von Krieg

Die Alte Bibliothek steht an einem geschichtsträchtigen Ort, am Bebelplatz.

und Gewaltherrschaft. Im Innenraum steht die ergreifende Skulpturengruppe »Trauernde Mutter mit totem Sohn«. Diese Pietà ist die vergrößerte Kopie einer Bronze, die Käthe Kollwitz 1937/38 geschaffen hatte.

Hinter der Neuen Wache steht das Palais am Festungsgraben (1751–53) mit edler klassizistischer Fassade von 1861, das heute mit Marmorsaal und anderen Prunkräumen für Events und zwei Theaterstätten genutzt wird, etwa das Maxim Gorki Theater.

■ Unter den Linden 4

Deutsches Historisches Museum (DHM)

| Museum |

 2000 Jahre Geschichte, inszeniert im größten Barockbau Berlins

Im ältesten barocken Großbau Berlins (1695–1731 als Zeughaus errichtet) befindet sich heute eines der wichtigsten Museen Berlins. Die Hauptausstellung »Deutsche Geschichte in Bildern und Zeugnissen« dokumentiert mit über 8000 Exponaten rund zwei Jahrtausende deutscher Geschichte im europäischen Kontext. Eindrucksvoll präsentieren sich Alltagskultur, Militaria und Kunstwerke in chronologischen Stationen: im ersten Obergeschoss der Sieg der Germanen unter Arminius (Hermann) über die Legionen Roms, Reformation, Dreißigjähriger Krieg, Absolutismus, Französische Revolution, das Erwachen einer Nationalbewegung und die Gründung des Deutschen Reiches 1871. Nicht verpassen: den »petit chapeau«, den markanten Zweispitz, den Kaiser Napoleon I. 1815 auf der Flucht vor den preußischen Truppen beim legendären Waterloo verlor. Das Erdgeschoss ist dem »kurzen 20. Jh.« gewidmet, vom Ersten Weltkrieg über NS-Zeit

Der moderne Erweiterungsbau des Museums wurde von I. M. Pei entworfen.

und die Gründung der beiden deutschen Staaten bis zur Wiedervereinigung. Der durch den Architekten I. M. Pei realisierte Neubau wird seit 2003 für Wechselausstellungen genutzt.

■ Unter den Linden 2, www.dhm.de, Fr–Mi 10–18, Do bis 20 Uhr, 8 €, erm. 4 €

PalaisPopulaire

| Ausstellungsort |

Hier dreht sich alles um Kunst, Kultur und Sport. Im ehemaligen Prinzessinnenpalais zeigt die Deutsche Bank zeitgenössische und aktuelle Kunst aus ihrer Sammlung in Themenausstellungen. Besucher können dazu Gespräche mit bekannten Gesichtern miterleben. Zum After-Work-Treff werden Drinks gereicht, bei den Clubnächten begleiten internationale DJs und Performances die Besucher durch die Ausstellungsräume.

4 Unter den Linden

Aber es gibt auch spezielle Audiotouren, eine Kreativbox und Workshops für Kinder sowie ein Café.
■ Unter den Linden 5, www.db-palaispopulaire.de, Mi–Mo 11–18, Do 11–21, Café Mi–Mo ab 11 Uhr, Eintritt frei

Parken

Tiefgarage Unter den Linden/Staatsoper, Zufahrt über Behrenstr. 37, www.q-park.de, 2 €/Stunde, 20 €/Tag

Cafés

Einstein Hier kann man sich unter Politiker und Journalisten mischen; es finden auch Autorenlesungen und Fotoausstellungen statt. ■ Unter den Linden 42, Tel. 030/20436 32, www.einsteinudl.grillroyal.com, tgl. ca. 10–20 Uhr
Café im Zeughaus Das öffentlich zugängliche Café des DHM ist ein angenehmer Ort für einen Snack zwischendurch. Draußen kann man herrlich am Flussufer neben dem Wassertaxi-Anleger sitzen. ■ Unter den Linden 2, Tel. 030/20 64 27 44, www.dhm.de, Mi–Fr ca. 12–17, Sa, So 10–18 Uhr

ADAC Mobil

> **Der 100er Bus – ein Muss!**
> Wer nicht viel Zeit hat, der »erfährt« im wahrsten Sinn die wichtigsten Berliner Attraktionen – gefühlte 1000 Sehenswürdigkeiten rollen vorbei: ob Siegessäule, Schloss Bellevue oder Berliner Dom. Von Zoo bis Alex 18 Stationen in 30 Min., 3 € kostet das Ticket. Alternativ: Mit dem 300er ab Philharmonie über Unter den Linden und East Side Gallery bis Warschauer Straße.

Einkaufen

Ampelmann Shop Ein Berliner Kultobjekt: Das grüne Männchen aus der DDR-Ampel gibt es z. B. als Luftballon, Notizblock, Armbanduhr und Soundbox – außerdem Kaffee und Snacks.
■ Unter den Linden 35, www.ampelmann.de, tgl. 10–21 Uhr

Events

Festival of Lights Bei dem Lichtspektakel im Oktober werden zahlreiche Bauwerke eindrucksvoll illuminiert. Der Schwerpunkt liegt zwischen Alex und Brandenburger Tor, aber auch Schloss Charlottenburg und der Potsdamer Platz sind dabei. Eine eigene App bietet dazu Infos und Orientierung. ■ www.festival-of-lights.de, Führungen, Boots- und Bustouren: www.berlin.de/lichterfeste

5 Gendarmenmarkt

Die prachtvollen Bauten um den Platz sind eine Augenweide

■ U2, U6 Stadtmitte, Französische Straße

Der weitläufige Gendarmenmarkt entstand ab 1688 nach Plänen von Johann Arnold Nering. Der Name des Platzes erinnert daran, dass 1736–82 das damals berühmte preußische Reiterregiment »Gens d'Armes« hier seine Kasernen und Stallungen unterhielt. Platzbeherrschend sind der rekonstruierte Französische und Deutsche Dom, die dem ganzen Ensemble aus prachtvollen Bauwerken sein vornehmes Flair geben (es sind keine Bischofssitze, aber dennoch seit 1785 mit Kuppeltürmen gekrönt, französisch: »dome«).

Gendarmenmarkt 5

Der Gendarmenmarkt gilt als einer der schönsten Plätze Europas.

 Sehenswert

Konzerthaus
| Konzerthaus |

Zwischen beiden Domen erhebt sich Schinkels klassizistisches Schauspielhaus (1818–21) mit Freitreppe und ionischer Säulenvorhalle mit Portikus. Als Konzerthaus Berlin ist das Schinkeltheater heute Spielstätte des renommierten Konzerthausorchesters Berlin und beeindruckt mit über 500 Veranstaltungen jährlich. Davor steht das Schillerdenkmal (1864–69) von Reinhold Begas, das den jungen Denker Friedrich Schiller (1759–1805) darstellt, ihm zu Füßen ausdrucksstarke allegorische Frauenfiguren von Lyrik, Tragödie, Geschichte und Philosophie.

■ Ticket-Tel. 030/203 09 21 01, www.konzerthaus.de, Führungen i. d. R. Sa 13 Uhr, 3 €, mitunter auch tgl. kostenfreie Rundgänge (s. Website)

Deutscher Dom
| Ausstellung |

An der Südseite des Gendarmenmarktes krönt der 1780–85 erbaute Kuppelturm des Deutschen Doms die frühere Deutsche Kirche (1701–08). Seine Spitze ziert die Skulptur »Siegende Tugend«. Im Innern ist die Ausstellung »Wege, Irrwege, Umwege« unter der Ägide des Deutschen Bundestages zu sehen. Sie zeichnet die Entwicklung der parlamentarischen Demokratie in Deutschland nach.

■ Infos: www.bundestag.de/deutscherdom, Mai–Sept. Di–So 10–19, sonst bis 18 Uhr

Französischer Dom
| Dom |

An der Nordseite des Gendarmenmarktes überragt der Französische Dom die Französische Friedrichstadtkirche. Der Bau war bereits von 1701 bis 1705 als Kirche für die aus Frankreich einge-

5 Gendarmenmarkt

wanderten Hugenotten errichtet worden. Neben der Kirche kann man hier das Berliner Hugenottenmuseum besuchen. Vom 70 m hohen Turm des Französischen Doms erklingt täglich (10–18 Uhr, jeweils zur vollen Stunde) das eindrucksvolle 60-teilige Glockenspiel. Einen schönen Blick über den Gendarmenmarkt und die ganze Innenstadt bietet sich von der Aussichtsplattform. Die Kuppel wird von der Skulptur »Triumphierende Religion« bekrönt.

- Museum: www.hugenottenmuseum-berlin.de, Di–So 12–17 Uhr, 6 €, erm. 4 €
- Dom und Aussichtsplattform: www.franzoesischer-dom.de, tgl. 11–18, im Sommer bis 19 Uhr, 5,50 €
- Kirche: www.franzoesische-friedrichstadtkirche.de, Di–So 12–17, Orgelandacht Di, Do 12.30, 30 Min. Orgelmusik Mo 16 Uhr (3 €), Orgelkonzert 1. Di im Monat 20 Uhr

Parken

Gebührenpflichtige Tiefgaragen in der Taubenstraße/Jägerstraße

Restaurants

€€–€€€ | Hugo & Notte Im Gewölbe des Französischen Doms mundet eine Melange aus französischer und Berliner Kochkunst. In dieser Top-Lage punktet das Lokal mit einem unschlagbar günstigen Mittagstisch (Di–Fr.) ■ Gendarmenmarkt 5, Tel. 030/5268021730, www.hugo-und-notte.de, Mi–So 12–20 Uhr

€€€ | Borchardt Wer hier nicht schon alles sein Wiener Schnitzel verspeist hat! Auch wenn mittlerweile mehr Touristen als Prominente hier tafeln, es bleibt ein Klassiker. Deshalb unbedingt reservieren! ■ Französische Str. 47, Tel. 030/81886262, www.borchardt-restaurant.de, tgl. ab 11.30, Küche bis 24 Uhr

Cafés

Konzerthaus In dem schönen Café sitzt man drinnen oder draußen mit bestem Blick und genießt dabei günstig Frühstück, Kuchen, Eis und Kleinigkeiten.
- Gendarmenmarkt 2, Tel. 030/84 85 56 66, März–Sept. 9–24, Okt.–Feb. 11–22 Uhr

Events

WeihnachtsZauber Auf dem Gendarmenmarkt findet einer der stimmungsvollsten Weihnachtsmärkte Berlins statt, mit vielen Kunsthandwerk- und Glühweinbuden sowie Bühnenprogramm von Klassik über Märchen bis Klamauk. ■ www.gendarmenmarktberlin.de, Ende Nov.–31.12. tgl. 11–22, 24.12. bis 18, 31.12. bis 1 Uhr, 1 €

6 Friedrichstraße

Eine legendäre Flaniermeile mit eleganten Einkaufspassagen

■ S Friedrichstraße, U5/U6 Unter den Linden, U6 Oranienburger Tor, Friedrichstraße, U2 Stadtmitte

Ihren legendären Ruf erlangte die Friedrichstraße bereits um 1900 – zugleich pulsierende Verkehrsader (rund um den Verkehrsknotenpunkt der Fern- und Stadtbahn), geschäftige Flaniermeile und schillernder Vergnügungsboulevard. Heute sind hier wieder Kaufhäuser, Edeldesigner und bekannte Theater versammelt, darunter der Friedrichstadt-Palast (Nr. 107), das Brechtsche Berliner Ensemble am Schiffbauerdamm (S. 92) und der Admiralspalast (Nr. 101, www.admiralspalast.de) mit strahlender Fassade und schönem Innenhof von 1911.

Friedrichstraße 6

Links und rechts des Checkpoint Charlie kommen Souvenirjäger auf ihre Kosten.

Aus der südlichen Friedrichstraße zogen immer mehr Nobelmarken weg. Die Flaniermeile verwaiste, der Verkehrsstrom tat sein Übriges. Zwei »Versuchsjahre« lang konnte man in der autofreien Friedrichstraße in Ruhe die Fassaden bestaunen, immerhin von Stararchitekten aus aller Welt – mit Stilelementen von Art déco bis Postmoderne. Der Berliner Senat streitet nun darum, wie es weitergeht, ob mit oder ohne Autos ...

 Sehenswert

Tränenpalast
| Ausstellung |
Ein paar Meter weiter umweht den Bahnhof Friedrichstraße ein Hauch von Geschichte. Immerhin fungierte er nach dem Mauerbau 1961 als alleinige Verbindung für Fern-, S- und U-Bahn zwischen beiden Teilen der Stadt. Die kurz nach dem Mauerbau errichtete Grenzabfertigungshalle mit großer Glasfront, an der sich West-Berliner nach dem Besuch im Osten von ihren Verwandten verabschieden mussten, trägt nicht von ungefähr den Beinamen »Tränenpalast«. Heute befindet sich in dem vor einigen Jahren umfassend restaurierten Gebäude die kostenlose Ausstellung »GrenzErfahrungen. Alltag der deutschen Teilung«.

■ Am Bhf. Friedrichstraße, Reichstagsufer 17, www.hdg.de, Di–Fr 9–19, Sa, So 10–18 Uhr, Eintritt frei

Checkpoint Charlie
| Gedenkstätte |
Im August 1961 hatte der Bau der Mauer aus der Friedrichstraße eine Sackgasse gemacht. Den legendären Grenzübergang durften ab diesem Zeitpunkt nur noch Diplomaten und Militärs der Siegermächte, DDR-Funktionäre und

Mitarbeiter der Ständigen Vertretung der BRD in der DDR passieren. Trotzdem sorgte dieser Kontrollpunkt C, auf Amerikanisch »Checkpoint Charlie«, an der Sektorengrenze oft für Schlagzeilen, etwa als sich hier am 27. Oktober 1961 Panzer der USA und der UdSSR im Abstand von nur 200 m schussbereit gegenüberstanden. Beliebte Fotomotive sind der Nachbau des ersten Kontrollhäuschens hinter einem Wall von Sandsäcken, das zweisprachige Warnschild »Achtung! Sie verlassen den amerikanischen Sektor!« oder die 175 großen Fototafeln der Open-Air Checkpoint Gallery (Friedrichstraße zwischen Zimmer- und Schützenstraße).

Südlich des Checkpoints dokumentiert das Mauermuseum – Haus am Checkpoint Charlie die Geschichte dieses Bauwerks und das Leben in der geteilten Stadt von 1961 bis 1989. Sehenswert sind auch das Zentrum Kalter Krieg (Black Box), das man preisgünstiger mit dem Kombiticket für das Rundumpanorama des Künstlers Yadegar Asisi besucht (s. u.).

■ Friedrich-/Zimmerstraße, Mauermuseum: Friedrichstr. 44, www.mauermuseum.de, tgl. 10–18 Uhr, 17,50 €, erm. 11,50 €, Black Box: Friedrichstr. 47, www.blackbox-kalter-krieg.de, tgl. 10–17 Uhr, 5 €, erm. 2–3,50 €

Asisi Panorama – Die Mauer
| 360°-Gemälde |

Eine Zeitreise in die legendären 1980er-Jahre

In diesem 15 Meter hohen Rundumbild von Yadegar Asisi erlebt man die Mauer und das damalige Lebensgefühl in der Kreuzberger Mauernische der 1980er-Jahre in einer gelungenen Foto-Sound-Darbietung. Der Betachter steht dabei mittendrin auf einer vier Meter hohen Aussichtsplattform.

■ Friedrichstr. 205, www.die-mauer.de, www.asisi.de, tgl. 10–18 Uhr (meist länger in den Ferien und an Feiertagen, s. Website), 11 €, erm. 5–9 €. Tipp: Immer Mo ab 16 Uhr gibt es das Feierabendticket für 7 €.

Ein Detail aus dem Asisi Panorama – Blick von der Kreuzberger Seite in den Osten

Friedrichswerdersche Kirche – Schinkelmuseum

Einkaufen

Dussmann – das Kulturkaufhaus Gut sortierte Buchhandlung mit CD- und DVD-Abteilung auf fünf Etagen, oft Lesungen bekannter Autoren und kleine Konzerte. ■ Friedrichstr. 90, www.kulturkaufhaus.de, Mo–Fr 9–24, Sa 9–23.30 Uhr

Galeries Lafayette In spektakulärer Architektur von Jean Nouvel lockt die einzige deutsche Dependance des berühmten Pariser Luxuskaufhauses: Feinkost, Mode, Accessoires und Kosmetik mit dem legendären französischen Touch. Unklar ist, ob der Konsumtempel auch zukünftig im neuen Besitz eines US-Investors hierbleiben wird, da aus der Friedrichstraße seit einiger Zeit immer mehr Läden abwandern. ■ Friedrichstr. 76/78, www.galeries-lafayette.de, Mo–Sa 11–19 Uhr

Erlebnisse

Ausflugsboote An der Weidendammerbrücke gibt es zahlreiche Dampferanlegestellen. Vom Wasser aus erlebt man die Stadt stimmungsvoll und ohne Stau (www.reederei-riedel.de, www.sternundkreis.de).

Friedrichswerdersche Kirche – Schinkelmuseum

Die Kirche war im 19. Jh. der erste neugotische Sakralbau Berlins

■ U5 Museumsinsel, Bus 147 Werderscher Markt
■ www.smb.museum, Di–So 10–18 Uhr, Eintritt frei

Das Kulturkaufhaus Dussmann hat unter der Woche bis Mitternacht geöffnet.

Am Werderschen Markt wurde zwischen 1824 und 1830 die backsteinrote Friedrichswerdersche Kirche mit ihren markanten Doppeltürmen in neogotischem Stil nach Plänen von Karl Friedrich Schinkel errichtet. In der Gestaltung des Außenbaus folgte Preußens größter Baumeister der englischen Spätgotik. Das Innere des einschiffigen Kirchbaus zeigt Züge deutscher Hochgotik.

2012 rückten neue Townhouses mitsamt Tiefgarage so aufdringlich nah an die bis dahin freistehende Kirche heran, dass sich ein Riss durch den Sakralbau zog – immerhin der einzige noch originale Kirchenraum des Meisters! Nach Evakuierung der Bildhauerwerke und Restaurierung sind hier seit 2020 wieder Skulpturen der Schinkelzeit aus der Alten Nationalgalerie im herrlichen Licht der Buntglasfenster zu bewundern, etwa »Nereide mit Dreizack«.

8 Museumsinsel
Ein UNESCO-Welterbe mit hochkarätigen Schätzen

Majestätisch erhebt sich die Alte Nationalgalerie über der Freitreppe.

Information

- U5 Museumsinsel, Bus 100, 300
- Tel. 030/266 42 42 42, www.smb.museum, www.museumsinsel-berlin.de, Sammelticket für die Museumsinsel (ohne Berliner Dom, aber mit Pergamon-Panorama) 19 €, erm. 9,50 €, bis 18. J. frei
- Parken: siehe S. 84

 Die Kunstsammlungen auf der Museumsinsel sind weltberühmt

Die ägyptische Königin Nofretete und der Pergamonaltar, griechische und römische Statuen, byzantinische Ikonen, Meisterwerke französischer Impressionisten und deutscher Romantiker – kaum eine Epoche in der Kunstgeschichte vor der Moderne fehlt in den Sammlungen der weltberühmten Museumsinsel. Passenderweise gehört sie seit 1999 inklusive Monbijoubrücke, Stadtbahnviadukt und Granitschale (ein Biedermeierweltwunder) zum UNESCO-Welterbe. 1810 gab König Friedrich Wilhelm III. bei Wilhelm von Humboldt eine »öffentliche, gut gewählte Kunstsammlung« in Auftrag. Bald nach der Eröffnung des Baus, der heute als Altes Museum bezeichnet wird, verfügte Friedrich Wilhelm IV. 1830, »die ganze Spreeinsel hinter dem Museum zu einer Freistätte für Kunst

Museumsinsel 8

Plan S. 83

und Wissenschaft umzuschaffen«. So entstand zunächst 1843–55 das Neue Museum, es folgten die Alte Nationalgalerie (1876), das Pergamonmuseum (1901) und das Bode-Museum (1904).

Der Höhepunkt ist zweifellos im meistbesuchten Museum Berlins der imposante Pergamonaltar, dessen Entdeckung 1879 als nationales Großereignis gefeiert wurde. Der Altar wird derzeit restauriert (bis spätestens 2025), das Museum, eine der besten Antikensammlungen der Welt mit dem Ischtar-Tor und dem Markttor von Milet, ist aber weiter geöffnet und über die James-Simon-Galerie zu erreichen. Seit 1990 wird die gesamte Museumsinsel jedoch umfassend saniert und die Sammlungen entlang einer modern konzipierten Archäologischen Promenade neu geordnet (bis voraussichtlich 2026).

Benannt nach dem jüdischen Mäzen James Simon (1851–1932), empfängt seit 2019 die James-Simon-Galerie des britischen Architekten David Chipperfield die Besucher: Auf der imposanten weißen Treppe des neuen zentralen Eingangsportals zur Museumsinsel fühlt man sich, als betrete man einen griechischen Tempel. Der Bau, der auch Sonderausstellungen Platz bietet, ist minimalistisch gehalten mit weißem Alabaster und massig Beton – im harten Kontrast zu den altehrwürdigen Bauwerken ringsum. Klassisch inspiriert ist der Pfeilergang im Museumshof, es gibt aber auch Profanes wie einen Museumsshop und ein Terrassencafé. Von hier geht es zum Pergamonmuseum und vom Tiefgeschoss ins Neue Museum zur Nofretete. Untrennbar ist diese mit James Simon verbunden, denn er vermachte der Stadt Berlin 1920 u. a. die berühmte Büste aus seiner umfangreichen Privatsammlung. Im Bode-Museum ist zu Ehren des Kunstsammlers und Museumsstifters ein rekonstruiertes James-Simon-Kabinett zu sehen mit Kunstschätzen aus Elfenbein, Bronze und Terrakotta.

 Sehenswert

 Lustgarten
| Grünanlage |

An der Schloßbrücke (1821–24) fallen die marmornen Skulpturengruppen aus der griechischen Mythologie ins Auge, sie entstanden wie die Brücke selbst nach den Plänen Karl Friedrich Schinkels 1845–47. Zwischen Altem Museum und Berliner Dom öffnet sich zur Linken der Lustgarten, 1573 als Küchengarten angelegt (1649 wuchs hier erstmals in Preußen die Kartoffel, eine bis dato unbekannte Frucht aus Übersee). Später wurde daraus ein Ziergarten zum Lustwandeln. Am Namen »Lustgarten« änderte sich auch nichts, als der Soldatenkönig Friedrich Wilhelm I. hier exerzieren ließ.

ADAC Spartipp

Ein Pass für 30 Museen!
Hier lohnt sich die 3-Tage-Karte auch für Museumsmuffel – die Fülle an Attraktionen und Weltberühmtheiten in Berlins Museen und Kunstsammlungen schaffen Sie gar nicht an einem Tag, der Pass öffnet an drei aufeinanderfolgenden Tagen die Türen zu sage und schreibe 30 Museen (www.visitberlin.de/de/museumspass-berlin, 29 €, erm. 14,50 €).
Weitere wichtige und einzigartige Gratismuseen sind z. B.: Tränenpalast (S. 77), Forum Willy Brandt (S. 71), TU-Architekturmuseum (Ernst-Reuter-Platz, https://architekturmuseum.ub.tu-berlin.de), Museum Gedenkstätte Berliner Mauer an der Bernauer Straße (S. 112), Gedenkstätte Plötzensee. Viele Museen bieten auch an wenigstens einem Tag freien Eintritt, meist am ersten Mittwoch im Monat, z. B. das Bröhan-Museum (S. 154). Und nicht zu vergessen: der kostenfreie Museumssonntag (S. 148).

 Berliner Dom
| Dom |
An der Ostseite des Lustgartens erhebt sich der Berliner Dom (1894–1905, Julius Raschdorff) mit seiner fast 75 m hohen Kuppel. Der achteckige Zentralbau mit den vier Ecktürmen orientiert sich an der Peterskirche in Rom mit Stilmitteln der Hochrenaissance und des Barock. Die Predigtkirche ist reich mit Skulpturen, Reliefs, Holzschnitzarbeiten und einem Kuppelmosaik ausgestattet. Im erhöhten Chor prangt ein Marmoraltar von Friedrich August Stüler, die opulent vergoldeten Chorschranken entstanden nach Entwürfen von Karl Friedrich Schinkel. 94 Grabstätten vom 16.–20. Jh. finden sich in der Hohenzollerngruft, teils anrührend kleine Kindersärge, teils prächtige Grabanlagen (bis vorauss. Frühjahr 2024 wegen Restaurierung geschl.). Sehr lohnend ist außerdem ein Kuppelaufstieg über 267 Stufen (s. Spartipp).

■ Am Lustgarten, Tel. 030/20 26 94 99, www.berlinerdom.de, Mo–Fr 10–18, Sa 10–17, So 12–17 Uhr, 9 €, erm. 7 €, unter 18 J. frei

 Altes Museum
| Museum |
Außen präsentiert sich dieser Bau von Karl Friedrich Schinkel im Stil eines langgestreckten griechischen Tempels mit 18 ionischen Säulen entlang der Vorhalle. Innen begeistert die dem Pantheon in Rom nachempfundene Rotunde mit Skulpturen antiker, meist griechischer Götter. Unter den griechischen Schätzen ist eines der schönsten Stücke der »Betende Knabe« (um 300 v. Chr.) aus Rhodos. Das Obergeschoss widmet sich der römischen und etruskischen Kunst.

■ Am Lustgarten, Di–So 10–18 Uhr, 10 €, erm. 5 €

Neues Museum
| Museum |

Ein weiterer Publikumsrenner: die Kalkstein-Gips-Büste der Königin Nofretete (um 1340 v. Chr.) im Ägyptischen Museum. Sie wurde 1911 bei einer deutschen Grabungsexpedition im mittelägyptischen Tell el-Amarna gefunden. Ebenfalls von hier stammt der Stuckkopf von Nofretetes Gemahl, König Echnaton. Nur ein weiteres hochkarätiges Exponat aus den frühen Hochkulturen am Nil ist beispielsweise der nach seiner Gesteinsfarbe benannte Berliner Grüne Kopf (500 v. Chr.), ein Meisterwerk der ägyptischen Spätzeit. Die zweite Sammlung im Haus ist das Museum für Vor- und Frühgeschichte mit Schätzen der prähistorischen Kulturen Europas und Vorderasiens, der Antike und des Mittelalters. Glanzpunkte sind Heinrich Schliemanns Schatz des Priamos (1873 entdeckt, Originale heute in Moskau) aus dem antiken Troja und bronzezeitliche Goldfunde wie der 74 cm hohe Berliner Goldhut (1000–800 v. Chr.), ein geheimnisvolles Kultobjekt, dessen Ornamentik vermutlich astronomische Kalenderfunktionen erfüllte.

■ Bodestr. 1–3, Di, Mi, Fr–So 10–18, Do 10–20 Uhr, 14 €, erm. 7 €, Zeitfenstertickets vorab unter www.smb.museum kaufen

 Alte Nationalgalerie
| Museum |

Äußerlich ähnelt die Nationalgalerie einem korinthischen Tempel, jedoch mit doppelläufiger Freitreppe und einem bronzenen Reiterstandbild König Friedrich Wilhelms IV. (1866, Alexander Calandrelli) über dem Eingangsportal. Gezeigt werden Skulpturen und Malerei des 19. Jh., darunter Werke von Caspar David Friedrich oder Eugène

Delacroix. Publikumsmagneten sind die Impressionisten Édouard Manet, Claude Monet, Auguste Renoir, Edgar Degas, Paul Cézanne, Max Liebermann und Max Beckmann.

■ Bodestr. 1–3, Di–So 10–18 Uhr, 10 €, erm. 5 €

 Pergamonmuseum und Panorama
| Museum und 360°-Gemälde |

Das aus drei Sammlungen bestehende Pergamonmuseum (derzeit in Teilen geschl.) ist mit 1 Mio. Besuchern im Jahr das beliebteste Museum Berlins. Das Highlight ist wegen Restaurierungsarbeiten bis vorauss. 2024/25 nicht zugänglich: der Pergamonaltar (2. Jh. v. Chr.), ein Meisterwerk des Hellenismus. Sein Marmorrelief zeigt Kampfszenen zwischen Göttern und Giganten. Die Komposition mit heftig bewegten, gleichwohl eleganten Figuren ist spannend wie ein Krimi. Der

8 Museumsinsel

Plan S. 83

deutsche Ingenieur Carl Humann hatte das gewaltige Tempelmonument 1878–86 auf der Akropolis der heute türkischen Stadt Bergama gefunden.

Während der Bauarbeiten öffnet gegenüber am Kupfergraben das Pergamon-Panorama, ergänzt durch 80 Skulpturen der Antikensammlung. Das riesige Rundbild von Yadegar Asisi (S. 78) entführt mit wechselnder Licht- und Klangstimmung ins Pergamon des Jahres 129 n. Chr. Beeindruckend ist die Pracht des Pergamonaltars inmitten der belebten Akropolis.

Eine derzeit zugängliche Attraktion der Antikensammlung im Südflügel ist das römische Markttor von Milet (um 165 v. Chr.). Im Vorderasiatischen Museum sind überwältigende farbenfrohe babylonische Prachtbauten wie das Ischtar-Tor sowie auch die Prozessionsstraße und Fassade von Nebukadnezars Thronsaal (7./6. Jh. v. Chr.) zu sehen. Diese Kunstschätze zählen zu den »Sieben Weltwundern der Antike«. Reich dekorierte Bauteile des Wüstenschlosses Mschatta (8. Jh.) aus Jordanien präsentiert zusammen mit zahlreichen weiteren Exponaten das Museum für Islamische Kunst.

■ Zugang zum Pergamonmuseum über die James-Simon-Galerie in der Bodestr. (Museum bis vorauss. 2024/25 nur eingeschränkt zugänglich), Di, Mi, Fr–So 10–18, Do 10–20 Uhr; Panorama: Am Kupfergraben, Di–So 10–18 Uhr, Museum und Panorama je 12 €, erm. 6 €, Ticket für die ganze Museumsinsel 19 €, erm. 9,50 €, Zeitfenstertickets unter www.smb.museum

Bode-Museum
| Museum |

Unverkennbar thront der markant gerundete Neobarockbau des Bode-Museums an der Spitze der Museumsinsel: Den großen Kuppelsaal des Foyers beherrscht Andreas Schlüters Reiterstandbild des Großen Kurfürsten. Von hier gelangt man in die historischen Säle, darunter auch ein Nachbau der Basilica San Francesco al Monte von Florenz, ausgestattet mit italienischer Sakralkunst. Die benachbarten Säle beherbergen Schätze der Skulpturensammlung und des Museums für Byzantinische Kunst vom Frühmittelalter bis zum späten 18. Jh. sowie das Münzkabinett mit fast 3000 Jahren Geldgeschichte.

■ Am Kupfergraben, Di–So 10–18 Uhr, 10 €, erm. 5 €

Parken

Keine Parkmöglichkeit direkt auf der Museumsinsel. In der Nähe **Parkhaus des Internationalen Handelszentrums** oder **City Quartier Dom-**

ADAC Spartipp

Preiswerte Aussichtspunkte

Den Berliner Dom kann man für 9 € (erm. 7 €, Kinder unter 18 J. frei!) erklimmen: über 267 Stufen zum äußeren Kuppelumgang (bei schlechtem Wetter Aussicht durch die Fenster). Oben belohnt in 50 m Höhe ein herrliches Stadtpanorama, über Schlossplatz und Museumsinsel hinaus bis weit jenseits von Reichstag und Fernsehturm. Letzterer ist übrigens mehr als doppelt so teuer (S. 89, ab 21,50 €). Weitere Panoramaalternativen: Dachterrasse des Humboldt Forums (360 Grad, mit Fahrstuhl und kostenfrei, (S. 86), Französischer Dom (S. 75, 3,50 €, erm. 2 €) oder Siegessäule (S. 100, 4 €).

Museumsinsel

Die charakteristischen glasierten Lehmziegel des Ischtar-Tores

Aquarée/Radisson Blu Hotel (beide 3,50 €/2 Std.)

 Restaurants

€ | Deponie Nr. 3 Rustikal ist das Lokal und auch die Speisen: Wer auf ordentlich deutsche Küche wie Eisbein und Schnitzel Appetit hat, ist hier richtig! Noch netter und grüner sitzt man draußen im Hof. ■ Georgenstr. 5, Tel. 030/ 20 16 57 40, www.deponie3.de, Di–Sa 16– 22 Uhr, Plan S. 83 a2

€€ | Da Vinci Ein (fast) echter Italiener, aber keines der vielen hochpreisigen Nobellokale in dieser Gegend. Strategisch günstig an der Museumsinsel gelegen. Abends kann es eng und voll werden. ■ Georgenstr. (S-Bahnbogen 192), Tel. 030/20 14 31 43, www.davinci-ristorante.de, tgl. 10– ca. 24 Uhr, Plan S. 83 westl. a2

 Cafés

Café Bode-Museum Tolles Ambiente zwischen Kunst und Kulinarik unter der Kuppel im Kaffeehaus: Hier lässt man stilvoll das Gesehene Revue passieren bei Kaffee, Kuchen und Salaten. ■ Im Bode-Museum, Tel. 030/20 21 43 30, Di–So 10–18 Uhr, Plan S. 83 a1

 Einkaufen

Antik- und Buchmarkt am Bode-Museum Für alle Flohmarktfans ein lohnendes Pflaster: Hier stöbert man am Wochenende vor einer herrlichen Kulisse an 60 Ständen zwischen Büchern, Schallplatten, Militaria, Kristall, Schmuck, Hausrat usw. ■ Am Kupfergraben, Georgenstr., www.antikbuchmarkt. de, Sa, So, Feiertage 10–17 Uhr, Plan S. 83 a1/a2

9 Humboldt Forum

Im rekonstruierten Stadtschloss ist ein modernes Wissensforum entstanden

- U5 Museumsinsel, Bus 100, 300
- Schloßplatz 5, www.humboldtforum.org, Mo, Mi, Do, So 10–20, Fr, Sa 10–22 Uhr, teils Eintritt frei, einige Ausstellungen 7–12 €, teils nur mit Zeitfensterticket

Südlich der Schloßbrücke stand einst das Berliner Stadtschloss, das SED-Chef Walter Ulbricht 1950 sprengen ließ. 1973–76 entstand hier der Palast der Republik, in dem die Volkskammer der DDR tagte, der 2006–08 abgerissen wurde. Von 2013 bis 2020 dauerte der Bau des Humboldt Forums nach Entwürfen von Franco Stella mit barocken Fassaden und der Kuppel des Berliner Stadtschlosses. Hier sind das Ethnologische und das Museum für Asiatische Kunst und Teile der Humboldt-Universität mit bisher 20 000 spannenden Exponaten eingezogen, z. B. kunstvollen Schnitzereien aus Afrika. Besucher können im japanischen Teehaus eine Teezeremonie erleben oder den »Klängen der Welt« lauschen. Highlights sind die Boote aus Ozeanien und die buddhistischen Kulthöhlen. Die sonstigen teils interaktiven Ausstellungen in dem riesigen Bauwerk behandeln u. a. die Themen Kolonialismus, Künstliche Intelligenz und Klimawandel, aber auch die Geschichte der Berliner Mode und die Tür des legendären Technoclubs Tresor werden in der Ausstellung »Berlin global« gewürdigt. Und nicht verpassen: das 360-Grad-Panorama von der Dachterrasse (kostenlos, aber mit Zeitfensterticket).

10 Nikolaiviertel

Berlins ältestes Bauensemble ist ein stimmungsvolles Open-Air-Museum

- U2 Klosterstraße, U5 Rotes Rathaus
- Zw. Spree, Mühlendamm und Spandauer Str., www.berlin-nikolaiviertel.com

Nikolaiviertel: Was historisch aussieht, ist tatsächlich nicht einmal 40 Jahre alt.

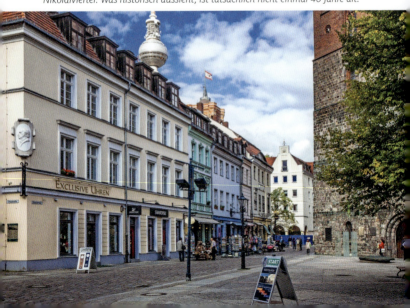

Nikolaiviertel

Im Nikolaiviertel befand sich einst der Kern des alten Berlin, die Osthälfte der Doppelstadt Berlin-Cölln. 1987 wurde es zur 750-Jahr-Feier von Berlin von Architekt Günter Stahn auf dem Reißbrett geplant, inklusive der Restaurierung einiger alter Häuser, die meisten jedoch sind Nachbauten oder hierher versetzte Häuser. In den autofreien Gassen herrscht Touristentreiben in Altberliner Milieu-Kulisse mit fünf Museen, einem historischen Pfad mit Informationstafeln, jeder Menge Cafés, Restaurants und Läden.

Sehenswert

Nikolaikirche
| Architektur |

Das Herz des Viertels ist die Nikolaikirche, die älteste Pfarrkirche Berlins (1230, mehrfach umgebaut bis 1879, 1981 wiederaufgebaut). Im Stil der Backsteingotik mit 84 m hohen Doppeltürmen errichtet, war sie Schauplatz wichtiger Ereignisse der Stadtgeschichte: Hier traten 1539 Rat und Stadt zum lutherischen Glauben über, 1809 wurde der erste Berliner Magistrat vereidigt, und nach der Wiedervereinigung trat am 11. Januar 1991 hier der erste frei gewählte Berliner Senat zu seiner konstituierenden Sitzung zusammen. Eine Ausstellung präsentiert Kunsthandwerk und v.a. sakrale (Textil-) Kunst, darunter das aus 41 bronzenen Klangkörpern bestehende Glockenspiel und das Zehdenicker Altartuch.

■ Nikolaikirchplatz, www.stadtmuseum.de, tgl. 10–18 Uhr, Museum: 5 €, erm. 3 €

Zille Museum
| Museum |

Ein kleines Museum ganz in der Nähe widmet sich dem Leben und Werk von Heinrich Zille, einem »Milljöh«-Maler, Zeichner, Fotografen und Berliner Original (1859–1929).

■ Probstr. 11, www.zillemuseum-berlin.de, Di–So 11–18 Uhr, 7 €, erm. 5 €

Ephraim-Palais
| Museum |

Das bedeutendste historische Wohnhaus im atmosphärischen Nikolaiviertel ist das Ephraim-Palais (1762–66, 1985–87 um 16 m versetzt). Das Bauwerk mit der abgerundeten kostbaren Eckfassade im Rokokostil, benannt nach Hofjuwelier und Münzpächter Veitel Heine Ephraim, beherbergt heute Sonderausstellungen zur Berliner Kunst- und Kulturgeschichte. Sehenswert ist auch das ovale Treppenhaus mit seiner spiralförmigen Stufenfolge. Einen der Repräsentationsräume in der ersten Etage ziert die Kopie einer Stuckdecke (1704) von Andreas Schlüter aus dem 1889 abgerissenen Wartenbergschen Palais.

■ Poststr. 16, www.stadtmuseum.de, Di, Do–So 10–18, Mi 12–20 Uhr, 7 €, erm. 5 €, bis 18 J. freier Eintritt

Knoblauchhaus
| Museum |

Schräg gegenüber steht mit dem eleganten Knoblauchhaus von 1761 das älteste Gebäude. Die Barockfassade wurde 1806 klassizistisch verändert. In dem Anwesen des Nadlermeisters Johann Christian Knoblauch trafen sich im 18. Jh. bedeutende Persönlichkeiten wie Gotthold Ephraim Lessing, Wilhelm von Humboldt, Moses Mendelssohn und Freiherr vom Stein. Gemälde, Fotografien und Porzellan dokumentieren die Familiengeschichte und Bürgerliches Wohnen im Biedermeier in original eingerichteten Räumen.

10 Nikolaiviertel

Seit 1969 überragt der Fernsehturm das östliche Stadtzentrum.

■ Poststr. 23, www.stadtmuseum.de, www.knoblauchhaus.de, Di–Do 12–18, Fr–So 10–18 Uhr, Eintritt frei (Spende erbeten)

Restaurants

€€ | **Zum Nußbaum** Die Altberliner Gaststätte wurde von der Fischerinsel hierher versetzt und war Stammlokal von Heinrich Zille. Hier genießen v. a. Touristen Deftiges und Fleischiges in Urberliner Ambiente zu fairen Preisen. ■ Am Nußbaum 3, Tel. 030/242 30 95, Mi–Mo 12–23 Uhr

€–€€ | **Zur Gerichtslaube** In dem mittelalterlichen Gerichtsgebäude, ein gelungener Nachbau von 1270, munden echte Klassiker wie Berliner Klopse und Pökeleisbein. ■ Poststr. 28, Tel. 030/241 56 97, www.gerichtslaube.de, tgl. 12– ca. 24 Uhr

Einkaufen

Die Puppenstube Käthe Kruse, Schildkröt oder die Berliner Buddy Bären: Hier findet sich neben kleineren Mitbringseln sogar der passende Nostalgiepuppenwagen. ■ Propststr. 4, Tel. 030/242 39 67, www.puppen-eins.de, Mo–Sa 10–18.30, So 11–18 Uhr

11 Rund um den Alexanderplatz

Der Alex ist ein berühmter und beliebter Treffpunkt im Zentrum

■ S, U Alexanderplatz, Bus 100, 200, 300

Dem lebhaften Verkehrsknotenpunkt des Berliner Ostens setzte Alfred Döblin (1878–1957) mit seinem Roman »Berlin Alexanderplatz« 1929 ein literarisches Denkmal. In den 1960er/70er-Jahren entstanden auf dem Alex mehrere Hochhäuser – zum Beispiel das Haus des Lehrers, Haus des Reisens und Haus der Elektroindustrie. Die Nordseite beherrscht das frühere Inter-Hotel (1967–70), das heutige Park Inn (S. 93) mit 37 Etagen. Das Alexander- und das Berolinahaus (1929–32) sind Spätwerke von Peter Behrens, einem Architektur- und Designpionier der Neuen Sachlichkeit. Vor dem Alexanderhaus zeigt die 10 m hohe Urania-Weltzeituhr (1969) aus Stahl, Aluminium und Emaille die jeweils aktuelle Stunde in den 24 Zeitzonen der Welt an. An der Alexanderstraße, wo sich einst die Gestapozentrale befand, steht seit 2007 das Einkaufszentrum Alexa, ein unansehnlicher roter Sandstein-Glas-Bau mit Art-déco-Anklängen. Josef Paul Kleihues wandelte 2006 das frühere DDR-Centrum-Wa-

Rund um den Alexanderplatz

renhaus um in die Galeria Kaufhof – besonders gelungen ist der von einer Glaskuppel bekrönte Lichthof mit freitragenden Rolltreppen. Vor dem Kaufhaus plätschert das Wasser des bunt emaillierten Brunnens der Völkerfreundschaft (1970) über 17 große Schalen abwärts.

Sehenswert

Fernsehturm
| Aussichtspunkt |

Eines der höchsten frei stehenden Bauwerke Europas

Der 1969 eröffnete Fernsehturm erhebt sich in 368 m Höhe mitten in der City und ist stadtweit zu sehen. Die Architekten des einstigen Prestigeobjekts der DDR bewiesen Pioniergeist, denn man hatte keine Erfahrung mit dem Bau solch hoher Türme im Innenstadtbereich. Die verglaste Kugel von 32 m Durchmesser wiegt 4800 t. Darin befindet sich die Panoramaetage mit der Bar 203 in 203 m Höhe (tgl. 9–22 Uhr), über der sich das Restaurant Sphere (€€, tgl. 9–22 Uhr) innerhalb von 30 Min. einmal um die eigene Achse dreht und damit einen grandiosen Blick über die Stadt und das Umland ermöglicht.

■ Panoramastr. 1a, www.tv-turm.de, März–Okt. tgl. 9–22, Nov.–Feb. tgl. 10–22 Uhr, Online-Tickets mit Zeitfenster, d.h. ohne 30 Min. Wartezeit, 21,50 €, erm. 11,50 €, vor Ort 24,50 €, erm. 14,50 €

Neptunbrunnen
| Brunnen |

Den weiten Platz südwestlich vom Fernsehturm ziert der beeindruckende, 1891 von Reinhold Begas in Bronze gestaltete Neptunbrunnen: Meeresgott Neptun wird von vier Tritonen getragen. Um ihn herum tummeln sich Putten, mytische Meeres- und Flussbewohner sowie diverse Wassertiere. Die Frauengestalten am Brunnenrand symbolisieren Elbe, Weichsel, Oder und

Vielleicht kehrt der Neptunbrunnen bald an seinen ursprünglichen Standort zurück.

Rhein. Der Brunnen wurde 1969 vom Berliner Stadtschloss hierher versetzt.

Rotes Rathaus
| Gebäude |
Ein 90 m hoher markanter Viereckturm ziert das im Stil der Neo-Renaissance erbaute Rote Rathaus (1861–69). Die rote Klinkerfassade gab dem seit Anbeginn als Verwaltungsgebäude genutzten Bau seinen Namen. Heute residieren hier der Berliner Senat und der Regierende Bürgermeister.
■ Rathausstr. 15, Tel. 030/90 26 20 32, Besichtigungen Mo–Fr 9–18 Uhr

St.-Marien-Kirche
| Kirche |
Die zweitälteste Pfarrkirche Berlins mit bedeutender Kunst des Mittelalters steht westlich des Fernsehturms: Die backsteinrote St.-Marien-Kirche (1250), eines der letzten Relikte des berlinischen Mittelalters, ist dreifach geweiht, nämlich der Jungfrau Maria, der hl. Anna und dem hl. Mauritius. Der viereckige, gestaffelte Turm wurde im 17. Jh. aus hellem Muschelkalk angefügt, seine barocken Formen gestaltete Carl Gotthard Langhans 1789/90 neogotisch um. Die Innenausstattung ist vor allem berühmt wegen des 22 m

> **ADAC Mittendrin**
>
> Eine Straße mit Traufenhäusern aus dem 18 Jh. Dazwischen die Gaststätte **Zur letzten Instanz** mit bezauberndem Mini-Biergarten. In dem ältesten erhaltenen Wirtshaus von Berlin (1621) speisten schon Heinrich Zille, Clara Zetkin und Charlie Chaplin Berliner Hausmannskost – det hat sich herumjesprochen …
> €€ | *Waisenstr. 14–16, Tel. 030/242 55 28, www.zurletzteninstanz.com, Do–Di 12–15 und ab 17, So 12–16 Uhr*

Die St.-Marien-Kirche verweist zurück auf die Anfänge Berlins.

langen Freskos der Totentanz eines unbekannten Künstlers (vermutlich aus dem Pestjahr 1484).

Das Marx-Engels-Forum mit dem überlebensgroßen Bronzedenkmal des sitzenden Karl Marx und des stehenden Friedrich Engels wurde wegen des Baus der U-Bahn-Linie U5 zwischen Alex und Brandenburger Tor 2010 von der Marienkirche zur Liebknechtbrücke am Schloßplatz versetzt.

■ Karl-Liebknecht-Str. 8, www.marienkirche-berlin.de, tgl. 10–18 Uhr

DDR Museum
| Museum |

Wer ein wenig sozialistischen Alltag nach- oder wiedererleben möchte, ist im DDR Museum richtig. In der spannenden Ausstellung ermöglicht interaktive Technik z.B. eine simulierte Trabi-Fahrt durch eine Plattenbausiedlung, man nimmt Platz in einer original eingerichteten Wohnung oder erfährt von den Abhör- und Verhörmethoden der Stasi. Nebenan tischt das DDR-Restaurant Domklause »Geschichte zum Genießen« auf: Broiler, Ketwurst und Grilletta.

■ Karl-Liebknecht-Str. 1, Eingang an der Spreepromenade gegenüber vom Dom, www.ddr-museum.de, tgl. 9–21 Uhr, online buchbare Tagestickets 12,50 €, erm. 7 €

Unter Honeckers gestrengem Blick hörte die Stasi stets mit.

 Restaurants

€–€€ | Schlögl's Die Alt-Berliner Gaststätte versteckt sich gegenüber dem Fernsehturm und hat sich auf Deftiges wie Variationen von Schnitzel, Bouletten & Co. spezialisiert. Chef und Fleischermeister Alexander Schlögl kocht hier noch selbst, die recht üppigen Portionen können sich sehenlassen und im kleinen ruhigen Biergarten verspeist werden. ■ Karl-Liebknecht-Str. 9, Tel. 030/24 11 21 21, www.berliner-essen.de, Do–So ab 12, Mi ab 17 Uhr

 Kinder

Sea Life Im weltgrößten Aquarium Sea Life mit rund 50 Becken können Besucher die Flora und Fauna aus Flüssen und Meeren erleben, von der Spree bis zum Atlantik. Eindrucksvoll sind der Schwarmring, ein Aquarium um einen Besucherraum, und das Atlantik Tiefseebecken u.a. mit Haien, denen man in einem Glastunnel ganz nah kommt. Das dazugehörige Riesenquarium AquaDom in der Lobby des benachbarten Radisson Blu Hotels ist im Dezember 2022 geplatzt. Ob es einen Wiederaufbau geben wird, ist ungewiss. ■ Spandauer Str. 3, www.visitsealife.com, tgl. 10–19 Uhr, 19 €, erm. 15 €

Am Abend

Wer denkt, Las-Vegas-Shows wie im Friedrichstadt-Palast wären nun alles, was Berlin zu bieten hat, der irrt gewaltig: Das Spektrum der Spielstätten für Oper, klassische Konzerte und Theater, Show und Kabarett ist riesig. Hier nur eine winzige Best-of-Auswahl aus dem Epizentrum des Geschehens, aus Mitte.

Bühne

Berliner Ensemble (BE) Hier feierten Bertolt Brecht und Kurt Weill 1928 mit der »Dreigroschenoper« eine glanzvolle Uraufführung, es folgten Stücke wie »Mutter Courage und ihre Kinder« oder »Der aufhaltsame Aufstieg des Arturo Ui« mit Martin Wuttke (1995), die weltweit Furore machten.
■ Bertolt-Brecht-Platz 1, S, U Friedrichstraße, Tel. 030/28 40 81 55 (Karten), www.berliner-ensemble.de

Friedrichstadt-Palast Fast 2000 Zuschauer erleben hier in Europas größtem Revuetheater Show und Tanz auf höchstem Niveau und die wohl längste Girlreihe der Welt! Allabendlich schwingen über 30 Tänzerinnen ihre langen Beine, stets faszinierend mit viel Glamour und Glitzer, Akrobatik und ausgefeilter Bühnentechnik.
■ Friedrichstr. 107, S, U Friedrichstraße, Tel. 030/23 26 23 26, www.palast.berlin

Kabarett Distel In dem berühmten, 1953 gegründeten Ostberliner Kabarett nahm man schon zu DDR-Zeiten kein Blatt vor den Mund. ■ Friedrichstr. 101, S, U Friedrichstraße, Tel. 030/204 47 04, www.distel-berlin.de

TIPI am Kanzleramt In dem Showzelt herrscht immer Stimmung, mit stehenden Ovationen oder trampelnden Füßen. Das Programm reicht von Musicals (Cabaret) über Chansonkonzerte bis hin zu Klamauk. ■ Große Querallee, Bus 100, Tel. 030/39 06 65 50, www.tipi-am-kanzleramt.de

Konzerte

Staatsoper Unter den Linden Hier sang schon Enrico Caruso (1873–1921)! Die in der einstigen Königlichen Hofoper (1741–43) musizierende Staatskapelle Berlin ist eines der ältesten Orchester der Welt (15. Jh.), dirigiert von Legenden wie Giacomo Meyerbeer und Richard Strauss. Daniel Barenboim (* 1942) wirkt als Generalmusikdirektor und Chefdirigent auf Lebenszeit. Zu den drei festen Spielstätten des Staatsballetts gehören auch Deutsche Oper und Komische Oper. ■ Unter den Linden 7, Bus 100, 300, Tel. 030/20 35 45 55 (Tickets), Tel. 030/20 35 44 38 (Führungen), www.staatsoper-berlin.de, www.staatsballett-berlin.de

Kneipen, Bars und Clubs

Capitol Beach Gegenüber vom Hauptbahnhof kann man direkt an der Spree im Liegestuhl bei Lounge-Musik, Barbecue und Cocktails auf der grünen Wiese die Seele baumeln lassen, Palmen sorgen für's karibische Urlaubs-Feeling. ■ Ludwig-Erhardt-Ufer, Spreebogenpark, U5 Bundestag, tgl. ab 10 Uhr

Am Abend/Übernachten

House of Weekend Für Fans elektronischer Tanzmusik: zwei Dance Floors und super Aussicht vom riesigen Dachgarten im 17. Stock – und gar nicht nur am Wochenende. ■ Alexanderstr. 7, S, U Alexanderplatz, Di, Mi, Fr, Sa ab 19 Uhr

Murphy's Irish Pub mit gutem Bier und Live-Konzerten, während das Rumpsteak auf dem »Hot Stone« am Tisch vor sich hin brutzelt. ■ Schiffbauerdamm 1, S, U Friedrichstraße, Tel. 030/28 49 38 00, www.murphys-berlin.de, tgl. 12–24 Uhr

Übernachten

€€

Mercure Berlin Nicht vom Plattenbau abschrecken lassen – zentraler und preiswerter mit Drei-Sterne-Komfort geht's kaum: riesige Zimmer in einem ehemaligen Wohnhaus, und eine hausinterne Bar verlockt zum gemütlichen Absacker. ■ Mollstr. 4 (Alexanderplatz), Tel. 030/275 72 70, https://mercure.accor.com/

art'otel Berlin Mitte Eine hervorragende Kombination aus historischem Prachtbau im Rokokostil (Ermeler Haus) und einem Neubau mit Kunstwerken von Georg Baselitz und modernem Ambiente. Dazu Wellness und Sauna. ■ Wallstr. 70–73, Tel. 030/24 06 20, www.artotelberlinmitte.de

€€–€€€

⑤ **Park Inn by Radisson** Wohnen mit Top-Aussicht direkt am Alex: Das ehemalige Inter-Hotel aus DDR-Zeiten punktet außerdem mit einem sehr guten Frühstücksbüfett. ■ Alexanderplatz 7, Tel. 030/68 07 59 40, www.parkinn-berlin.de

Westin Grand Altmodisch charmant: Allein die Freitreppe in der Lobby lohnt einen Aufenthalt hier, da darf der Gast sich fühlen wie im Film. Das Fünf-Sterne-Grand-Hotel war schon zu DDR-Zeiten das nobelste Haus. Das Büffet-Frühstückslokal Coelln setzt auf »supergesunde Zutaten« – inklusive Currywurst ... ■ Friedrichstr. 158–164, Tel. 030/202 70, www.mariott.com

ADAC Das besondere Hotel

Adlon-Kempinski Eine Hotellegende: Wer Rang und Namen hat, logiert bei einem Berlinbesuch in der nostalgisch-noblen Herberge, wie zuvor schon Queen Elisabeth, die Rockefellers oder indische Maharadschas, US-Präsident Barack Obama, die Rolling Stones oder Brad Pitt.
€€€ | Unter den Linden 77, Tel. 030/226 10, www.kempinski.com

Potsdamer Platz und Tiergarten

Am Rand des Tiergartens erheben sich die Bauten der Neuzeit auf dem einstigen Mauerstreifen: ein gänzlich neues Stadtviertel

Am Potsdamer Platz ist noch ein Hauch der alten Kaiserzeit und der Weimarer Jahre zu spüren. Schon in den 1920er-Jahren galt der Platz mit U- und S-Bahn-Linien als verkehrsreichster Punkt Europas, ab 1924 sorgte hier Deutschlands erste Ampel für reibungslosen Verkehrsfluss.

Gleichzeitig entwickelte sich ein lebhaftes Vergnügungszentrum, mit eleganten Hotels. Doch der Bombenhagel im Zweiten Weltkrieg und die Teilung der Stadt ließen den Potsdamer Platz und den benachbarten Leipziger Platz zur trostlosen Brachfläche verkommen mit Mauer und Grenzstreifen. Spektakulär: Ein Stück Geschichte in der Zukunft ist hier bewahrt! Beim Entstehen der neuen Stadtmitte nach Plänen der namhaftesten internationalen Architekten integrierte man Ruinenfragmente, etwa originale Teile des Kaisersaals, in die Hochhauslandschaft.

Auch das nahegelegene Kulturforum mit Gemäldegalerie und Neuer Nationalgalerie vereint das Alte und Moderne auf vorbildliche Weise, von Rembrandt über Andy Warhol bis Gerhard Richter. An die schreckliche Zeit des Zweiten Weltkriegs und die Nazi-Herrschaft erinnern Gedenkstätten wie die des Deutschen Widerstands und die Ausstellung Topographie des Terrors. Doch auch positive Einflüsse sind weltweit von Deutschland ausgegangen: Deutsche Architektur von Weltrang wird im Bauhaus-Archiv dokumentiert. Für Fluchten ins Grüne und Erholungspausen vom Sightseeing- und Shoppingstress bietet sich der Große Tiergarten mit seinen idyllischen Plätzen an Seen und Spazierwegen an.

In diesem Kapitel:

- **12 Potsdamer Platz** 96
- **13 Museum für Kommunikation** 98
- **14 Topographie des Terrors** 98
- **15 Martin-Gropius-Bau** 99
- **16 Großer Tiergarten** 100
- **17 Kulturforum** 102
- **18 Gedenkstätte Deutscher Widerstand** 105
- **19 Bauhaus-Archiv** 105
- **Am Abend/Übernachten** 106/107

ADAC Empfehlungen:

⑥ Deutsches Spionagemuseum
| Museum |
Nicht nur für 007-Fans ein Muss: Berlin war und ist die Hauptstadt der Spionage. Hier erfährt man warum. 97

⑦ Kollhoff-Tower/ »Panoramapunkt«
| Aussichtspunkt |
Aus dem 25. Stock des Wolkenkratzers von Hans Kollhoff den Blick über Berlins neue Mitte genießen. 97

⑧ Großer Tiergarten
| Park |
Die »grüne Lunge« Berlins ist mit dem 2006 eröffneten Tiergartentunnel wieder zusammengewachsen, ganz im Sinne Lennés. 100

⑨ Wintergarten
| Varieté |
Das Theater mit seinen rasanten Artistik-Shows auf der Potsdamer Straße ist eine Berliner Institution. 106

Das Forum des Sony Centers ist mittlerweile ein Wahrzeichen der Stadt.

12 Potsdamer Platz

Touristenmagnet, Einkaufsoase und Schauplatz der Berlinale

- S, U Potsdamer Platz, Bus 300
- www.potsdamerplatz.de

Der Potsdamer Platz ist ein komplett neues Stadtviertel aus insgesamt 19 Gebäuden im Herzen Berlins – Ende der 1990er-Jahre geschaffen von einem internationalen Architektenteam unter Leitung von Renzo Piano. Die drei Komplexe Sony Center, Daimler Areal (Stadtquartier Potsdamer Platz) und Beisheim Center sind am besten zu sehen von der Aussichtsplattform des 103 m hohen Kollhoff-Tower (S. 97) gleich gegenüber dem verglasten Deutsche-Bahn-Turm.

Ähnlich dem »Walk of Fame« in Los Angeles kann man auf dem Mittelstreifen der Potsdamer Straße wandeln: dem »Boulevard der Stars« mit 100 goldenen Sternen zu Ehren von Marlene Dietrich bis Mario Adorf. Vor dem Theater am Potsdamer Platz wird jedes Jahr im Februar der rote Teppich für Film- und Fernsehgrößen aus aller Welt ausgerollt, die zu den Vorführungen und Preisverleihungen der Berlinale (S. 150) schreiten.

 Sehenswert

Sony Center
| Bauwerk |

Das im Jahr 2000 fertiggestellte Sony Center vom deutsch-amerikanischen Architekten Helmut Jahn besteht aus sieben Glas- und Stahlbauten rund um das von einem Zeltdach überspannte Forum: Hier lohnt die Deutsche Kinemathek – Museum für Film und Fernsehen einen Besuch, der einer Zeitreise gleichkommt. Ein Highlight ist die Marlene Dietrich Collection mit Fotos, Requisiten, Kostümen und Briefen der Schauspielerin (1901–92).

Die Zeitreise stilecht fortsetzen kann man im Kaisersaal: In dem einstigen

Restaurant verkehrte zu seiner Zeit Kaiser Wilhelm II. beim Herrenabend. Dieser hochherrschaftliche neobarocke Saal, zweigeschossig und 1300 t schwer, wurde in einer spektakulären Aktion 1996 auf Luftkissen um 75 m verschoben und ins Sony Center integriert. Originalgetreu restauriert: die Toilette unter dem Kaisersaal mit marmornen Urinalen und Waschbecken, in dem sich schon der Kaiser die Hände wusch. Außerdem sind weitere einzelne originale Fragmente, z. B. des historischen Frühstückssaals, hinter Glas zu bestaunen, etwa Kamin und Wandlampen (Bellevuestraße), wo man nach mehrjährigem Leerstand nun endlich auch wieder zum Speisen einkehren kann: ins Frederick's, (€€–€€€, www.fredericksberlin.com) Ein kleiner Rückblick: Die Säle gehörten zum weitgehend kriegszerstörten Grand Hotel Esplanade (1907/08), wo die Schauspielerlegenden Asta Nielsen, Greta Garbo und Charlie Chaplin ein- und ausgingen. Die Esplanade-Ruine stand jahrzehntelang im verwaisten Niemandsland zwischen Ost und West und diente mehrfach als Filmkulisse, etwa für »Cabaret« mit Liza Minelli (1972) und »Der Himmel über Berlin« (1987) von Wim Wenders.

■ Postdamer Platz: www.sonycenter.de, Deutsche Kinemathek – Museum für Film und Fernsehen: www.deutsche-kinemathek.de, Mi–Mo 10–18, Do 10–20 Uhr, 8 €, erm. 5 €, Do 16–20 Uhr freier Eintritt

Deutsches Spionagemuseum
| Museum |

 Spannende Informationen über spektakuläre Spionagefälle

Bei einem teils virtuellen Rundgang wird der Bogen von der Antike bis zur Gegenwart geschlagen: Beispielsweise mit 3D-Brillen und Zeitzeugenberichten erfährt man mehr zum berüchtigten Agentenaustausch an der Glienicker Brücke, über Tunnelbauten und die Abhörstation am Teufelsberg. Außerdem staunt man über versteckte Kameras in Streichholzschachteln und BHs, Pistolen im Lippenstift und Messer im Schuh sowie den Spionage-Trabi mit Infrarotkamera. Hier kann man sich natürlich auch gleich als Agent testen, etwa im Laserparcours.

■ Leipziger Platz 9, www.deutsches-spionagemuseum.de, tgl. 10–20 Uhr, 8–17 €, erm. 6–12 € (Kinder unter 6 J. frei)

Kollhoff-Tower/ »Panoramapunkt«
| Aussichtspunkt |

 Hier schweift der Blick über Berlins neue Mitte

In dem markanten Wolkenkratzer im puristischen Ziegelstein-Design der 1930er-Jahre, benannt nach Hans Kollhoff, einem Mitglied im Architektenteam um Renzo Piano, nimmt man den Aufzug in den 24. Stock und lässt den Blick 360 Grad schweifen. Toll ist auch der Sonnenuntergang im Café auf der Terrasse im 25. Stock.

■ Potsdamer Platz 1, www.panoramapunkt.de, tgl. 10–18.30 Uhr, Café 11–19 bzw. 17 Uhr, 9 €, erm. 7 €

 Parken

Tiefgarage/div. Parkhäuser vorhanden.

 Restaurants

€€€ | **Midtown Grill** Man gönnt sich ja sonst nichts: Steaks, Fisch und sogar Veganes vom Holzkohlegrill, traditionell amerikanisch (inkl. Truthahn im Nov.). ■ Ebertstr. 3, Tel. 030/220 00 54 15, www.midtown-grill.de, tgl. ab 7 Uhr

Im Blickpunkt

Bahnbrechende Bauten der Berliner Moderne

In der Weimarer Republik entwickelte Stadtbaurat Martin Wagner (1885–1957) ein auch international beachtetes Baukonzept für sozialen Wohnungsbau. Der Architekt Bruno Taut (1880–1938) war an der Planung von vier der sechs Siedlungen der Berliner Moderne beteiligt, die seit 2008 zum UNESCO-Welterbe gehören. Die Gartenstadt Falkenberg (1913–16, Treptow) ist durch Reihenhäuser mit Gärten geprägt. Die Großsiedlung Britz (1925–30, Neukölln), mit der Hufeisensiedlung, weist eine Mischung von Einfamilien- und Etagenwohnhäusern auf. 1957 entstand nach Plänen von 48 Architekten, darunter Walter Gropius, Max Taut und Oscar Niemeyer das Hansa-Viertel am S-Bahnhof Bellevue, mit Hochhäusern und Flachbauten mit kulturellen Einrichtungen.

13 Museum für Kommunikation

Spannend-anschauliche Sammlung rund um Kommunikation und Post

■ U2 Mohrenstraße, U6 Stadtmitte
■ Leipziger Str. 16, Ecke Mauerstraße, www.mfk-berlin.de, Di 9–20, Mi–Fr 9–17, Sa, So, Fei 10–18 Uhr, 6 €, erm. 3 €

Ein repräsentativer Neobarockbau aus wilhelminischer Zeit beherbergt das 1872 als Postmuseum gegründete Museum für Kommunikation. Neben historischen Telegrafenapparaten, der ersten Telefonzelle Berlins (von 1929) und den Landkarten für Post und Verkehr ist eine Kollektion von Postwertzeichen zu sehen. Highlights sind die beiden Exemplare der wohl berühmtesten Briefmarken der Welt: die Rote und Blaue Mauritius (Mitte 19. Jh.).

14 Topographie des Terrors

Dokumentation zur Schreckensherrschaft der Nationalsozialisten

■ S Potsdamer Platz, Anhalter Bahnhof, U2 Potsdamer Platz, U6 Kochstraße
■ Niederkirchnerstr. 8, www.topographie. de, tgl. 10–20 Uhr, Außengelände bis Sonnenuntergang, Eintritt frei

Die Gedenkstätte Topographie des Terrors erinnert an die Gräuel der Nazizeit. Auf diesem Areal befanden sich von 1933 bis 1945 das Hauptquartier der gefürchteten Geheimen Staatspolizei, Gestapo, und ab 1939 das von Reichsführer SS Heinrich Himmler gegründete Reichssicherheitshauptamt. Dessen Leiter Reinhard Heydrich hatte zuvor den im nahen Prinz-Albrecht-Palais untergebrachten Sicherheitsdienst der SS befehligt. Die im Krieg beschädigten Bauten wurden 1955 abgerissen und 1987 zum Ausstellungsforum umgestaltet – inklusive einiger Reste der historischen Bebauung und einem 200 m langen Stück Berliner Mauer. Im 2010 eröffneten Dokumentationszentrum veranschaulichen Foto- und Texttafeln, Multimedia-Präsentationen und historische Schriftstücke die Geschichte von Gestapo, SS und Terrorbürokratie.

15 Martin-Gropius-Bau

Eleganter Rahmen für große internationale Wechselausstellungen

■ S Potsdamer Platz, Anhalter Bahnhof, U2 Potsdamer Platz, U6 Kochstraße
■ Niederkirchnerstr. 7, www.gropiusbau.de, Mi, Fr–Mo 10–19, Do 10–21 Uhr, ab 9 €, erm. ca. 5 €, Eintritt frei unter 18 J.

Der Martin-Gropius-Bau (1877–81) erhebt sich im Stil der Neorenaissance um einen Lichthof mit gewölbtem Glasdach (kostenfrei zugänglich), um den sich die Etagen galerieartig und von Säulen getragen emporranken. Die Fassade ist geschmückt mit auffälligen Goldmosaiken und Terrakottafriesen. Die Architekten Heino Schmieden und Martin Gropius schufen den gewaltigen Bau in der Nachfolge von Karl Friedrich Schinkels Bauakademie. Beherbergte er bis 1920 das Königliche Kunstgewerbemuseum, so sind hier seit den frühen 1990er-Jahren internationale Wechselausstellungen zu kulturgeschichtlichen Themen sowie zu Strömungen und Akteuren der modernen und zeitgenössischen Kunst zu sehen.

Zeichen der Zeit im Museum für Kommunikation

Restaurants

€ | **Beba** Inspiriert von den althergebrachten Rezepten der jüdischen Küchen aus aller Welt werden hier Mezze, Tahini, Pilaf-Reis und türkische Burekitas sowie deftige marokkanische Gerichte aufgetischt, So 12–17 Uhr Brunchbüffet. ■ Martin-Gropius-Bau, Tel. 030/31907076, www.bebarestaurant.com

Entspannung

Liquidrom Relaxen kann man in der Bade- und Saunalandschaft beim Floating im Salzwasser unterm Sternenhimmel und bei Farb- und Lichtspielen, im »OMM-Klangbecken« sowie bei den verschiedensten Wellnessbehandlungen. ■ Möckernstr. 10, www.liquidrom-berlin.de, So–Do 9–24, Fr, Sa 9–1 Uhr, ab 20 € (2 Std. Sauna und Therme)

Großer Tiergarten

Das größte Erholungsgebiet mitten in der Stadt

- S Tiergarten, Bellevue, Zoologischer Garten, U5 Brandenburger Tor, Bundestag, U9 Hansaplatz, Bus 100
- Straße des 17. Juni

Idyllische Wasserläufe, Teiche und Wiesen, der weitverzweigte Neue See mit Café und Bootsverleih, Spazierwege, die an allerlei Brunnen und Skulpturen (oft Denkmäler großer deutscher Dichter und Komponisten) vorbeiführen – so präsentiert sich der Tiergarten heute wieder. Kaum zu glauben: Nach dem Zweiten Weltkrieg hatten die Berliner die Bäume abgeholzt und im Park Kartoffeln und Rüben angebaut. Doch schon 1949 gab der legendäre Regierende Bürgermeister jener dramatischen Jahre, Ernst Reuter (1889–1953), mit dem Anpflanzen einer Linde das Zeichen zur Wiederaufforstung.

Die Geschichte des Tiergartens begann 1527, als Brandenburgs Kurprinz Joachim der Jüngere einen Tier- und Lustgarten zur Jagd anlegen ließ. Friedrich der Große veranlasste 1742 die Umgestaltung zu einem Barockpark. Und im 19. Jh. verwandelte Peter Joseph Lenné diesen wiederum in einen englischen Landschaftsgarten.

Die Straße des 17. Juni Richtung Brandenburger Tor führt quer durch den Tiergarten. Sie wurde 1695 als Verbindung zwischen Stadtschloss und Schloss Charlottenburg angelegt. 1953 erhielt die Trasse in Erinnerung an den Volksaufstand in der DDR ihren heutigen Namen. Sie führt vorbei am Sowjetischen Ehrenmal (1946), einer 6 m hohen Marmorfigur eines Rotarmisten.

 Sehenswert

Siegessäule
| Bauwerk |

»Goldelse« nennen die Berliner ihre Viktoria wenig respektvoll. Die populäre goldglänzende Figur der römischen Siegesgöttin bekrönt die Siegessäule (1864–73) auf dem Platz Großer Stern inmitten des Tierparks. Die 8 m hohe Figur trägt Lorbeerkranz und Speer. Wer ihr auf der luftigen Aussichtsplattform in rund 50 m Höhe Gesellschaft leisten möchte, muss eine Wendeltreppe mit 285 Stufen im Inneren der Säule erklimmen, die übrigens aus vergoldeten Geschützrohren errichtet worden ist. Am Sockel aus rotem Granit zeigen Bronzereliefs Szenen aus den Befreiungskriegen. Ein Glasmosaik an der Innenwand des Säulengangs thematisiert die deutsche Einheit nach dem Sieg über Frankreich 1871.

- Großer Stern, April–Okt. tgl. 9.30–18.30, Nov.–März bis 17.30 Uhr, 4 €, erm. 3 €

Schloss Bellevue
| Schloss |

Wo heute das weiße Schloss Bellevue den nördlichen Teil des Tiergartens überblickt, hatte sich zunächst ab 1746

ADAC Wussten Sie schon?

Nachbar des HKW ist seit 1987 das **Berliner Carillon**, ein Konzertglockenspiel mit 68 Klangkörpern, aufgehängt in einem quaderförmigen Granitturm. Hörenswert sind die Konzerte (i.d.R. Mai–Sept. So 16 Uhr, anschließend Turmführung, www.carillon-berlin.de) des Carillonneurs Jeffrey Bossin. Bei Applaus gibt es natürlich auch eine Zugabe!

Georg Wenzeslaus von Knobelsdorff, der Leibarchitekt Friedrichs des Großen, ein Haus gebaut. Das frühklassizistische Bellevue entstand 1785–87 mit Schlosspark, wurde nach dem Krieg 1959 rekonstruiert und dient seit 1994 als Amtssitz des Bundespräsidenten. Eindrucksvoll ist der ovale Festsaal im Obergeschoss. Der Park gab damals herrliche Aussichten auf andere Schlösser, Parks und die Spree frei – daher der Name Bellevue, »schöner Ausblick«. Im Südteil steht das 1996–98 elliptisch gebaute Bundespräsidialamt.

■ Spreeweg 1, www.bundespraesident.de, zum Tag der offenen Tür können einmal im Jahr Schloss und Garten besichtigt werden

Haus der Kulturen der Welt
| Bauwerk |

Das Haus der Kulturen der Welt (HKW) im nördlichen Teil des Tiergartens hieß ursprünglich Kongresshalle und war der US-amerikanische Beitrag zur Internationalen Bauausstellung im Jahr 1957. Der geschwungenen Dachform wegen verpassten die Berliner der Halle den Namen »Schwangere Auster«. Im dazugehörigen großen Wasserbecken fällt die Bronzeplastik »Zwei Formen« (1956) des für seine abstrakten Skulpturen bekannten Bildhauers und Zeichners Henry Moore auf. Heute finden hier Ausstellungen, Konzerte und Musikfestivals statt.

■ John-Foster-Dulles-Allee 10, www.hkw.de, Mi–Mo 12–20 Uhr

ADAC Mittendrin

Originales Berlin-Flair erlebt man beim Bummeln und Essen in den Bistros in der **Moabiter Arminius-Markthalle** (1891) nördlich vom Tiergarten: ob bei den Wraps der »Piekfein«-Gastronomie oder bei Tacos von Eduardo im »Lucha Libre«, beim BBQ oder Würstchen. Geschenke und kleine Mitbringsel gibt es im Schlupfladen, außerdem finden den Weinverkostungen statt.
Arminiusstr. 2–4 (4 Eingänge), www.arminiusmarkthalle.com, Mo–Sa 8–22, Gastronomie 8–22 Uhr

 Restaurants

€–€€ | **Teehaus im Englischen Garten** Draußen herrscht legere Stimmung im Biergarten, drinnen ist alles weiß gedeckt und fein vom Frühstück bis zum Wiener Schnitzel. Berühmt ist der Konzertsommer mit Gratiskonzerten, wo So ab 16 Uhr getanzt werden kann.
■ Altonaer Str. 2, Tel. 030/39 48 04 00, www.konzertsommer.jimdofree.com, www.das-teehaus.jimdo.com, Mo–Sa 12–ca. 24, So ab 10 Uhr

€€ | **Café am Neuen See** Drinnen bei Kaminfeuer und Kerzenschein oder draußen im Biergarten bei Sonnenschein und Selbstbedienung mit bayerischen Spezialitäten und Steinofen-Pizza. ■ Lichtensteinallee 2, Tel. 030/254 49 30, www.cafeamneuensee.de, tgl. ab 9–ca. 24 Uhr, Biergarten: Mo–Fr ab 12, Sa, So ab 11 Uhr, im Winter geschl.

 Einkaufen

KPM – Königliche Porzellan-Manufaktur Berlin Die KPM-Welt lohnt einen Besuch: Erlebnisausstellung, Manufaktur-Besichtigung, Workshops, und im Werksverkauf gibt es die kostbaren Stücke etwas günstiger. ■ Wegelystr. 1, www.kpm-berlin.de, Mo–Sa 10–18 Uhr (mit Café)

17 Kulturforum

Hier begeistern bedeutende Kunstsammlungen von Weltrang

Die Gemäldegalerie beeindruckt mit ihrer Fülle bedeutender Exponate.

Information

- Bus M41, M48, M85, 300
- Matthäikirchplatz, www.smb.museum, Kulturforum: alle Ausstellungen 18 €, erm. 9 €, bis 18 J. freier Eintritt
- Parken: siehe S. 104

Das Berliner Kulturforum nahe dem Potsdamer Platz gilt als westliches Pendant zur Museumsinsel und entstand nach Plänen von Hans Scharoun (1893–1972) mit Architekturklassikern wie der 1960–63 errichteten Berliner Philharmonie. In den folgenden Jahrzehnten kamen die Staatsbibliothek und die vier Museen dazu.

Sehenswert

Gemäldegalerie
| Museum |

Die seit 1998 wiedervereinte Sammlung mit glanzvollen Werken Alter Meister des 13.–18. Jh. gehört zu den bedeutendsten ihrer Art in Europa. In den 18 Sälen und 41 Kabinetten werden um die 1000 Meisterwerke präsentiert – Arbeiten von Albrecht Dürer, Lucas Cranach d. Ä., Peter Paul Rubens, Sandro Botticelli, Raffael, Tizian, Giorgione und Caravaggio oder Meistern der Renaissance wie Andrea Mantegna und Giovanni Bellini. Absoluten Weltrang besitzt die Rembrandt-Sammlung

Kulturforum 17

Plan S. 104

110 000 Zeichnungen, Aquarelle, Pastelle und Ölskizzen, dazu 550 000 Druckgrafiken vom Mittelalter bis zur Gegenwart von Botticelli, Dürer, Rembrandt, Picasso und Andy Warhol. Da die Kunstwerke äußerst licht- und luftempfindlich sind, gibt es keine Gesamtschau, aber eine Reihe von Wechselausstellungen. Interessierte können sich nach Voranmeldung auch Werke in einem Studiensaal vorlegen lassen.

■ Di–Fr 10–18, Sa, So 11–18 Uhr, Preise für Wechselausstellungen variieren

Kunstgewerbemuseum
| Museum |

Hier dreht sich alles um europäische Gebrauchskunst und Kunsthandwerk vom Mittelalter bis heute. Herausragende Stücke: der Welfenschatz mit dem Welfenkreuz aus dem 11. Jh. und das Lüneburger Ratssilber (15./16. Jh.). In interessantem Kontrast dazu stehen die Sammlung zu zeitgenössischem Produktdesign und eine Modegalerie.

■ Di–Fr 10–18, Sa, So 11–18 Uhr, 8 €, erm. 4 €

mit 16 Gemälden des großen Niederländers, darunter »Simson und Delila« (1628), »Simson bedroht seinen Schwiegervater« (1635) und »Jakob im Kampf mit dem Engel« (1660).

■ Di–Fr 10–18, Sa, So 11–18 Uhr, ab 8 €, erm. ab 4 €

❶ Kupferstichkabinett und Kunstbibliothek
| Ausstellung |

Im 1994 eröffneten Kupferstichkabinett und der Kunstbibliothek (mit der Gemäldegalerie durch das Foyer zu erreichen) präsentiert sich eine der größten grafischen Kollektionen der Welt. Das Kupferstichkabinett besitzt rund

St.-Matthäus-Kirche
| Kirche |

Das Gotteshaus wurde 1844–46 nach Plänen von Friedrich August Stüler in neobyzantinischem Stil errichtet und nach Kriegsschäden äußerlich originalgetreu wiederhergestellt. Im Aufgang zum Turm hängen 16 Gemälde zum Matthäus-Evangelium von Gisela Breitling. Musikfreunde schätzen die regelmäßig stattfindenden Konzerte.

■ www.stiftung-stmatthaeus.de, Di–So 11–18 Uhr

17 Kulturforum

e Neue Nationalgalerie
| Museum |

Architekt Ludwig Mies van der Rohe schuf den Stahl-Glas-Bau 1965–68. Das Bauwerk gilt als Wahrzeichen der Moderne und steht unter Denkmalschutz. Nach einer Sanierung zeigt die Neue Nationalgalerie seit 2021 in wechselnden Ausstellungen Querschnitte ihrer Sammlung der Klassischen Moderne. Diese umfasst Werke von Edvard Munch, Pablo Picasso, Ernst Ludwig Kirchner, Max Beckmann, Otto Dix, Paul Klee und Hannah Höch. Am Kulturforum entsteht derzeit ein Erweiterungsbau, der voraussichtlich 2026 als Museum des 20. Jahrhunderts eröffnet wird.

■ Potsdamer Str. 50, Di, Mi, Fr–So 10–18, Do 10–20 Uhr, 12 €, erm. 6 €

f Berliner Philharmonie
| Konzertsäle |

Die Philharmonie wurde von Hans Scharoun nach akustischen Kriterien konzipiert: Der Orchesterraum befindet sich fast im Mittelpunkt des Konzertsaals und wird von den Zuschauerreihen umringt. Bemerkenswert ist auch die Dachsilhouette, die Scharoun als Himmelszelt verstanden wissen wollte. 1963 wurde das Gebäude eingeweiht, 1979 erhielt es seine goldschimmernde Kunststoffverkleidung. Nebenan entstand 1984–87 der Kammermusiksaal.

■ Herbert-von-Karajan-Str. 1, Tel. 030/25 48 89 99 (Tickets), www.berliner-philharmoniker.de, Führungen Sept.–Juni tgl. 13.30 Uhr, 5 €, erm. 3 €, Tel. 030/25 48 81 34

g Staatsbibliothek – Haus Potsdamer Straße
| Bibliothek |

Die Staatsbibliothek Unter den Linden war nach dem Mauerbau für BRD-Bürger nicht mehr zugänglich. Daher errichtete Hans Scharoun im Westen 1967–76 einen Neubau an der Potsdamer Straße. Die räumliche Trennung blieb nach der Wiedervereinigung bestehen, doch firmieren seit 1991 beide Büchersammlungen unter dem Namen »Staatsbibliothek zu Berlin – Preußischer Kulturbesitz«. Das Bibliotheksgebäude an der Potsdamer Straße wird zurzeit bei laufendem Betrieb saniert. Das »Bücherschiff« ist 229 m lang, 152 m breit und versammelt auf 81 000 m² rund 11 Mio. Bücher und Druckschriften aus aller Welt mit dem Schwerpunkt Geistes- und Sozialwissenschaften. Zum Bestand gehören 430 Nachlässe, darunter die von Herder, Fichte, Schopenhauer, Hegel, Mendelssohn, Hauptmann, Baedeker und Sauerbruch.

■ Potsdamer Str. 33, Tel. 030/2660, www.staatsbibliothek-berlin.de, Mo–Fr 9–21, Sa 10–19 Uhr

P Parken

Parkhaus Sony Center ca. 3 €/Std. oder The Playce (über Reichpietschufer) 1–2 €/Std.

Restaurants

€€€ | Golvet Fast ein gläserner Speisesaal im 8. Stock eines Bürohauses mit tollem Ausblick: gediegenes Fine Dining mit guter Weinauswahl. ■ Potsdamer Str. 58, Tel. 030/89064222, www.golvet.de, Mi–Sa 19–22.45 Uhr, Plan S. 104 b2

18 Gedenkstätte Deutscher Widerstand

Eine ergreifende Dokumentation an historischem Schauplatz

■ Bus M29
■ Stauffenbergstr. 13–14, Eingang über den Ehrenhof, www.gdw-berlin.de, www.gedenkstaette-stille-helden.de Mo–Fr 9–18, Sa, So, Fei 10–18 Uhr, Eintritt frei

Die Gedenkstätte befindet sich im Bendlerblock, 1935–45 Sitz des Oberkommandos der Wehrmacht. Hier fand am 20. Juli 1944 der Umsturzversuch einiger Wehrmachtsoffiziere um Claus Schenk Graf von Stauffenberg statt. Seit 1968 informiert eine Ausstellung über den »Widerstand gegen den Nationalsozialismus« und den Attentatsversuch auf Hitler. Auch das fehlgeschlagene Attentat von Georg Elser auf Adolf Hitler am 8. November 1939 im Münchener Bürgerbräukeller und die Widerstandsbewegung »Weiße Rose« werden hier dargestellt. Und die Gedenkstätte Stille Helden erinnert mit der Ausstellung »Widerstand gegen die Judenverfolgung in Europa 1933–1945« an jene, die verfolgten Juden halfen.

19 Bauhaus-Archiv

Erinnerungen an die bedeutendste Kunst- und Designschule des 20. Jh.

■ U2 Nollendorfplatz, Bus M29, 100
■ Klingelhöferstr. 14, www.bauhaus.de, bis vorauss. 2025 wegen Sanierung geschlossen; Ausstellung zur Museumsgeschichte und Veranstaltungen: the temporary bauhaus-archiv, Knesebeckstr. 1–2, Mo–Sa 10–18 Uhr, Eintritt frei

Bereits 1964 hatte Walter Gropius (1883–1969) ein Museumsgebäude für das von ihm mitbegründete Bauhaus entworfen, das 1979 fertiggestellt wurde. Das Bauhaus-Archiv und das Museum für Gestaltung bilden die weltgrößte Sammlung zu jener bedeutenden Kunstschule, die Baukunst und Design des 20. Jh. maßgeblich prägte. Anlässlich des Jubiläums »100 Jahre Bauhaus« im Jahre 2019 wird das Gebäude bis vorauss. 2025 saniert und erweitert.

ADAC Spartipp

Lunch-Konzerte in der Philharmonie Mittwochs in der Konzertsaison treffen sich Klassikfans im Foyer der Philharmonie: Man lauscht den Musikern bei Kammermusik und intimer Atmosphäre sowie kleinen Leckereien (€). *Herbert-von-Karajan-Str. 1, Sept.–Juni Mi 13–14 Uhr (früh hingehen!), www.berliner-philharmoniker.de, Eintritt frei (Spende an UNICEF gern gesehen)*

Restaurants

€€–€€€ | Tra Di Noi Ein kleiner Italiener mit Pizza, Pasta & Co., alles zu ordentlichen Preisen. ■ Lützowplatz 5, Tel. 030/2655 79 87, www.ristorante-tradinoi.de, Mo–Fr 12–23, Sa 17–23 Uhr

Potsdamer Platz und Tiergarten

Am Abend

Theater, Konzerte, Clubs oder Kino – hier wird jeder nach seiner Façon am Abend glücklich. Rund um den Potsdamer Platz bricht v. a. im Februar alljährlich bei der Berlinale das Kinofieber mit Promi-Gucken aus.

Bühne

GRIPS Theater Das GRIPS ist bekannt für zeitgenössisch-politisches Volkstheater: Der Klassiker seit 1986 ist die »Linie 1« – sehenswert! ■ Spielstätten: Altonaer Str. 22 (Tiergarten), U9 Hansaplatz, und GRIPS Podewil in der Klosterstr. 68 (Mitte), U2 Klosterstraße, Tel. 030/39 74 74 77, www.grips-theater.de

Stage BLUEMAX Theater Der Dauerbrenner seit mehr als 18 Jahren mit über 6000 Shows: Die Blue Man Group tritt nur in Berlin im eigenen Theater auf. Also nischt wie hin zum blauköpfigen Spektakel! ■ Marlene-Dietrich-Platz 4, S, U Potsdamer Platz, Ticket-Hotline 01805/44 44, www.stage-entertainment.de

 Wintergarten Berlins bekanntestes Varietétheater mit Artistik und Tanz, Musik und Clownerie zum Staunen – gut speisen kann man hier unterm »Sternenhimmel«. ■ Potsdamer Str. 96, U Kurfürstenstraße, Tel. 030/58 84 33, www.wintergarten-berlin.de

Konzerte

Berliner Philharmonie Eine erste Adresse in Sachen klassische Musik und Heimatbühne der legendären Berliner Philharmoniker unter dem Dirigenten Kirill Petrenko. ■ Herbert-von-Karajan-Str. 1, S, U Potsdamer Platz, www.berliner-philharmoniker.de

Tempodrom Die markante Beton-Zeltdachkonstruktion dient als Konzertstätte mit vielfältigem Kultur-, Show- und Musikprogramm. ■ Möckernstr. 10, U Möckernbrücke, Ticket-Hotline 0180/655 41 11, 0,20 €/Min., mobil mehr, www.tempodrom.de

Kneipen, Bars und Clubs

Solar Hoch in den 17. Stock geht es in der angesagten Bar, eine Sky Lounge mit Wohnzimmer-Atmosphäre und guten Drinks. Der gläserne Aufzug fährt auch ins Restaurant (€€) in den 16. Stock – reservieren! ■ Stresemannstr. 76, S Anhalter Bahnhof, Tel. 0163/765 27 00, www.solarberlin.com, Öffnungszeiten siehe Website

Trompete Der Club ist bekannt für »After-Work-Partys« (Do Tanz ab 19 Uhr) oder die Bowle bei den »Mädchen-Musik«-Samstagen, die auch 40-Plus-Publikum besucht. ■ Lützowplatz 9, Bus 100, 200, www.trompete-berlin.de (Fr, Sa je nach Programm)

Kinos

Sommerkino Kulturforum Auf der Freifläche zwischen den Museen des Kulturforums werden jedes Jahr zwischen Ende Juni und Anfang September bei wunderbarer Atmosphäre spannende Filme gezeigt. ■ Matthäikirchplatz 4–6, Bus 200, www.yorck.de

 Übernachten

Noch zentraler kann man in Berlin kaum mehr wohnen: Das hat natürlich auch seinen Preis, dennoch bieten sich einige nette familienfreundliche Hotels als Unterkunftsmöglichkeiten an.

€

Excellent Apartments Top-Lage: Keine 1,5 km vom Potsdamer Platz und dennoch bezahlbare und geräumige Zimmer. Dafür teilt man sich Gemeinschaftsbäder/-küche und einen Aufenthaltsraum mit anderen Gästen.
◼ Waterlooufer 8, Tel. 030/92 27 25 28, www.excellentapartments.de

€€–€€€

Vilhelm 7 In der Mini-Boutique-Herberge kann man sich richtig zu Hause fühlen: minimalistisch-schicke und individuell geschmackvoll mit Kunstwerken eingerichtete Zimmer im Erdgeschoss eines typischen Berliner Altbaus, zum Innenhof sehr ruhig, gutes Frühstück mit WG-Atmosphäre.
◼ Wilhelmstr. 7, Tel. 0173/207 0173, www.vilhelm7.de

ADAC Das besondere Hotel

Grimm's Potsdamer Platz »Märchenhafte« Zimmer, nicht nur für Kinder, königliche (Suite-) Betten, aber keine Prinzessin auf der Erbse. Schneewittchen und Hans im Glück würden hier buchen! Hotel mit familiärer Atmosphäre und besonderem Frühstücksbüfett. Für Familien oder längere Aufenthalte gibt es auch Apartments.
€€€ | Flottwellstr. 45, Tel. 030/258 00 80, www.grimms-hotel.de

€€€

NH Collection Berlin Mitte Hier kann man es aushalten: Stylishes und familienfreundliches Hotel mit überaus abwechslungsreichem Frühstücksbüfett und sehr bemühtem Service. Kinder bis 12 J. übernachten kostenfrei. Eigenes Parkhaus, Fitnessstudio und Spa. ◼ Leipziger Str. 106–111, Tel. 030/22 38 85 99, www.nh-hotels.de

Sheraton Berlin Grand Hotel Esplanade (Bild links) Dieses Haus hat jeden seiner fünf Sterne verdient! Allein schon die hauseigene Harry's New York Bar ist den Aufenthalt hier wert, im ruhigen und grünen Botschaftsviertel zwischen Tiergarten und Potsdamer Platz in Sichtweite.
◼ Lützowufer 15, Tel. 030/25 47 80, www.esplanade.de

Nördlich der Spree – Mitte und Prenzlauer Berg

Die Spandauer Vorstadt und ihr Scheunenviertel sowie der Prenzlauer Berg haben sich zu Rund-um-die-Uhr-Ausgehvierteln entwickelt

Aus einem ehemaligen Armenviertel entwickelte sich im Laufe der Jahrhunderte einer der attraktivsten Bezirke Berlins. Nach 300 Jahren ist das Scheunenviertel heute voller Leben, Kultur und Attraktionen.

Dabei hat das Viertel auch eine traurige historische Bedeutung: Rund um die Oranienburger Straße war im 18. und 19. Jh. ein Zentrum jüdischen Lebens in der Stadt. Davon zeugen noch heute die prächtige Neue Synagoge ebenso wie der Alte Jüdische Friedhof in der Großen Hamburger Straße. Gleich nebenan wurden das frühere Knabenheim und das 1943 zerstörte jüdische Altersheim von den Nazis als Sammelstelle für 55 000 Berliner Juden zweckentfremdet, um sie dann in Konzentrationslager zu deportieren. Will Lammerts Bronzegruppe Jüdische Opfer des Faschismus (1957) erinnert daran. Von einem weiteren düsteren Berlin-Kapitel erzählen die Schicksale der Mauertoten – die Gedenkstätte Berliner Mauer in der Bernauer Straße ist zu ihren Ehren errichtet worden.

Auch in dem zu DDR-Zeiten einstigen Arbeiter- und Künstlerquartier im Prenzlauer Berg entstand nach der Maueröffnung ein Szene- und Studentenviertel. Mit jedem restaurierten Gründerzeithaus verwandelte sich die Bilderbuchkulisse mit den lauschigen Cafés und Kneipen in eine bei Nicht-Berlinern begehrte Wohngegend.

In diesem Kapitel:

- **20** Futurium 110
- **21** Hamburger Bahnhof – Nationalgalerie der Gegenwart 110
- **22** Museum für Naturkunde 110
- **23** Dorotheenstädtischer Friedhof 111
- **24** Gedenkstätte Berliner Mauer 112
- **25** Oranienburger Straße 112
- **26** Alter Jüdischer Friedhof 115
- **27** Hackesche Höfe 116
- **28** Sophienstraße 117
- **29** KulturBrauerei 118
- **30** Rund um den Kollwitzplatz 118
- **Am Abend/Übernachten** 120/121

ADAC Top Tipp:

 Museum für Naturkunde
| Museum |
Ein Highlight, nicht nur bei schlechtem Wetter oder für Dino-Fans – das Museum mit seinen gigantischen Urviechern ist spektakulär. 110

ADAC Empfehlungen:

 Sammlung Boros
| Kunstsammlung |
Wer an moderner Kunst der 1990er- und 2000er-Jahre interessiert ist, kommt an dem Zweite-Weltkriegs-Bunker nicht vorbei! 112

 KulturBrauerei
| Kulturzentrum |
Konzerte, Salsa, Kino und ein Museum sind heute in der ehemaligen Schultheiss-Brauerei zu finden. 118

 Anna Blume
| Café |
Hier kann man am Kollwitzplatz die Seele baumeln lassen, bei einem leckeren Frühstück. 119

 Prater Garten
| Biergarten |
Das Traditionslokal ist Berlins ältester Biergarten mit deftigen Speisen und kühlem Bier vom Fass. 120

20 Futurium

In einem futuristischen Bau kann man in die Zukunft reisen

- S, U5 Hauptbahnhof
- Alexanderufer 2, www.futurium.de, Mi, Fr–Mo 10–18, Do 10–20 Uhr, Eintritt frei

Das »Denkgebäude« kommt als verspiegelglastes Raumschiff daher, in dem sich alle (interaktiven) Exponate und Mitbastellabore um Zukunftsfragen drehen, etwa: Wie wollen wir leben? Vielleicht mit dem Hausroboter, der die Besucher sogleich ausfragt. Oder für manch einen dringender: Wann verliebt sich mein Smartphone in mich? Natürlich geht es auch um wirklich existenzielle Themen: die Transformation der Städte im Klimawandel durch begrünte Hochhäuser und urbane Landwirtschaft, wissenschaftliche Visionen vom Regenmachen oder Strom vom Mond.

21 Hamburger Bahnhof – Nationalgalerie der Gegenwart

Der Hotspot für alle Fans von zeitgenössischer Kunst

- S, U5 Hauptbahnhof
- Invalidenstr. 50–51, www.smb.museum, Di, Mi und Fr 10–18, Do 10–20, Sa, So 11–18 Uhr, ab 8 €, erm. 4 €, bis 18 J. Eintritt frei

Der 1847 erbaute spätklassizistische Kopfbahnhof wurde im Krieg zerstört. Erst in den 1980er-Jahren gelang die Rekonstruktion des eindrucksvollen Gebäudeensembles unter Leitung von Josef Paul Kleihues. Heute zählt der Hamburger Bahnhof – Nationalgalerie der Gegenwart – Berlin zu den aufregendsten Kultstätten der zeitgenössischen Kunst. Hier finden die riesigen Bestände der Nationalgalerie der Staatlichen Museen zu Berlin eine spannende Präsentationsfläche. Es sind Werke von Andy Warhol, Joseph Beuys und Anselm Kiefer sowie Installationen und Projektionen beispielsweise von Bruce Naumann, Isa Genzken, Candida Höfer, Nam June Paik und Cindy Sherman zu sehen. Darüber hinaus werden zahlreiche Wechselausstellungen zeitgenössischer Künstler gezeigt.

22 Museum für Naturkunde

Die Stufen der Evolution und das größte Saurierskelett der Welt

- U6 Naturkundemuseum
- Invalidenstr. 43, www.museumfuer naturkunde.berlin, Di–Fr 9.30–18, Sa, So, Fei 10–18 Uhr, 8 €, erm. 5 €

Das 1889 eröffnete Museum zeigt eine spannende Dauerausstellung zu Evolution, Menschwerdung, System Erde, Kosmos und Sonnensystem. Moderne und kindgerechte Medien verraten alles Wissenswerte über die gezeigten Skelette, Präparate und Fossilien, Mineralien und Meteoriten.
Der Star ist der Brachiosaurus brancai (13 m hoch, 23 m lang, 38 t schwer; neuer wissenschaftlicher Name seit 2009: Giraffatitan brancai), das höchste aufgebaute Saurierskelett der Welt. Er stammt vom Fundort Tendaguru in Tansania und ist etwa 150 Mio. Jahre alt. Konkurrenz macht ihm zeitweilig T-Rex Tristan Otto – der erst 2012 in den USA entdeckte und am besten er-

haltene Tyrannosaurus der Welt (als Leihgabe bis vorauss. Ende 2023 zu sehen). Die Besucher erleben virtuell die Welt dieser mächtigen Echsen des Oberen Jura. Ebenfalls aus dieser Epoche stammt das Berliner Exemplar des Urvogels Archaeopteryx lithographica. Auch die Tierpräparate, wie Gorilla Bobby oder der schon zu Lebzeiten berühmte Eisbär Knut – beide aus dem Berliner Zoo –, sind faszinierend und wirken fast lebendig.

 Parken

Parkplatz und Parkhaus am Hauptbahnhof ab 2,80 €/Std., www.parken ambahnhof.de

 Kinder

Führungen für Kinder ab 5 Jahre, Kindersonntage oder Kindergeburtstage im Museum – für kleine Museumsbesucher gibt es in der Welt der Dinos viele spannende Angebote.

 Restaurants

€–€€€ | Bonfini Gemütlich-familiäre Pizzeria mit freundlichem Service und

ADAC Mobil

Einen **Parkplatz per App** zu buchen statt lange zu suchen, funktioniert z. B. bei Parknav (www.park nav.com/city/berlin) und Parkopedia (www.parkopedia.de). Per Handynavigation geht es nach der Registrierung zum nächsten freien Parkplatz, Parkgebühren werden abgebucht, selbst Schranken öffnen sich mit dem QR-Code-Scanner.

Das Spreeufer beim Hauptbahnhof ist ein beliebter sommerlicher Treffpunkt.

leckeren Speisen (tagsüber €), hinten kleiner Open-Air-Bereich. ■ Chausseestr. 15, Tel. 030/95 61 48 48, www.bonfini. de, Mo–Fr 17–23, Sa, So bis 24 Uhr

23 Dorotheenstädtischer Friedhof

Letzte Ruhestätte vieler Berühmtheiten mit dem Brecht-Haus nebenan

■ U6 Oranienburger Tor
■ Chausseestr. 126, www.stiftung-historische-friedhoefe.de
■ Brecht-Haus: Chausseestr. 125, Tel. 030/ 200 57 18 44, www.adk.de, Führungstermine siehe Website, 5 €, erm. 2,50 €

Auf dem 1762 angelegten Friedhof ruhen viele berühmte Dichter und Künstler, etwa die Philosophen Johann Gott-

23 Dorotheenstädtischer Friedhof

lieb Fichte und Georg Wilhelm Friedrich Hegel, Preußens großer Baumeister Karl Friedrich Schinkel, der Bildhauer Johann Gottfried Schadow, die Dichter Heinrich Mann, Arnold Zweig, Anna Seghers, Komponist Hanns Eisler und Heiner Müller. Viel besucht werden vor allem die schlichten Gräber von Bert Brecht und seiner Frau, der Schauspielerin und Theaterprinzipalin Helene Weigel, nordöstlich an der Friedhofsmauer.

Im benachbarten Brecht-Haus sind das Brecht-Weigel-Museum, das Bertolt-Brecht-Archiv, das Helene-Weigel-Archiv und das Literaturforum beheimatet. Die original eingerichteten Wohn- und Arbeitsräume kann man im Rahmen von Führungen besichtigen.

 Sehenswert

Sammlung Boros
| Kunstsammlung |

 Allein der Bunker aus dem Zweiten Weltkrieg ist ein Hingucker

Wo einst Bananen aus Kuba lagerten, betrachtet man heute eine private Sammlung zeitgenössischer Kunst in Wechselausstellungen: Hier konnte man schon einige Stars des 21. Jh. sehen, wie Damien Hirst, Ai Weiwei und Jonathan Monk, präsentiert in einem Bunker (1942) mit spektakulär inszenierten Kunsträumen.

Gefällt Ihnen das?

An die Teilung Berlins in DDR-Zeiten erinnern noch heute der ehemalige Grenzübergang am **Checkpoint Charlie** (S. 77) sowie die Mauerreste an der **East Side Gallery** (S. 126).

■ Reinhardtstr. 20, www.sammlung-boros.de, Besichtigung Do–So 15–19.30 Uhr nach Anmeldung auf der Website, 18 €, erm. 10 €, S, U Friedrichstraße, U Oranienburger Tor

24 Gedenkstätte Berliner Mauer

Zentraler Erinnerungsort für die Todesopfer an der Mauer

■ U8 Bernauer Straße, S Nordbahnhof
■ Bernauer Str. 111 und 119, www.berliner-mauer-gedenkstaette.de, Besucher- und Dokumentationszentrum Di–So 10–18, Gedenkstättenareal tgl. 8–22 Uhr, Eintritt frei

Die Gedenkstätte besteht aus einem etwa 60 m langen Grenzstreifen mit künstlich verfremdeter Mauer. Der frühere Todesstreifen ist heute auf insgesamt 1,4 km Länge begehbar, 30 Tafeln mit Fotografien dokumentieren Hintergründe, berührende Einzelschicksale, geglückte Tunnelfluchten sowie tragische Todesfälle. Im Dokumentationszentrum informieren ein Modell und die Ausstellung »Berlin, 13. August 1961« über den Mauerbau und seine Folgen für die Berliner und die Welt.

25 Oranienburger Straße

Faszinierende Meile für Touristen und Nachtschwärmer

■ S Hackescher Markt, S Oranienburger Straße, U6 Oranienburger Tor

Die Oranienburger Straße zwischen Hackeschem Markt und Oranienburger Tor verheißt Kontraste auf Schritt und Tritt: gut besuchte Kneipen, Cafés und Restaurants und die imposante Neue

Gedenkstätte Berliner Mauer

Im Blickpunkt

Die Berliner Mauer – Geschichte und Geschichten

Ein schmales, oft unterbrochenes Band aus zweireihig verlegtem Kopfsteinpflaster führt quer durch und um Berlin. Eingraviert ist die Inschrift »Berliner Mauer 1961–1989« – es zeichnet den einstigen Verlauf der Mauer nach.

Deren Bau begann am 13. August 1961 als trauriger Höhepunkt des Kalten Krieges. Die DDR-Regierung ließ um den Westteil Berlins insgesamt 155 km Sperranlagen anlegen. Allein 43,1 km trennten die beiden Stadthälften voneinander. Es hieß, der »Antifaschistische Schutzwall« solle gegen Spionage und Aggression aus dem Westen schützen. Tatsächlich diente die Mauer dazu, die große Fluchtbewegung gen Westen einzudämmen. Die DDR-Grenzsoldaten hatten Befehl, gezielt zu schießen – und so kamen 1961 bis 1989 mindestens 139 DDR-Bürger bei Fluchtversuchen ums Leben, darüber hinaus starben mindestens 251 Menschen während oder nach Kontrollen an den Berliner Grenzübergängen. Im Westberliner Notaufnahmelager Marienfelde kamen bis 1990 rund 1,35 Mio. DDR-Abtrünnige vorläufig unter.

Die Reaktion der US-Regierung auf den Mauerbau war verhalten, was viele Berliner enttäuschte. Andererseits hatte US-Präsident John F. Kennedy schon im Juli 1961 versprochen, dass es in der Frage der Freiheit West-Berlins keine Kompromisse geben werde. Entsprechend stürmisch wurde er bei seinem Berlinbesuch 1963 empfangen. Als Kennedy am 26. Juni vor dem Rathaus Schöneberg die berühmten Worte »Ich bin ein Berliner!« ausrief, jubelte ihm die Menge zu. Der Anfang vom Ende der Mauer und der Teilung Deutschlands zeichnete sich 1986 mit dem Antrittsbesuch des russischen Präsidenten Michail Gorbatschow in Berlin ab.

Oranienburger Straße

Synagoge. In den letzten Jahren bekam die Flaniermeile zwischen dem schönen alten Postfuhramt (Ecke Tucholskystraße) und der früheren legendären Tacheles-Ruine, wo jüngst eine Passage mit 45 Läden und Lokalen eröffnete, allerdings ein gewisses »Ballermann-Flair«. Dennoch findet jeder hier seine kulinarische Nische – von der Frittenbude bis zum Multi-Kulti-Dining.

 Sehenswert

Neue Synagoge Berlin – Centrum Judaicum
| Synagoge |

Ihre goldglänzende, 50 m hohe Kuppel erhebt sich strahlend über der Oranienburger Straße, und zwei minarettartige Türme unterstreichen ihr orientalisches Erscheinungsbild. Die Hauptsynagoge Berlins entstand 1859–66 nach Plänen von Eduard Knoblauch durch Friedrich August Stüler. Mit ihren 3200 Plätzen war sie das größte und prächtigste jüdische Gotteshaus in Deutschland. In der Pogromnacht 1938 setzte die SA das Gebäude in Brand, doch es konnten größere Schäden abgewendet werden.
Die Stiftung Neue Synagoge Berlin – Centrum Judaicum informiert hier über die Geschichte der Juden in Berlin und der Synagoge, Exponate und Modelle erinnern an den einstigen Glanz. Auch die Jüdische Gemeinde und der Jüdische Kulturverein haben hier ihren Sitz.
■ Oranienburger Str. 28–30, www.centrum judaicum.de, April–Sept. Mo–Fr 10–18, So 10–19, Okt.–März So–Do 10–18, Fr 10–15 Uhr, an jüdischen Feiertagen geschl., 7 €, erm. 4.50 € (kein Zutritt mit Taschen größer als 55 × 40 × 23 cm); Kuppel nur April–Sept. mit Führung (ab 60 €)

Jüdische Mädchenschule
| Kunstgalerien |

In der Augustraße mit ihren vielen Galerien präsentiert auch die Michael Fuchs Galerie zeitgenössische Werke, aber gut versteckt in der Aula und den ehemaligen Klassenräumen (3. OG) der Jüdischen Mädchenschule (1927). Im Anschluss kann man im Mogg The Deli die Pastramis genießen, die manche für die besten der Welt halten …
■ Augustr. 11–13, Galerie: www.michael fuchsgalerie.com, Do–Sa 12–18 Uhr; Restaurant, €: www.moggmogg.com, tgl. 12–20 Uhr, Tel. 0176/64 96 13 44

Monbijou-Park
| Park |

Am südöstlichen Ende der Oranienburger Straße, vis-à-vis dem Bode-Museum, liegt der kleine Monbijou-Park. Sein Name erinnert an das Hohenzollernschloss, das hier stand und nach

ADAC Spartipp

Günstig nächtigen außerhalb der City

Wer sich nicht in Stockbetten oder »Kapsel«-Hotels quetschen will, kann ausweichen: etwa nach **Rudow** in nette private B&B oder Ferienwohnungen für um die 60 € (mit Garten!), nur 30 Min. mit der U7 vom Zentrum und nahe dem BER. Oder charmante Schnäppchenoasen wie das Historische Fischerhaus der Familie Wünsch: fast am Wasser in **Köpenick** (www.berlin-kietz.de). Auch **Spandau** und **Reinickendorf** verheißen Wassernähe nur 45 ÖPNV-Minuten vom Zoo entfernt, so wie es vom Alex nach **Lichtenberg** mit der S-Bahn ein 15-minütiger Katzensprung ist.

Alter Jüdischer Friedhof 26

Die Kuppel der Neuen Synagoge ist schon von Weitem zu sehen.

Kriegsschäden 1959 abgerissen wurde. Er ist dank Künstlerateliers, Monbijou-Theater, öffentlichem Tanzclub, Sportanlagen und Kinderschwimmbecken ein allseits populärer Treffpunkt. Sommers lockt die Strandbar Mitte.

 Restaurants

€€ | **Vino & Basilico** Mehr Bistro als Gaststätte, kleine Karte, authentisch italienisch. Alle Speisen werden äußerst appetitanregend präsentiert, preiswerter Mittagstisch (€). ■ Tucholskystr. 18/20, Tel. 030/27 87 88 85, www.vinoebasilico.com, Mo–Fr 12–24, Sa, So, Fei ab 17 Uhr

 Einkaufen

Bonbonmacherei Handgemachte Naschereien in Berlins einziger Bonbonwerkstatt: saure Mischung oder die Berliner Waldmeisterblätter nach original Berliner Rezept. ■ Oranienburger Str. 32 (Heckmann-Höfe), www.bonbonmacherei.de, Mi–Sa 12–19 Uhr

26 Alter Jüdischer Friedhof

Erinnerungsstätten großer jüdischer Tradition in Berlin

■ S Hackescher Markt
■ Große Hamburger Str. 26, www.jg-berlin.org, April–Sept. Mo–Do 7.30–17, Fr 7.30–14.30, So 8–17, Okt.–März Mo–Do 7.30–16, Fr 7.30–14.30, So 8–16 Uhr

Der Alte Jüdische Friedhof wurde von 1672 bis 1827 genutzt. An der Friedhofsmauer finden sich rund 20 Inschriftentafeln. Eine davon erinnert an Gumpericht Jechiel Aschkenasi, der 1672 als Erster hier beigesetzt wurde. 1943 verwüsteten Nazis den Gottesacker und pflügten die 3000 Gräber um, darunter auch die Ruhestätten von Moses Mendelssohn (gest. 1786) und Veitel Heine Ephraim (gest. 1775), dem Hofbankier Friedrichs des Großen. So erscheint der Friedhof heute als eine Grünfläche mit Bäumen.

Wohnen und Arbeiten, Gastronomie und Kultur, verteilt auf acht verbundene Höfe

27 Hackesche Höfe

Berühmte Hofanlage mit Art-déco-Fassaden, Theatern und beliebten Lokalen

- S Hackescher Markt
- Rosenthaler Str. 40/41 und Sophienstr. 6, www.hackesche-hoefe.com

Mit 10 000 m² Fläche sind die Hackeschen Höfe (1906) der größte Hofkomplex Europas. Bei der Restaurierung der acht Höfe legte man 1997 Wert auf den Erhalt der ursprünglichen und typischen Mischnutzung (Wohnraum, Gewerbe, Festsäle). Die Cafés, Bars und Restaurants, Theater, das Kino, Galerien und Modegeschäfte ziehen das Publikum in Scharen an. Von besonderem kunsthistorischem Wert ist der erste Hof zur Rosenthaler Straße, der mit seiner bunt glasierten Art-déco-Fassade begeistert. Ein fester Bestandteil der Berliner Szene ist das Chamäleon Theater (S. 120) im einstigen Ballsaal der Hackeschen Höfe.

 Sehenswert

Museum Blindenwerkstatt Otto Weidt/Anne Frank Zentrum

| Museum |

Neben den Hackeschen Höfen unterhält die Gedenkstätte Deutscher Widerstand das kleine Museum über die Blindenwerkstatt des Bürstenfabrikanten Otto Weidt (1883–1947), der in Nazi-Deutschland hier blinde und gehörlose Juden beschäftigte und einige auch versteckte. Im selben Hof zeigt das Anne Frank Zentrum eine Dokumentation zum Leben von Anne Frank (1929–45). Das Zentrum veranstaltet

Workshops zur Prävention von Diskriminierung und Rassismus.
◼ Rosenthaler Str. 39, www.museumblindenwerkstatt.de, tgl. 10–18 Uhr, Eintritt frei; Anne Frank Zentrum: www.annefrank.de, Di–So 10–18 Uhr, 7 €, erm. 4 €

Restaurants

€€–€€€ | Hackescher Hof Im Kaffeehausstil der 1920er-Jahre speist man hier im großen Saal mit endlos langer Theke, wechselnde Menüs (Tipp: günstigere 2- oder 3-Gang-Mittagsmenüs 12–16 Uhr, €), an der Straße zum Sehen und Gesehenwerden, am schönsten hinten im etwas ruhigeren Hof. ◼ Rosenthaler Str. 40/41, Tel. 030/28 35 293, www.hackescher-hof.de, Di–Sa 9–23 Uhr

🛒 Einkaufen

Eat Berlin Leckereien zum Mitnehmen, »Berliner Originale« aber auch Internationales wie Chutney und Pesto.
◼ Rosenthaler Str. 40, Hof 4, www.eatberlinstore.de, Mo–Sa 11–19 Uhr

Gretchen Schick-Trendiges vom bekannten Berliner Modelabel, ob Pumps oder Stiefeletten, Abendtasche oder Rucksack, Geldbörse, Gürtel oder Armbänder. ◼ Hof 4, www.mygretchen.com, Mi–Mo 11–18 Uhr

Sophienstraße

Gründerzeitliche Bauten voller Geschichte und Überraschungen

◼ S Hackescher Markt

Die Sophienstraße ist einer der sehr gut erhaltenen Berliner Straßenzüge des 18./19. Jh., die restaurierten Gebäuden beherbergen heute Restaurants, Cafés und Modegeschäfte, Clubs, Galerien und Theater. Das älteste Haus der Straße (Nr. 11) entstand mit hübscher Barockfassade Mitte des 18. Jh. (heute das Restaurant Sophien 11). Das Handwerkervereinshaus (Nr. 18) von 1905 zieht mit einem prächtig dekorierten Doppelportal aus Terrakotta die Blicke auf sich: In den 1910er-/20er-Jahren war es Treffpunkt der revolutionären Linken bei Versammlungen mit Reden von Karl Liebknecht und Rosa Luxemburg. Seit 1996 bietet es mit den Sophiensaelen (www.sophiensaele.com) eine Spielstätte für freies (Laien-) Theater, Performances und experimentelle Musik.

Beachtenswert sind auch die Sophie-Gips-Höfe (Nr. 21) mit der Kunstsammlung Hoffmann, die Werke des 20./21. Jh. zeigt. Junge Kunst leuchtet hier neben Klassikern wie Joseph Beuys, Gerhard Richter und Bruce Naumann. Eine Augenweide ist das Nachbarhaus (Nr. 22/22 a), hinter dessen neogotischer Fassade sich ein opulentes Jugendstil-Treppenhaus verbirgt. Die Spandauer Vorstadt und insbesondere ihr östlicher Teil (das Scheunenviertel rund um Sophienstraße und Auguststraße) weist mit über 90 Galerien die größte Konzentration an Kunstagenturen weltweit auf.

Restaurants

€ | Mittendrin In dem Café-Lokal sitzt man lauschig im Garten der Sophienkirche bei Salat und Suppen, Flammkuchen und hausgemachten Spätzle. Auch zum Businesslunch gibt's Schwäbisches. ◼ Sophienstr. 19, Tel. 030/28 49 77 40, www.mittendrin-in-berlin.de, Di–Sa ab 12 Uhr

29 KulturBrauerei

 Kultur, Kulinarisches und Nachtleben in einem Industriedenkmal

Information

- TIC Tourist Information Center Sudhaus 2, Sredzkistr. 1, Tel. 030/44 35 2170, Di–Sa 12–18 Uhr
- U2 Eberswalder Straße
- Eingänge: Schönhauser Allee 36, Knaackstr. 97, Sredzkistr. 1, www.kulturbrauerei.de
- DDR-Ausstellung: www.hdg.de/museum-in-der-kulturbrauerei, Di–Fr 9–18, Sa, So, Fei 10–18 Uhr, Eintritt frei

Die ehemalige Schultheiss-Brauerei ist ein Ensemble aus 20 neoromanischen Backsteinbauten. In der 1887 erbauten Anlage veranstaltet heute die Kultur-Brauerei Theater-, Kunst- und Musikevents. »Kultur-Untermieter« ist die Ausstellung »Alltag in der DDR«. Theater bieten das RambaZamba (www.rambazamba-theater.de) und das Russische ST/A/R-Theater (www.russisches-theater.de). Konzerte und Veranstaltungen finden im Kesselhaus, Palais und im Salon im Turm statt. Nicht zu vergessen: das Kino, ein Designkaufhaus, Tanzschulen, Märkte und Restaurants, der Soda/Club 23 oder der frannz Club.

ADAC Mittendrin

Die **Innenhöfe der KulturBrauerei** sind ebenso Schauplatz von Partys und Festivals, z. B. im Sommer dem Klassik Open Air (www.klassik-open-air.de) und im Winter dem Lucia-Weihnachtsmarkt (www.lucia-weihnachtsmarkt.de).

ADAC Mobil

Berlin mit seinen weiten Grünflächen und Parks lässt sich hervorragend auf dem **Zweirad** erkunden. Es gibt diverse geführte **Thementouren** und individuelle Ausleihen, z. B. bei Berlin on bike in der Kultur-Brauerei (www.berlinonbike.de, Mitte März–Mitte Nov. tgl. 9–17 Uhr, 15 €/Tag).

30 Rund um den Kollwitzplatz

In Prenzlbergs quirliger Mitte steht Deutschlands größte Synagoge

- U2 Senefelderplatz

Ein beliebtes Zentrum von Prenzlauer Berg liegt rund um den Kollwitzplatz – benannt nach der berühmten Grafikerin und Bildhauerin Käthe Kollwitz (1867–1945), deren Kunst in der NS-Zeit als »entartet« diffamiert wurde und die seit 1960 hier auf »ihrem« Platz als überlebensgroße Bronzefigur sitzt. Südöstlich des Platzes an der Ecke Knaack-/Rykestraße erhebt sich der 1877 erbaute runde Wasserturm als Wahrzeichen des lebhaften Viertels sechs Stockwerke hoch. In dessen Maschinenhaus (heute ein Spielplatz) setzte die SA 1933 zeitweilig Regimegegner fest. Schon lange wohnen Mieter in der denkmalgeschützten Industrieanlage – aber keineswegs in runden Zimmern, wie viele vermuten. Ein besonders schöner Straßenzug ist die Rykestraße, wo unter den eindrucksvollen Gründerzeitbauten die neoromanische Synagoge von 1903/04 auffällt (Nr. 53, Zutritt nur für Gläubige

Rund um den Kollwitzplatz 30

KulturBrauerei – wo einst Bierkutscher verkehrten, tummeln sich heute Amüsierwillige.

zum Gebet) – das größte jüdische Gotteshaus Deutschlands! Ein Paradebeispiel gelungener Stadtsanierung war schon zu DDR-Zeiten die vom Kollwitzplatz nördlich abzweigende Husemannstraße mit ihrem Gründerzeitambiente: Putzige Handwerkerläden mit schmiedeeisernen Zunftzeichen, historische Straßenlaternen, alte Wasserpumpen und Berliner Kneipen sorgen für echte Bilderbuchatmosphäre.

 Sehenswert

Jüdischer Friedhof
| Friedhof |

Bedeutende Persönlichkeiten der Kulturgeschichte sind auf dem 1827 angelegten, zweitältesten jüdischen Friedhof Berlins begraben (älter ist lediglich der Alte Jüdische Friedhof in der Spandauer Vorstadt, S. 115): Hier ruhen unter schattigen Bäumen beispielsweise der Komponist Giacomo Meyerbeer (gest. 1864), der Verlegerkönig Leopold Ullstein (gest. 1899) und der Maler Max Liebermann (gest. 1935), man sieht einige imposante marmorne Mausoleen, wie das der Familien Haberland, Bleichröder, Manheimer, Makower und Loewe. Hinter der südöstlichen Friedhofsmauer verläuft der 400 m lange »Judengang« (Knaackstr. 41, nur bei Führungen geöffnet). Er diente vermutlich als rückwärtiger Friedhofszugang für Begräbniszüge, deren Anblick den Preußenkönig Friedrich Wilhelm III. (1770–1840) nicht belästigen sollten.

■ Schönhauser Allee 22, www.jg-berlin.de, Mo–Do 8–16, Fr 7.30–13 Uhr

 Cafés

Anna Blume Liebevoll präsentierte Auswahl an Frühstücksvariationen und Suppen, Torten, diversen Kaffees, Eis, Shakes und Cocktails. Am besten reservieren und möglichst nicht in Eile sein! Aber keine Sorge: Frühstück gibt's bis 17 Uhr. ■ Kollwitzstr. 83, Tel. 030/44 04 87 49, www.cafe-anna-blume.de, tgl. 8–22 Uhr

Nördlich der Spree – Mitte und Prenzlauer Berg

Am Abend

Bühne

Chamäleon Theater Musik, Theater, Varieté, Artistik – eine Art neuer, junger Zirkus, einfach mal ganz anders und jedes Mal wieder mit originellen Einfällen von brillanten (Akrobatik-) Ensembles aus aller Welt. ■ Hackesche Höfe, S Hackescher Markt, Rosenthaler Str. 40/41, Ticket-Tel. 030/30019 75 73, www.chamaeleonberlin.com

Deutsches Theater Hervorragend war sein Ruf schon zu Beginn des 20. Jh., insbesondere ab 1905 unter dem berühmten Intendanten und Regisseur Max Reinhardt (1873–1943). Er gründete im Folgejahr neben dem Großen Haus die Kammerspiele und setzte auf moderne Inszenierungsmittel. ■ Schumannstr. 13 a, U6 Oranienburger Tor, Ticket-Tel. 030/28 44 12 25, www.deutschestheater.de

Volksbühne am Rosa-Luxemburg-Platz Bis zur Absetzung von Intendant Frank Castorf 2017 Stätte für hochprovokante Inszenierungen. Sein glückloser Nachfolger Chris Dercon gab nach Protesten bald wieder auf. Seit 2021 läuft der Betrieb unter René Pollesch mit anspruchsvollem Programm, auch Tanz, weiter. ■ Linienstr. 227, U2 Rosa-Luxemburg-Platz, Tel. 030/24 06 57 77, www.volksbuehne.berlin

Monbijou Theater Im Sommer bietet das Amphitheater tolle Aufführungen von Shakespeares »Ein Sommernachtstraum« und »Die lustigen Weiber von Windsor«, außerdem Operette, Comedy und Impro-Theater. Im Winter werden urige Hütten aufgebaut, in denen ein umfangreiches Märchenrepertoire zu sehen ist. ■ Monbijoustr. 3b, Tram M1 Monbijouplatz, Tel. 030/46 15 08 54, www.monbijou-theater.de

Kneipen, Bars und Clubs

Clärchens Ballhaus Kult und Nostalgie bei Tango, Swing, Standard und Latein, auch Tanzkurse, außerdem Konzerte und Kino. Etwas ganz Besonderes: das Restaurant im 100 Jahre alten original erhaltenen Spiegelsaal (€–€€). ■ Auguststr. 24, U6 Oranienburger Tor, Tel. 030/55 57 85 44 0, www.claerchensball.haus, Di–So 12–23 Uhr

QBA Ein kleines Stück Kuba in Berlin: Hier geht es hoch her! Deftige Leckereien (€–€€), Mojitos, Zigarren und herzlicher Service. Bei der gelegentlichen Livemusik am Wochenende kann man es länger aushalten, und das nicht nur auf dem Stuhl. ■ Oranienburger Str. 45, Tel. 030/28 04 05 05, www.qba-restaurant.de, Mo–Do, So 16–24, Fr, Sa 16–3 Uhr

⑬ **Prater Garten** Kühles Bier vom Fass und typische Biergartenspezialitäten in Berlins ältestem Biergarten, seit 1837! ■ Kastanienallee 7–9 (Prenzlauer Berg), U2 Eberswalder Straße, Tel. 030/448 56 88, www.pratergarten.de, Biergarten bei schönem Wetter tgl. ab ca. 16 Uhr, Restaurant Di–Sa ab 18 Uhr

Kinos

Babylon Programmkino im Großen Saal von 1929 und mit der einzigen Kinoorgel in Deutschland. ■ Rosa-Luxemburg-Str. 30, U2 Rosa-Luxemburg-Platz, www.babylonberlin.eu

Übernachten

Im Bezirk Mitte hat man bei der Zimmersuche schnell die Qual der Wahl: bodenständige Familienpensionen oder Designerschick oder echte Wohnknaller in Sachen Originalität. Trotzdem gilt immer: unbedingt rechtzeitig buchen.

€

Easy Hotel Pluspunkt: Direkt am Hackeschen Markt! Ein Budget-Hotel mit maximaler Effizienz, sogar eine Duschkabine passte noch ins Kämmerchen. Den Koffer sollte man allerdings zu Hause lassen ... Rosenthaler Str. 69, Tel. 030/40 00 65 50, www.easyhotel-berlin.de

€–€€

monbijou Trotz seiner Top-Lage zwischen Museen, Bars und Straßenbahn ist das Hotel angenehm ruhig. Wer sich etwas leisten möchte, bucht die Domblick-Suite (€€€). Mit 101 Parkettzimmern, Dachterrasse und Kaminbar verdient das Haus gemütlich-luxuriöse drei Sterne! Monbijouplatz 1, Tel. 030/61 62 03 00, www.monbijouhotel.com

The Circus Kleines trendiges Hotel mit farbenprächtigen Zimmern, schicken Bädern, schöner Dachterrasse – wem's nach vorne raus zu laut wird, bucht besser die Zimmer zum lauschigen Innenhof. Preiswerter wohnt man etwas im nahen Circus Hostel in Solo- oder Mehrbettzimmern (€). Hotel: Rosenthaler Str. 1, Hostel: Weinbergsweg 1a, Tel. 030/20 00 39 39, www.circus-berlin.de

€€

Kastanienhof Angenehme dreisternige Wohlfühlpension einer echten Berliner Familie, die mit Rat und Tat zur Seite steht. Das Restaurant Ausspanne versorgt die Gäste mit gutbürgerlicher Küche (€–€€). Kastanienallee 65, Tel. 030/44 30 50, www.kastanienhof.biz, www.deutsches-restaurant.berlin

ADAC Das besondere Hotel

Oderberger 70 stilvolle Zimmer und Apartments, teils auf zwei Ebenen, verteilen sich in einem Stadtbad von 1898. Seit 2016 wird unter dem kathedralenartigen Gewölbe auch wieder geschwommen. Der Clou: Das Becken fungiert auch als Festsaal für Events (mit Hydraulikboden). In den topmodernen Bädern hat man Originalfliesen aus dem alten Badehaus integriert.
€€ | *Oderberger Str. 57, Tel. 030/780 08 97 60, www.hotel-oderberger.berlin*

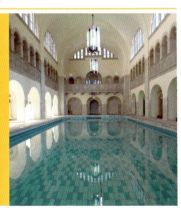

Friedrichshain-Kreuzberg und der Osten

Hierher locken die berühmte Kreuzberger Mischung aus Multi und Kulti, Weltklasse-Museen und lauter grüne Erholungsgebiete

Berlin ist bekanntlich eine der grünsten Städte Deutschlands – selbst mitten in der Stadt kann man es auf Wiesen, an Springbrunnen, auf Grillplätzen und in Park-Oasen gut aushalten. Das Weltgeschehen und die Kultur kommen trotzdem nicht zu kurz, es liegt immer eine Attraktion gleich um die Ecke. Die East Side Gallery erinnert mit witzig-ironischer, aber auch nachdenklicher Streetart an die Mauerzeiten. Ein Highlight für alle Wissensdurstigen ist das Technikmuseum – Anfassen und Ausprobieren ist hier ausdrücklich erwünscht! Das Jüdische Museum im atemberaubenden Bau von Daniel Libeskind macht die deutsch-jüdische Geschichte emotional erlebbar.

In die Kieze von Friedrichshain-Kreuzberg und Neukölln tauchen Szenegänger rund um die Spree bzw. am Landwehrkanal ein. Hier tobt das Leben: jung, trendy und international im nördlichen Neukölln, dem neuesten Szenetreff Berlins. Regelrecht dörflich und altmodisch-barock wird es am Stadtrand in Köpenick und am Müggelsee, wo man sich im Biergarten oder am Strand unter die Berliner mischen kann. Einen Hauch von Exotik verheißen die Ausflüge in die Gärten der Welt oder in den Tierpark Friedrichsfelde mit Tempeln und Tigern, Pagoden und Panthern.

In diesem Kapitel:

31 Volkspark Friedrichshain 124
32 Karl-Marx-Allee 125
33 East Side Gallery 126
34 Oberbaumbrücke 127
35 Treptower Park 128
36 Paul-Lincke-Ufer und Maybachufer 130

 37 Märkisches Museum 131
38 Berlinische Galerie 131
39 Jüdisches Museum Berlin 132
40 Viktoriapark und Bergmannstraße 132
41 Deutsches Technikmuseum 135
42 Gedenkstätte Berlin-Hohenschönhausen 136
43 Tierpark Friedrichsfelde 137
44 Gärten der Welt 138
45 Köpenick 138
46 Großer Müggelsee 141
Am Abend/Übernachten 142/143

ADAC Top Tipps:

East Side Gallery
| Berliner Mauer |
Viele Berlinbesucher suchen die alte Mauer – hier ist sie! Das längste Stück: ein 1,3 km langes kunterbunt bemaltes Kunstwerk. 126

Jüdisches Museum Berlin
| Museum |
Allein die spektakuläre Architektur ist hier einen Besuch wert: Das futuristische Bauwerk spiegelt die deutsch-jüdische Geschichte auf spannende moderne Art wider. 132

ADAC Empfehlungen:

Burgermeister
| Imbiss |
Burger mal ganz anders – liebevoll zubereitet in einem ehemaligen Kreuzberger Toilettenhäuschen. ... 128

Archenhold-Sternwarte
| Sternwarte |
Sterne beobachten durch das längste Fernrohr der Welt. 128

Tempelhofer Feld
| Park |
Ob Skaten oder Grillen, Radeln oder Windsurfen – auf dem ehemaligen Flughafen mitten in der Stadt kommt jeder auf seine Kosten. 133

Volkspark Friedrichshain – grüne Lunge inmitten der quirligen Stadt

Volkspark Friedrichshain

Die größte Grünfläche im Osten und der älteste Stadtpark von Berlin

- Tram M4, Bus 200
- Am Friedrichshain

Der Volkspark wurde 1846 nach Plänen von Peter Joseph Lenné mit See und Springbrunnen angelegt. Die Besucher tummeln sich auf Liege- und Grillwiesen, Sportplätzen und in der Freilichtbühne mit Sommerkino. Fitnesstreibende zieht es auf den Trimm-dich-Pfad, Laufbahn und Kletterfelsen. Im Westen steht seit 1913 eine wahre Augenweide: der neobarocke Märchenbrunnen (tgl. 9–20 Uhr), ein Paradebeispiel wilhelminischer Schauarchitektur mit Figuren aus Grimms Märchen, von Aschenputtel bis zu den Sieben Zwergen.

Eine Besonderheit sind die beiden Bunker im Park, in denen im Zweiten Weltkrieg Kunstschätze gelagert wurden und bis zu 50 000 Berliner Zuflucht fanden. Durch ihre missglückte Sprengung entstanden nach Kriegsende der Kleine (48 m) und der Große Bunkerberg (78 m), im Volksmund »Mont Klamott« – sie gehören zu den Berliner Trümmerbergen, aufgeschüttet von den sogenannten Trümmerfrauen. Spazierwege führen auf die heute dicht umwaldete Aussichtsplattform.

Restaurants

€ | Umspannwerk Ost Hier ist immer was los: Dinner-Shows und Theater im einstigen Trafo-Werk von 1900 und Speisen in rustikalem oder feinem Ambiente. ■ Palisadenstr. 48, Tel. 030/42 80 42 42, www.umspannwerk-ost.de, Di–Sa ab 12 Uhr

€–€€ | Schoenbrunn Ein Lokal mit Sonnenterrasse und herrlichem Parkblick, hier mundet Österreichisch-Mediterranes, Deftiges und Süßes.

Tel. 030/4530 56 525, www.schoenbrunn.net, Mi–So ca. 12–21, Kiosk März–Nov. tgl. 11–18.30, Biergarten April–Sept. Mo–Fr ab ca. 14, Sa, So ab 12 Uhr

32 Karl-Marx-Allee

Die einstige Stalinallee – ein Boulevard mit prachtvollen Wohnblocks

U5 Schillingstraße, Strausberger Platz, Weberwiese, Frankfurter Tor

Rund um das Frankfurter Tor erheben sich zwei markante Turmbauten wie ikonische Wächter an der östlichen »Eingangspforte« der etwa 3 km langen Prachtallee. Von 1952–56 gestaltete die DDR-Führung die Karl-Marx-Allee nach sowjetischem Vorbild der Stalinzeit – heute ist die rund 100 m breite Allee, die vom Alexanderplatz bis zum Frankfurter Tor führt, ein geschichtsträchtiges Architektur-Highlight: Die als »Arbeiterpaläste« konzipierten Wohnblöcke beeindrucken im Stilmix aus preußischem Klassizismus à la Schinkel und stalinistischem Zuckerbäckerdekor.

Im Osten geht die Karl-Marx-Allee schließlich in die Frankfurter Allee über. Auf Höhe des U-Bahnhofs Magdalenenstraße beherbergt die einstige Zentrale der DDR-Staatssicherheit heute das Stasi-Museum im Gebäudekomplex Normannen-/Ruschestraße, wo man das im Original erhaltene Büro von Erich Mielke (1907–2000, DDR-Minister für Staatssicherheit) besichtigen und sich über diverse, durch die Stasi angewandte Observationstechniken informieren kann. Im einstigen Offizierskasino kann man bei einem Kaffee einen Film über das Ministerium für Staatssicherheit ansehen.

Im Blickpunkt

Absolute Kontrolle? Vom Aufstieg und Fall der Stasi

1950 wurde das Ministerium für Staatssicherheit (MfS, im Volksmund: Stasi) als Geheimpolizei der DDR gegründet. Ihre Hauptaufgabe war es, Systemgegner und Bürger, die die Behörden dafür hielten, zu überwachen und zu bekämpfen. Durch sogenannte Zersetzungsmaßnahmen wie Arbeitsverbot oder böswillige Gerüchte bis hin zur Inhaftierung in einem der Untersuchungsgefängnisse wurden Existenzen zerstört. Die Stasi-Zentrale in Berlin-Lichtenberg war zuletzt ein Bürokratieapparat mit grotesken Zügen und insgesamt 91 000 hauptamtlichen sowie rund 175 000 inoffiziellen Mitarbeitern.

Am Ende der Stasi war die DDR-Bevölkerung maßgeblich beteiligt, u. a. weil nach der Maueröffnung im November 1989 bekannt wurde, dass Stasi-Akten vernichtet werden sollten, und Bürger daraufhin in mehreren Städten die Bezirksstellen besetzten. In der damals ebenfalls besetzten Berliner Zentrale zeigt heute das Stasi-Museum eine Ausstellung zum MfS. Die Akten werden seit 1991 vom Amt des Bundesbeauftragten für die Unterlagen des Staatssicherheitsdienstes der ehemaligen DDR verwaltet und ausgewertet.

Ruschestr. 103, Haus 1, U5 Magdalenenstraße, www.stasimuseum.de, www.bstu.bund.de, Mo–Fr 10–18, Sa, So, Fei 11–18 Uhr, 8 €, erm. 4–6 €

Karl-Marx-Allee

 Restaurants

€€ | Trattoria Vesuvio Hier sitzt man mittenmang der Nachbarn am Platz unter Sonnenschirmen bei Steinofen-Pizza, Fettucine mit Entenbruststreifen und bester Weinauswahl (mittags €) ■ Strausberger Platz 8, Tel. 030/42029589, www.ristorante-vesuvio-berlin.de, tgl. 11.30–23 Uhr, U5 Strausberger Platz

 Cafés

Café Saaldeck In der Café-Bar verlocken mundwässernde Kuchen oder Panini und richtig guter Kaffee in allen Variationen. Draußen kann man im Strandkorb Platz nehmen. ■ Karl-Marx-Allee 103a, Tel. 030/37305031, www.saaldeck.de, tgl. 10–22 Uhr

K.LIEBLINGs Kaffee in bester Tradition: ob klassisch im Filter, per Syphon oder rabenschwarzer Espresso, dazu leckerer Kuchen, frische Bohnen und allerlei Zubehör für den Hobbybarista. ■ Karl-Marx-Allee 136, Tel. 030/29777178, https://k-lieblings.eatbu.com, Mi–So 10–17 Uhr

33 East Side Gallery

 Reste der Berliner Mauer als Leinwand für die Welt

■ S, U Warschauer Straße, Bus 300
■ www.eastsidegallery-berlin.de

Einer der Höhepunkte beim Berlinbesuch ist die East Side Gallery an der Mühlenstraße: der mit 1,3 km längste erhaltene bzw. wieder aufgebaute Mauerabschnitt direkt am Ufer der Spree zwischen Warschauer Straße und Ostbahnhof. 1990 bemalten 118 Künstler aus aller Welt die grauen Betonplatten auf ganz unterschiedliche Art und Weise. Bekanntestes Motiv: Dmitrij

Sozialistischer Bruderkuss – eines der bekanntesten Motive an der Mauer

Vrubels und Viktoriya Timofeevas »Bruderkuss« (auf Höhe der Mercedes-Benz-Arena), den Erich Honecker und Kremlchef Leonid Breschnew einst tauschten. Ironisch hinzugefügt ist die Zeile: »Mein Gott, hilf mir, diese tödliche Liebe zu überleben«. Ein weiterer bekannter Hingucker ist der Trabi, den die Malerin Birgit Kinder unter dem Titel »Test the Best« abheben und die Mauer malerisch durchbrechen ließ.

 Sehenswert

The Wall Museum
| Museum |
Zum 25. Jubiläum des Mauerfalls eröffnete dieses Museum im alten Mühlenspeicher. Es präsentiert die Geschichte der Berliner Mauer und den Mauerfall in einer audiovisuellen Inszenierung mit Videos in 13 Räumen – man erlebt Hans-Dietrich Genscher, Pink Floyd, The Scorpions und Leonardo DiCaprio.
◼ Mühlenstr. 78–80, www.thewallmuseum.com, tgl. 10–19 Uhr, 12,50 €, erm. 6,50 €

 Restaurants

€–€€€ | **Fischschuppen** Moin Moin. Endlich mal ein urige Fischbude im Friedrichshainer Szenekiez! Schlemmen von Meeresgetier, je nach Laune und Geldbeutel: von Fish & Chips über Lachsburger und Backfisch bis hin zum Austernschlürfen. ◼ Boxhagener Str. 68, Tel. 030/91 47 62 07, tgl. 12–ca. 22 Uhr

€€–€€€ | **Katerschmaus** (Holzmarkt-Dorf) Anspruchsvolles Lokal (mit originellen Speisen, wechselnde Mittagsmenüs, €) und ein zentraler Marktplatz mit Biergarten (€), Weinladen, Patisserie und Bäckerei. ◼ Holzmarktstr. 25, Tel. 0152/29 41 32 62, www.katerschmaus.de, Di–Fr 12–15, Mo–Sa 18–21.30 Uhr

Die Oberbaumbrücke verbindet Friedrichshain mit Kreuzberg.

34 Oberbaumbrücke

Die Spreebrücke in Märchenoptik verband den Osten mit dem Westen

◼ S, U Warschauer Straße, U Schlesisches Tor

Zeitgenössische Burgenromantik: Die Oberbaumbrücke (1894–96) verläuft als neogotischer Ziegelbau über die Spree mit zwei 34 m hohen Türmen und zinnenbekrönten Wehrgängen – von allen Seiten ein Hingucker. Nach dem Mauerbau diente die markante Brücke bis 1963 als Fußgänger-Grenzübergang zwischen Ost und West.
Erst mit der Wiedervereinigung kam sie erneut zu Ehren als gelungene Kombination alter und neuer Architektur. Ihr Mittelteil wurde nach Plänen

des spanischen Architekten Santiago Calatrava mit Metallbögen modernisiert. Seit 1995 ist die Brücke wieder für den Autoverkehr freigegeben. Eine Etage höher auf dem Hochgleis über der Fahrbahn verkehrt die U-Bahn.

Hier thematisiert seit 1997 das Kunstwerk »Stein – Papier – Schere« von Thorsten Goldberg die vermutliche Grundlage vieler politischer Entscheidungen: Am besten nachts sieht man die von Zufallsgeneratoren gesteuerten beiden Sets bunter Leuchtstoffröhren an den Mittelbögen, die sich dann mit Symbolen des bekannten Fingerspiels gegenüberstehen.

Imbisse

(14) € | Burgermeister Beste Burger, vom saftig-gebratenen Rindfleisch über das Brioche-Brötchen bis zur hausgemachten Chili-Cheddar-Sauce. Aber der Clou ist das ehemalige historische Toilettenhäuschen als Imbiss unter dem U-Bahn-Viadukt am Schlesischen Tor. ■ Oberbaumstr. 8, Tel. 030/403 64 53 31, www.burger-meister.de, So–Do 11–2, Fr, Sa 11–4 Uhr

ADAC Mittendrin

Mitten in der Spree kann man im Sommer ins **Badeschiff** eintauchen, in der Tradition der alten Flussschwimmbäder, heute ganz trendy auch mit Stand-up-Paddling. Gleich nebenan in der Arena gibt es Kunst, Lesungen, Shows, Yoga, die Strandbar Escobar und einen Club. *Eichenstr. 4, Tel. 0174/336 65 85, www.arena.berlin, Mitte Mai–Sept. tgl. ca. 10 – ca. 18 Uhr (bei gutem Wetter), 7 €*

35 Treptower Park

Grüne Lunge im Südosten mit Sowjetischem Ehrenmal

■ S Treptower Park, S8 Plänterwald

Die im 19. Jh. angelegte, über 88 ha große Grünanlage mit Wäldchen, Spazierwegen, Karpfenteich, Spiel- und Sportwiesen ist ein beliebtes Naherholungsgebiet der Berliner. Richtung S-Bahnhof Treptower Park fallen an der nördlich gelegenen Spree die »Treptowers« an der Elsenbrücke ins Auge – das höchste der Gebäude ist ein Bürokomplex mit 30 Etagen. Davor ragt die 30 m hohe Installation »Molecule Men« (1999) des Amerikaners Jonathan Borofsky aus der Spree: Die drei Aluminium-Figuren markieren die gemeinsame Grenze der alten Bezirke Kreuzberg, Friedrichshain und Treptow.

Sehenswert

Sowjetisches Ehrenmal
| Gedenkstätte |

Im Osten des Parks steht eine Gedenkstätte (1947–49) zu Ehren der russischen Gefallenen des Zweiten Weltkriegs. Zwei Rundbogenportale führen auf das Gelände, im Zentrum erhebt sich ein marmornes Mausoleum mit einer 12 m hohen Soldatenstatue. An seine Schulter schmiegt sich ein Kind, zu seinen Füßen das von seinem Schwert zerschlagene Hakenkreuz.

Archenhold-Sternwarte
| Sternwarte |

(15) *Die älteste Volkssternwarte Deutschlands mit Riesenteleskop*

1896 zeigte der Astronom Friedrich Simon Archenhold (1861–1939) hier das

Treptower Park 35

Monumentalkunst in der Spree, die »Molecule Men« an der Elsenbrücke

von ihm entwickelte bewegliche Linsenfernrohr: mit 21 m und 130 t bis heute das imposanteste der Welt. Ein Objektivdurchmesser von 68 cm sorgt für eine 210-fache Vergrößerung der Gestirne. Außerdem zu sehen sind u. a. ein Spiegelteleskop (500 mm), ein 283,5 kg schwerer Meteorit, ein sonnenphysikalisches Kabinett, Globen und Messinstrumente sowie ein rekonstruierter Beobachtungsraum des 19. Jh.

■ Alt-Treptow 1, www.planetarium.berlin, Fr 17–22, Sa 12.30–22, So 12.30–17, in den Berliner Sommerferien auch Mo–Do 9.30–14.30 Uhr, Ausstellung: Eintritt frei; Programm und Führungen: 7,50 €, erm. 5,50 €

 Restaurants

€–€€ | Zenner Ein Klassiker: Das traditionsreiche Ausflugslokal punktet mit Biergarten (1500 Plätze!), rustikalem Saal, tollem Brunchbüfett (So) und Livekonzerten mit Schlager, Blues und Jazz. ■ Alt-Treptow 14–17, Tel. 030/533 73 70, www.hauszenner.de, tgl. ca. 12–ca. 22 Uhr

 Cafés

Soul Kitchen/Inselcafé Im Kulturhaus auf der künstlichen Insel der Liebe gibt es im Sommergarten kühles Bier, lukullische Kleinigkeiten sowie Kuchen. Ausflügler können eine Bootstour unternehmen, Kanu oder Tretboot fahren.
■ Inselcafé/Sommergarten: Tel. 030/80 96 18 43, www.inselberlin.de, i. d. R. Mo–Sa ab 12, So ab 11 Uhr; Kanus: Tel. 0170/489 26 80, www.kanuliebe.com, Mo–Fr 12–20.30, Sa, So 10–21 Uhr, ab 35 €/4 Std.

 Erlebnisse

Dampferfahrt durch Berlin Ab Spreehafen Treptow fahren im Sommer Ausflugsschiffe nach Charlottenburg, Köpenick und über den Großen Müggelsee bis zur Woltersdorfer Schleuse. Ebenso möglich sind ein achtstündiger Schiffsausflug rund um Berlin sowie Dinner- und Themen-Fahrten. ■ Puschkinallee 15, Tel. 030/536 36 00, www.sternundkreis.de, 12–19 € (1 Std.)

36 Paul-Lincke-Ufer und Maybachufer

Ein Stück Klein-Istanbul und das kunterbunte In-Viertel im nördlichen Neukölln

- U Kottbusser Tor, U8 Schönleinstraße
- Türkenmarkt: www.tuerkenmarkt.de, Di, Fr 11–18.30 Uhr

Die beiden Uferstraßen begleiten mit ihren Häuserfluchten aus der Gründerzeit und Trauerweiden den Landwehrkanal. Am nördlichen Paul-Lincke-Ufer säumen kleine Lokale mit lauschigen Biergärten die Wasserstraße. Am gegenüberliegenden, zu Neukölln gehörenden Maybachufer findet an zwei Tagen der Woche der sogenannte Türkenmarkt statt, ein großer Freiluftbazar mit riesigem Obst- und Gemüseangebot, türkischen Lebensmitteln, Ökoprodukten, Haushaltswaren und Textilien.

Der Nord-Neuköllner Kiez wird seit einigen Jahren immer mehr von »Ortsfremden« entdeckt, man spricht in vielen der angesagten Bars und (veganen) Restaurants nicht mehr unbedingt Deutsch. Vom Maybachufer reicht das angesagte Szeneviertel bis nach Süden zur Sonnenallee.

Im Blickpunkt

Grüne Oase mit Kultur

Der **Körnerpark** ist ein Meisterwerk der Gartenbaukunst mitten in Neukölln: eine vor über 100 Jahren geschaffene Oase mit Orangerie, Arkaden, Springbrunnen, Skulpturen und intellektueller Abwechslung. In der efeuberankten Galerie finden Lesungen, Ausstellungen und Konzerte von Klassik über Jazz bis Salsa statt, draußen Freiluftkino, Flanieren, Jonglieren und Sonnenbaden. *Schierker Str. 8, Galerie: Di–So 11 – ca. 22 Uhr, www.körnerpark.de, freier Eintritt, S4 und U7 Neukölln*

ADAC Mittendrin

Der **Kulturdachgarten Klunkerkranich** sitzt auf dem Parkhaus des Einkaufscenter Neuköllner Arkaden: ein liebevoll begrünter Stadtgarten mitten im Kiez – hier sprießt es sogar aus ausrangierten Designerplateaustiefeln – mit Restaurant (€), Lesungen, Kino, Musik, Sandkasten und natürlich 360-Grad-Panorama.
Karl-Marx-Str. 66, www.klunkerkranich.org, April–Sept. tgl. 16/17–1/2, Okt. Fr, Sa, 16–2, Nov., Dez. So 16–2 Uhr, U7 Rathaus Neukölln

 Restaurants

€€–€€€ | **Volt** Allein schon architektonisch interessantes Abendrestaurant im ehemaligen Umspannwerk Kreuzberg mit Terrasse am Landwehrkanal und auch vegetarischer Speisekarte.
- Paul-Linke-Ufer 21, Tel. 030/338 40 23 20, www.restaurant-volt.de, Di–Sa 18–24 Uhr

 Einkaufen

Nowkölln Trendiges Sehen und Gesehenwerden: Secondhand-Klamotten, Kunst, Design, Modeschmuck, Bücher und natürlich Open-Air-Musik.
- Maybachufer 31–36, www.nowkoelln.de, April–Nov./Dez. jeden 2. So 10–17.30 Uhr

37 Märkisches Museum

Umfassende Sammlung zur Geschichte Berlins von den Anfängen bis heute

- U2 Märkisches Museum
- Am Köllnischen Park 5, www.stadtmuseum.de, Di–So 10–18 Uhr, 7 €, erm. 4 €

Beispielhafte Architektur der Backsteingotik und Backsteinrenaissance in der Mark Brandenburg bewahrt das Märkische Museum seit 1874: eine kulturhistorische Sammlung von der Ur- und Frühgeschichte bis in die Gegenwart Berlins mit Gemälden, Fotografien und Gegenständen der Alltagskunst. Vor dem Museum steht die Kopie der Figur des Rolands von Brandenburg (1474). Der imposante Bau beeindruckt im Innern v. a. durch die originalgetreu restaurierte Gotische Kapelle mit mittelalterlichen Skulpturen und Sakralkunst, aber auch Zunftsaal, Waffenhalle und Große Halle sind sehenswert.

38 Berlinische Galerie

Lebendige Schau zur modernen Kunst und Stadtarchitektur

- U6 Kochstraße, U8 Moritzplatz, U Hallesches Tor
- Alte Jakobstr. 124–128, www.berlinischegalerie.de, Mi–Mo 10–18 Uhr, 10 €, erm. 6 €

In einem ehemaligen Glaslager residiert das Landesmuseum für Moderne Kunst, Fotografie und Architektur. Die Berlinische Galerie präsentiert »Kunst in Berlin 1880–1980«, darunter Arbeiten von Oskar Kokoschka, Max Liebermann, Rainer Fetting, El Lissitzky und Georg Baselitz. Der Museumsshop mit Büchern und Plakaten, die Kunstbibliothek und das Café Dix mit poppiger Inneneinrichtung und Tischen im Freien sind drei weitere Gründe, in diesem freundlichen Hort der Berliner Kunst länger zu verweilen.

Im Klunkerkranich genießt man die Abendsonne über den Dächern Neuköllns.

39 Jüdisches Museum Berlin

Ein spektakulärer Bau visualisiert deutsch-jüdische Geschichte

- U6 Kochstraße, U Hallesches Tor
- Lindenstr. 9–14, www.jmberlin.de, tgl. 10–19 Uhr, Eintritt frei, Wechselausstellungen im Altbau: 8 €, erm. 3 €

US-Architekt Daniel Libeskind (*1946) schuf ein futuristisch-metallverkleidetes Meisterwerk. Schiefe Wände, unterirdische Achsen, Betonschächte und ein Turm symbolisieren jüdische Lebensgeschichten und den Holocaust – und sollen durchaus Gefühle bei den Besuchern hervorrufen. Zuerst betritt man das barocke Kollegienhaus (1735), das Wechselausstellungen und Kunstinstallationen zeigt. Vom Untergeschoss führen Gänge in den »Garten des Exils« und den »Holocaust-Turm«. Die beiden Obergeschosse des Museums beherbergen die Dauerausstellung »Jüdische Geschichte und Gegenwart in Deutschland« mit religiösen Kultobjekten, Dokumenten, Alltagsgegenständen und Kunstwerken.

Events

Beim **Kultursommer** im Garten des Jüdischen Museums kann man bei Jazzmatineen, Lesungen, Comedy und Kinderprogramm auch picknicken. ■ Tel. 030/948 59 29 82 (Picknickkorbbestellung), www.jmberlin.de/kultursommer, www.esskultur-berlin.de, Eintritt frei

Kinder

In der Kinderwelt des Jüdischen Museums **ANOHA** können die Kids mit anpacken und 150 fantasievolle Tiere aus recycelten Materialien vor der Sintflut auf Noahs Arche retten. ■ Fromet-und-Moses-Mendelssohnplatz 1, www.anoha.de, Di–Fr 9–13, Sa, So, Fei 10.30–16 Uhr, Tickets derzeit nur online vorab, Eintritt frei

40 Viktoriapark und Bergmannstraße

Hier zeigt sich »Kreuzberg 61« von seiner trubeligsten Seite

- Viktoriapark: S, U7 Yorckstraße, U6 Platz der Luftbrücke
- Bergmannstraße: U6 Mehringdamm, U7 Gneisenaustraße, Südstern

Der Kreuzberg im gleichnamigen Bezirk misst 66 m, und das macht ihn zur höchsten (natürlichen!) Erhebung im Innenstadtbereich. Auf dem Kreuzberg-Gipfel ragt seit 1821 das Nationaldenkmal empor: ein 20 m hoher neogotischer Turm, gekrönt von einem Eisernen Kreuz, mit Inschriften zu den wichtigsten Schlachten der Befreiungs-

ADAC Mittendrin

In den **Prinzessinnengärten** erlebt man urbane Landwirtschaft in Reinkultur. Was 2009 auf einer tristen Kreuzberger Betonfläche als Gemeinschaftsgarten begann, blüht seit dem Umzug auf einem stillgelegten Neuköllner Friedhof munter weiter: Urban Gardening mit rund 500 Gemüse- und Kräutersorten. Wer will, kann mit anpacken. *Hermannstr. 99, S, www.prinzessinnengarten-kollektiv.net, Eintritt frei, Garten tgl. ab 8, Café April–Okt. tgl. 11–17, Hofladen Mo–Sa 11–18 Uhr*

Viktoriapark und Bergmannstraße 40

Installation »Gefallenes Laub« des israelischen Künstlers Menashe Kadishman

kriege (1813–18), dem Sieg Preußens über Napoleon. Ringsherum wurde 1888–94 der Viktoriapark mit einem 24 m hohen Wasserfall gestaltet, der durch felsige Bergkulisse abwärts plätschert. Unten am Teich hantiert ein bronzener Fischer mit seinem »seltenen Fang«: einer Nixe.

Nordöstlich des Parks erstreckt sich rund um die trendige Bergmannstraße ein Wohnviertel aus der Gründerzeit, wie es für Berlin bzw. Kreuzberg um 1900 typisch war: stuckverzierte Fassaden am südlich gelegenen Chamissoplatz, Kopfsteinpflaster, Gaslaternen und Wasserpumpen. In der heutigen Touristenmeile bummelt man entlang von Kaffeehausketten, angesagten veganen Lokalen und internationalen Restaurants von India- bis Taco-Food. Einige edle Schuh- und Schmuckgeschäfte sowie Szeneläden zum Stöbern warten tagsüber auf Kundschaft, rund um die alte Marheineke-Markthalle versorgen zahlreiche (Kebab-) Imbissbuden, Kneipen und Cafés die Flaneure und Reisegruppen.

Sehenswert

Tempelhofer Feld
| Park |

 Eine beliebte Freizeitfläche auf der Landebahn

Die 240 ha große Grünanlage umfasst die Bauten und Landebahnen des früheren Flughafens Tempelhof – heute ein Treffpunkt zum Drachenfliegen, Sonnenbaden und Feiern. Ausgewiesen sind Grillplätze, Hundeausläufe und Vogelschutzgebiete, die Radfahr- und Skaterstrecken sowie Pisten fürs Windsurfen und Kiten. Das architektonisch interessante Flughafengebäude ist bei Themenführungen zugänglich, schrittweise soll das Gebäude samt dem Tower wieder als Kulturzentrum und Partystätte dienen.

■ Div. Eingänge: Columbiadamm 10 (2 Eingänge), Tempelhofer Damm (2), Oder-

40 Viktoriapark und Bergmannstraße

Das ehemalige Tempelhofer Flugfeld ist die größte Freifläche Berlins.

straße (6; Neukölln), www.tempelhofer-park.de, www.gruen-berlin.de, tgl. Sonnenauf- bis Sonnenuntergang, Sommer ca. 6–21.30, Winter ca. 7–17 Uhr, sehr unterschiedlich! Ausgänge über Drehtore, Eintritt frei

 Restaurants

€ | Cava Club Bodega mit Tapas, Oliven und Schinken zum Sekt, Wein oder Wermut oder einem Frühstück à la española: »Cafe con leche« und hausgemachte »magdalenas« (Muffins). ■ Marheinekeplatz 15, www.cavabar-berlin.de, www.meine-markthalle.de, Mo–Fr 9–20, Sa 9–18 Uhr, Halle: Mo–Fr 8–20, Sa 8–18 Uhr

€ | Curry 36 Fast rund um die Uhr: Eine der bekanntesten Currywurstbuden der Stadt. ■ Mehringdamm 36, www.curry36.de, tgl. 9–5 Uhr

€€ | Maselli Klein aber fein: Hier gibt es apulische Speisen von Antipasti bis Hauptgang, etwa die pikanten hausgemachten Salsiccia. An der kleinen Bar kann man warten, falls es mal wieder etwas voller ist. ■ Nostitzstr. 49, Tel. 030/69 00 43 63, www.maselliristorante.weebly.com, Di–Sa 18–23.30 Uhr

 Einkaufen

Allet schick Secondhand- und Vintage-Fans sind hier richtig zum Stöbern zwischen Klamotten und Accessoires. ■ Bergmannstr. 90, www.alletschick.com, Di–Sa 11–19 Uhr

Kunstgriff Galerie mit Wechselausstellungen (Malerei, Grafik, Fotos, Kunsthandwerker in Aktion) und Kunsthandwerksladen mit Schmuck, Spielen und Accessoires. Die Spiele, z. B. Memory und Domino, werden jeden 2. Donnerstag im Monat ab 19 Uhr beim Spieleabend ausprobiert. ■ Riemannstr. 10, Di–Sa 11–19 Uhr

Trödelmarkt Hier findet jeder ein Mitbringsel: Kunst, Antiquitäten, Bücher, Platten, Handgemachtes, Schmuck, Designerware, Mode etc. ■ Marheinekeplatz, www.trödelmarkt-marheinekeplatz.de, ganzjährig Sa 10–16, So 11–17 Uhr

 Erlebnisse

Auf dem Tempelhofer Flugfeld finden spannende **Führungen** statt: Wie wäre es mit einer Zeitreise in die Katakomben, um die sich viele Legenden ranken (»Verborgene Orte«, Mi–Mo 11–13 Uhr, 16,50 €, erm. 11 €) oder einer Fototour in kleiner Gruppe mit speziellen Perspektiven vom Mammutbau (4 Std., 60 €)? ■ Treffpunkt im Besucherzentrum Check-In am Platz der Luftbrücke, Tel. 030/2474 98 88, www.thf-berlin.de

41 Deutsches Technikmuseum

Die Kulturgeschichte der Technik zum Erleben und Mitmachen

■ S Anhalter Bahnhof, U Möckernbrücke, Gleisdreieck
■ Trebbiner Str. 9 (Science Center Spectrum: Möckernstr. 26), www.sdtb.de, Di–Fr 9–17.30, Sa, So 10–18 Uhr, 8 €, erm. 4 €

Das unübersehbare Aushängeschild des Deutschen Technikmuseums ist der »Rosinenbomber« auf dem Dach, damit versorgten die Alliierten West-Berlin während der Blockade durch die Sowjetunion 1948/49 über die weltberühmte Luftbrücke.

Die historischen Lokschuppen, Fabrikgebäude, Markt- und Kühlhallen des ehemaligen Anhalter Güterbahnhofs beherbergen heute 14 Abteilungen auf 25 000 m² – eines der größten Technikmuseen der Welt, mit spannenden Vorführungen zu allen nur denkbaren Maschinenfunktionen.

Gleich am Anfang geht es um Papier-, Schreib- und Drucktechnik sowie den ersten Computer. Der ganze Stolz der Museumsbetreiber: ein von Konrad Zuse (1910–95) 1989 eigenhändig nachgebautes Exemplar seines 1936 entwickelten Z1, die erste frei programmier-

ADAC Mittendrin

Der **Karneval der Kulturen** mit seinen farbenprächtigen Kostümen, Musikern und Tänzerinnen zieht am Pfingstwochenende Hunderttausende auf die Straße – zum fröhlich-lauten Umzug am Sonntag und vier Tagen Straßenfest. Der Umzug startet in Neukölln und Kreuzberg, geht über die Hasenheide bis zum Blücherplatz. Dort warten dann ein Multi-Kulti-Schlemmer-Parcours und Konzerte.
www.karneval.berlin

Das Technikmuseum zeigt Tante Ju – Junkers Ju 52 »Hans Kirschstein«.

41 Deutsches Technikmuseum

bare mechanische Rechenmaschine der Welt! Die Schifffahrt ist vertreten zum Beispiel durch einen 33 m langen Kaffenkahn, in den beiden oberen Etagen staunt man über teils originale Fluggerätschaften aus der Welt der Luft- und Raumfahrt – von Otto Lilienthals Gleitfluggeräten bis zu Sturzkampfbombern des Zweiten Weltkriegs. Im Science Center Spectrum verdeutlichen über 250 Experimente naturwissenschaftliche und technische Phänomene, z. B. zur Akustik, Optik, Elektrizität und Radioaktivität. Es ist wie eine Reise durch mikro- und makroskopische Welten mit Licht- und Farbspielereien, wo sogar Lautstärke und Schall zu sehen sind.

Kinder

Viele Exponate sind interaktiv präsentiert und für Kinder spielerisch erlebbar. Naturwissenschaft und Technik werden anhand zahlreicher Experimente mit Bezug zur Alltagswelt gezeigt.

Sehenswert

Park am Gleisdreieck
| Park |
Wo früher Eisenbahnzüge verkehrten, ist aus einer hässlichen Industriebrache ein Erholungspark zu Füßen des Potsdamer Platzes entstanden – mit vielen Spielplätzen, Skateranlage und Tischtennis, Konzerten und Open-Air-Veranstaltungen.
■ Möckernstr. 26 (mehrere Zugänge), www.gruen-berlin.de, 24 Std. geöffnet, Eintritt frei

Parken

Parkhaus Gleisdreieck (kostenpflichtig).

ADAC Spartipp

Zwei der beliebtesten Berliner Museen erfreuen jeden Sparfuchs: das **Naturkunde-** und das **Technikmuseum**. Bei Vorlage der Eintrittskarte eines der beiden Museen erhalten Einzelbesucher im jeweils anderen Museum freien Eintritt für eine Begleitperson.

42 Gedenkstätte Berlin-Hohenschönhausen

Vom sowjetischen Speziallager und Stasi-Gefängnis zum Ort des Erinnerns

■ Tram M5 Freienwalder Straße, Tram M6, 16 Genslerstraße, Bus 256
■ Genslerstr. 66, www.stiftung-hsh.de, Besichtigung nur mit Führung, für Einzelpersonen und Gruppen bis zu 6 Personen mit Onlinebuchung, tgl. 9–18 Uhr, Führungen/Rundgänge 10–16 Uhr, 6 €, erm. 3 €

Nach dem Zweiten Weltkrieg wurde im Nordosten Berlins das sowjetische Speziallager Nr. 3 eingerichtet, ab 1946 erweitert zum zentralen sowjetischen Untersuchungsgefängnis für Deutschland. Hier hielt man als Spione, Nazis und andere »feindliche Elemente« verdächtige Menschen gefangen, bevor sie in die berüchtigten Gefangenenlager der damaligen UdSSR transportiert wurden.
1951 übernahm das neu gegründete Ministerium für Staatssicherheit (MfS, Stasi, S. 125) der DDR das Gefängnis. Mit einem Neubau diente es bis 1989 als zentrale Untersuchungshaftanstalt, in der Tausende von politisch Andersdenkenden, Regimekritiker oder

Tierpark Friedrichsfelde 43

Ein unscheinbarer Barkas-Lieferwagen diente der Stasi als Gefangenentransporter.

lediglich Ausreisewillige festgesetzt, verhört und gefoltert wurden. Seit 1994 ist dies eine Gedenkstätte mit Ausstellung, Filmvorführung und Rundgängen, die von ehemaligen Häftlingen geführt werden, die von ihrer Haftzeit erzählen.

43 Tierpark Friedrichsfelde

Großer Landschaftstiergarten mit benachbartem Barockschlösschen

- U5 Tierpark
- Am Tierpark 125, Eingänge: Bärenschaufenster und Schloss, www.tierpark-berlin.de, Frühjahr/Sommer 9–18 bzw. 18.30, Herbst/Winter 9–16.30 Uhr, Tagesticket 16 €, erm. 8–9,50 €

Der beliebte Tierpark Friedrichsfelde im Bezirk Lichtenberg umfasst ein weitläufiges Wegenetz: 23 km muss man zurücklegen, wenn man alle etwa 8000 Tiere aus fast 1000 Arten sehen möchte. Bequemer geht's mit der Parkbahn im Sommer auf einer 4 km langen Rundtour zu den wichtigsten Sehenswürdigkeiten: Ein Muss ist der Besuch im Alfred-Brehm-Haus am südöstlichen Rand mit seinen Sibirischen Tigern, Löwen, Leoparden und Panthern. Das benachbarte Dickhäuterhaus beherbergt Afrikanische und Asiatische Elefanten sowie Nashörner und riesige Seekühe. Reptilienfans können in der Schlangenfarm eine der weltweit größten Populationen von Giftnattern und Grubenottern bestaunen.

 Kinder

Das Füttern der Affen oder Elefanten ist besonders für kleine Zoobesucher ein Erlebnis. Wer den Tieren noch näher kommen möchte, ist im Streichelzoo richtig aufgehoben. ■ Fütterung, z. B. Affen 14.30 Uhr; Eisbären-Talk 11 Uhr; Streichelzoo 9–16 Uhr, außerdem Lamaspaziergänge und Flugshow

44 Gärten der Welt

Der Erholungspark lockt Gartenliebhaber in den abgelegenen Osten

■ U5 Kienberg – Gärten der Welt (Seilbahnstation), Bus 197, X69
■ Eingänge: Blumberger Damm 44 (Besucherzentrum mit Restaurants), Eisenacher Str. 99 (Infopavillon), Kienbergpark (Seilbahn in der Nähe der U-Bahnstation), www.gaertenderwelt.de, tgl. 9 Uhr bis Sonnenuntergang, Seilbahn Mo–Fr 10–18, Sa, So, Fei bis 19, Bobbahn tgl. 10–17.30 bzw. 18.30 Uhr, März–Okt. 7 €, erm. 3 €, inkl. Seilbahn 9,90 €, erm. 5,50 €, Nov.–Feb. 4 €, erm. 2 €, inkl. Seilbahn 6,90 €, erm. 4,50 €, Kinder bis 5 J. frei

Ob orientalisch oder japanisch, englisch oder italienisch – in dem 21 ha großen Areal begibt man sich auf eine Welt- und Zeitreise durch die Gartenbaukünste aller Epochen. Als Erstes wurde 2000 der Chinesische Garten eröffnet: ein Gelehrtengarten mit Pagodenturm, Teehaus, Pavillons, Bambus und See im Zentrum der Welt-Gärten. Im Orientalischen Garten bezaubern marokkanische Kacheln, Ornamente, Springbrunnen und andere Details. Im »Saal der Empfänge« duftet es nach Zedernholz, die Sonne fällt durch die Glaskuppel und sorgt für ein herrliches Farb- und Lichtspiel. Zu weiteren Kleinodien zählen der Italienische Renaissancegarten mit seinen Skulpturen, Rosen und Orangenbäumchen und der Irrgarten mit klassischem Labyrinth sowie der idyllische Staudengarten als Blütenoase. Eine Besonderheit ist der Christliche Garten, der mit seinen Schriftzeichen Texte aus dem Alten und Neuen Testament darstellt. 2017 waren die Gärten der Welt Schauplatz der Internationalen Gartenausstellung IGA Berlin, u. a. mit Attraktionen wie einer Seilbahn und einer Natur-Bobbahn, einem Spiegellabyrinth, Wassergärten und einer Aussichtsplattform auf dem 100 m hohen Kienberg.

Gefällt Ihnen das?

Abschalten vom Trubel der Stadt und frische Luft tanken können Sie auch im **Volkspark Friedrichshain** (S. 124), im **Großen Tiergarten** (S. 100), im **Grunewald** (S. 164) oder am **Wannsee** (S. 165)

Kinder

Mit den (Wasser-) Spielplätzen sind die Gärten der Welt ein abenteuerlicher Tummelplatz für Kinder aller Altersstufen – verbindende Leitidee ist übrigens Erich Kästners Kinderbuch »Der 35. Mai oder Konrad reist in die Südsee«.

45 Köpenick

Originalschauplatz der weltberühmten Köpenickiade

Information

■ Tourismusverein Berlin Treptow-Köpenick, Alt-Köpenick 31–33 (Schlossplatz), Tel. 030/65575 50, www.tkt-berlin.de, Mo–Fr 10–17 Uhr, Pavillon am Luisenhain: Sa, So 10.30–16.30 Uhr
■ Altstadt: S3 Köpenick, dann Tram 62, 63, 68 oder Bus 164, 165, 269

Köpenick ist fast 400 Jahre älter als Berlin – hier ließ Fürst Jaczo de Copanic in der ersten Hälfte des 12. Jh. eine Burg errichten. 1209 wurde Cöpenick erstmals urkundlich erwähnt, erhielt 1232 die Stadtrechte und wurde erst 1920 in Groß-Berlin eingemeindet. Dank des Wasserreichtums avancierte Köpenick im 19. Jh. mit 400 Lohnwäschereien zur »Waschküche Berlins«, Färbereien und chemische Reinigungen folgten.

Sehenswert

Altstadt Köpenick
| Stadtbild |

Die Altstadtsilhouette dominiert das 1901–04 im Stil der märkischen Backsteingotik erbaute Rathaus Köpenick mit fünfteiligem Ziergiebel und 54 m hohem Uhrturm. 1906 wurde das Gebäude weltbekannt durch den Gaunerstreich von Wilhelm Voigt, dem Hauptmann von Köpenick (S. 140). Im Erdgeschoss (wegen Restaurierung derzeit in der Musikschule) widmet man ihm eine ständige Ausstellung. Auf den Stufen des Eingangsportals erinnert eine lebensgroße Bronzestatue an Wilhelm Voigt. Die Gassen rund ums Rathaus warten mit meist einstöckigen Kolonistenhäusern aus dem 17./18. Jh. auf. Die hier ansässigen Hugenotten, von Brandenburgs Kurfürst ins Land geholt, mussten weder Steuern zahlen noch Militärdienst leisten. Sie betrieben v. a. die Woll- und Seidenwebereien und konnten nach Jahren der Verfolgung im Heimatland Frankreich erstmals frei leben, worauf sich auch der Straßenname »Freiheit« bezieht. Im Hinterhof des früheren Amtsgerichts (Freiheit 16) befand sich einst das Gefängnis – von einer kleinen Außenplattform ist die Zelle einsehbar, in der Wilhelm Voigt einsaß.

■ Rathaus Köpenick, Alt-Köpenick 21, Ausstellung: bis auf Weiteres in der Musikschule, Freiheit 15, Mo–Fr 9–21 Uhr, Eintritt frei

Schloss Köpenick
| Kunstgewerbemuseum |

Das Wasserschloss liegt idyllisch auf der Schlossinsel in der Dahme und ist durch einen Holzsteg mit der nördlichen Altstadt verbunden. Im 9. Jh. stand hier eine grabengesicherte Burg, die Kurfürst Joachim II. von Branden-

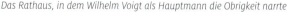
Das Rathaus, in dem Wilhelm Voigt als Hauptmann die Obrigkeit narrte

45 Köpenick

Im Blickpunkt

Frechheit siegt – der Hauptmann von Köpenick

1906 kam der Schuster Wilhelm Voigt nach Berlin. Am 16. Oktober 1906 kaufte er bei einem Trödler für 20 Reichsmark die Uniform eines kaiserlichen Gardeoffiziers. In dieser Verkleidung nahm er an der Neuen Wache im Wedding zehn Soldaten unter sein Kommando und fuhr mit ihnen nach Köpenick. Dort ließ er Bürgermeister, Oberstadtsekretär und Kassenrendant verhaften, beschlagnahmte die Stadtkasse mit 4000 Reichsmark und verschwand. Zehn Tage später wurde Voigt verhaftet und zu vier Jahren Gefängnis verurteilt, doch nach der Hälfte der Zeit vom Kaiser begnadigt. Im Jahr 1931 schrieb Carl Zuckmayer (1896–1977) darüber ein Bühnenstück, das heute vor dem Köpenicker Rathaus als Straßentheater (im Sommer Mi, Sa 11 Uhr) nachgespielt wird.

burg im Jahr 1558 durch ein erstes Wasserschloss ersetzte. In seiner heutigen Form geht es auf den Großen Kurfürsten zurück, der es 1677–90 als Lustschloss für seinen Sohn, den späteren König Friedrich I., erneuern ließ.
Die Säle sind geschmückt mit Stuck, bemalten Decken, seidenen Tapisserien, getäfelten Wandverkleidungen sowie Möbeln aus Renaissance und Rokoko. Hauptsaal des Schlosses ist der Wappensaal mit üppigem Barockstuck.

■ Schlossinsel 1, www.smb.museum, April–Sept. Di–So 11–18, Okt.–März Do–So 11–17 Uhr, 6 €, erm. 3 €, bis 18 J. freier Eintritt

Flussbad Gartenstraße
| Badeanstalt |
Im Fischerkiez gegenüber der Altstadt lockt das älteste Flussbad Berlins (1897) mit einem 50 m langen aufgeschütteten Sandstrand am Ostufer der Dahme. Wer gar nicht mehr weg will, kann hier auch im Gästehaus übernachten (€).

■ Gartenstr. 42, www.der-coepenicker.de, Mai–Sept. Mo–Sa 17–24, So 11–23 Uhr

 Restaurants

€–€€ | **Krokodil** Bestes Essen. Vom Biergarten aus sieht man das Treiben im Flussbad. Zum Sonnenuntergang oder zum Sonntagsbrunch (11–15 Uhr) reservieren! ■ Gartenstr. 46–48, Tel. 030/65 88 00 94, www.der-coepenicker.de, Di–Do 17–23, Fr bis 24, Sa 15–24, So 11–22 Uhr

 Events

Jazz in Town Rathaushof und -keller dienen alljährlich von Juni/Juli bis September als Kulisse für das renommierte Köpenicker Blues- und Jazzfestival.
■ Alt-Köpenick 21, Tel. 030/655 51 78, www.ratskeller-koepenick.de

46 Großer Müggelsee

An warmen Tagen ist die größte Badewanne der Berliner heiß begehrt

■ S3 Friedrichshagen, dann Tram 60, 61, oder S3 Rahnsdorf

Der von Wäldern umrahmte Große Müggelsee und sein östliches Anhängsel, der Kleine Müggelsee, zählen zu den beliebtesten Ausflugszielen und größten Wassersportzentren im Südosten Berlins. Rahnsdorf am Nordostufer zeigt noch ländliches Flair rund um die 1887 errichtete Dorfkirche. Reizvoll sind hier eine Kanupartie oder ein Badetag im denkmalgeschützten Strandbad Müggelsee (1912). Am Südufer ragen die sanft gerundeten Müggelberge auf. Von den Schiffsanlegern Müggelseeperle und Rübezahl, wo Ausflugslokale liegen, können Wanderer die Köpenicker Heide und den Berliner Stadtforst zwischen See und Bergen erkunden. Beliebt ist der 30 m hohe Müggelturm. Von seiner Aussichtsplattform reicht der Blick über die Seen und die Stadt bis zum fast 40 km entfernten Teufelsberg im Grunewald.

Der Müggelsee – Paradies für große und kleine Wasserratten und Sonnenanbeter

 Kinder

Strandbad Müggelsee (Rahnsdorf) Mit Volleyball- und Kinderspielplatz, Badeinsel, Strandkörben, Liegewiese und FKK-Bereich zieht das Strandbad an sommerlichen Tagen bis zu 15 000 Badenixen und Sonnenanbeter an. ■ Fürstenwalder Damm 838, Tel. 030/648 7777, tgl. 9 Uhr bis Sonnenuntergang, derzeit wegen Sanierungsmaßnahmen an den Gebäuden freier Eintritt (aber Spende gern gesehen), Tram 61

 Erlebnisse

Dampfer ahoi! Ein guter Ausgangspunkt für Schiffstouren ist das frühere Spinnereidorf Friedrichshagen am Austritt der Müggelspree im Nordwesten des Sees. ■ Anleger im Müggelpark, www.sternundkreis.de

 Sport

Paddeltour durch Neu-Venedig Das in den 1920er-Jahren angelegte Wasserlabyrinth besteht aus fünf schmalen Kanälen und 14 Brücken, an den Ufern liegen hinter Trauerweiden versteckt idyllische Grundstücke. ■ Surf- und Segelschule Müggelsee, Fürstenwalder Damm 838 (Rahnsdorf), www.surf-und-segelschule-mueggelsee.de, Mai–Sept. tgl. 10–20 Uhr, 10–30 €/1–4 Std.

Friedrichshain-Kreuzberg und der Osten

Am Abend

Bühne

Mehringhof-Theater Kabarett, Comedy, Stand-up-Performances und Improtheater. ■ Gneisenaustr. 2 (Kreuzberg), U7 Mehringdamm, Tel. 030/691 50 99, www.mehringhoftheater.de

Stars in Concert/Estrel Festival Center Berlin Elvis, Michael Jackson, The Beatles, Amy Winehouse, The Blues Brothers, Elton John und viele andere. ■ Sonnenallee 225 (Neukölln), S Sonnenallee, www.stars-in-concert.de

Tanzfabrik Berlin Zeitgenössischer Tanz und Performances mit eigener Sommer-Biennale »Tanznacht in Berlin«. ■ Möckernstr. 68 (Kreuzberg), U7 Möckernbrücke, und Uferstr. 23 (Wedding), U8 Pankstraße, www.tanzfabrik-berlin.de, Karten über www.reservix.de

Konzerte

Columbiahalle Rock, Pop, Rap und Avantgarde vom Feinsten gegenüber vom Tempelhofer Feld. ■ Columbiadamm 13–21 (Tempelhof), U6 Platz der Luftbrücke, www.columbiahalle.berlin

Wild at Heart Kreuzberger Nächte der etwas härteren Art: Für schweißgetränkte Stimmung sorgen Punk, Metal, Garagenrock, Indie und Folk (der nicht mehr ganz so jungen Generation). ■ Wiener Str. 20 (Kreuzberg), U Görlitzer Bhf., www.wildatheartberlin.de, Mi–Sa ab 20 Uhr

Parkbühne Wuhlheide Ob RTL-Hitradio, Indie-Band oder Schlagerstars – hier ist immer gute Stimmung wie bei einem Open-Air-Festival, auch wenn's regnet. ■ Straße zum FEZ 4 (Oberschöneweide), S3 Wuhlheide, www.wuhlheide.de

Kneipen, Bars und Clubs

Dachkammer Unten Szenekneipe, oben Wohnzimmer-Cocktailbar. ■ Simon-Dach-Str. 39 (Friedrichshain), S, U Warschauer Straße, www.dachkammer.com, tgl. ab 13 Uhr

Golgatha Mit Biergarten, Tanz zu DJ-Musik (Fr, Sa ab 22 Uhr) und Live-Konzerten sowie Live-Sport-Übertragungen. ■ Im Viktoriapark, Eingang Katzbachstr. (Kreuzberg), U7 Yorkstraße, www.golgatha-berlin.de, tgl. ab 9 Uhr, Grill ab 12 Uhr (Sept.–März s. Website)

Heidelberger Krug Die Raucherkneipe am Chamissoplatz bewirtet ihre Gäste seit gut 100 Jahren. ■ Arndtstr. 15 (Kreuzberg), U7 Mehringdamm, www.heidelberger-krug.de, Mo–Fr 16/17–2, Sa ab 14 Uhr (im Winter ab 17 Uhr)

RAW-Gelände Clubgänger ziehen auf dem ehemaligen Reichsbahn-Gelände von einer Location in die nächste, es gibt Bars, Biergärten und Konzerte zwischen Graffitis und durchaus auch zwielichtigen Gestalten. ■ Revaler Str. 99 (Friedrichshain), S, U Warschauer Straße, www.raw-gelaende.de

Freiluftkinos

Freiluftkino Friedrichshain Über 1500 Plätze und große Liegewiese. ■ Volkspark Friedrichshain, Tram M8 Platz der Vereinten Nationen, www.freiluftkino-berlin.de, Mitte Mai–Anf. Sept.

Freiluftkino Kreuzberg Alle Filme im Original mit Untertiteln. ■ Mariannenplatz im Kunstquartier Bethanien, U Kottbusser Tor, www.freiluftkino-kreuzberg.de, Mitte Mai–Anf. Sept.

Am Abend/Übernachten

 ## Übernachten

Hier wohnt man in angesagten Gästehäusern und designorientierten Hotels. Die vorwiegend jugendliche Klientel zieht es auch in die Hostels, in denen es häufig einfacher zugeht.

€

Ibis Berlin Mitte Zentral, preiswert und mit Parkhaus: Die Accor-Hotelkette beherbergt ihre Gäste in 200 recht schlichten Zimmern, aber dafür sind es nur 10 Minuten Fußweg zum Alex. ■ Prenzlauer Allee 4, Tel. 030/44 33 30, www.all.accor.com

a&o Hostel Friedrichshain Erstaunlich ruhige Lage mitten im Szenekiez, zumindest die Zimmer zum Innenhof. Oropax sollte man trotzdem dabeihaben und vier Etagen zu Fuß bewältigen können. Einige Zimmer in dem Backpacker-Klassiker haben sogar ein Mini-Bad. ■ Boxhagener Str. 73, Tel. 030/29 77 81 54 00, www.aohostel.com

Mercure U-Bahn vor der Tür, gutes Büfettfrühstück, Leihräder gibt's auch, und sogar Bello darf mit. Der Clou: ruhiger Innenhof mit Fischteich und Kräutergarten. Für den Preis kann man auch in Kreuzberg nicht meckern. ■ Luckenwalder Str. 11, Tel. 030/516 51 30, www.all.accor.com

€€

Melarose Feng Shui Das kleine Hotel mit den vielen lachenden Buddhas ist nach der Feng-Shui-Lehre eingerichtet. ■ Greifswalder Str. 199, Tel. 030/8179 88 38, www.melarose-fengshuihotel.de

€€€

Nhow Ein echter Hingucker: Der ultrastylishe Design-Klotz bietet moderne, aber teure Zimmer in Rosa und Fahrstühle mit Musik (Europas erstes Musikhotel, Gitarre und Keyboard gegen Aufpreis). Hervorragendes Prosecco-Frühstück! ■ Stralauer Allee 3, Tel. 030/290 29 90, www.nh-hotels.de

ADAC Das besondere Hotel

Hüttenpalast Wie wäre es mit einer Übernachtung in einer alten Fabriketage, die an Schrebergärten und Camping erinnert? Hier übernachtet man in Holzhütten und Oldie-Wohnwagen inklusive Hollywoodschaukel. Die Gemeinschaftsbäder sind nach Geschlecht getrennt. Geräuschempfindliche sollten Ohrstöpsel mitbringen, denn hier ist die Partymeile nah.
€–€€ | Hobrechtstr. 65/66 (Neukölln), Tel. 030/37 30 58 06, www.huettenpalast.de

City West und Charlottenburg-Wilmersdorf

Der nach Sophie Charlotte benannte Stadtbezirk kann sich sehen lassen: Königinnen und Kunst, Kaufrausch und Ku'damm-Bummel

Die einst so verrufene Gegend rund um den Bahnhof Zoo hat sich seit der Jahrtausendwende herausgeputzt und punktet wieder mit weltstädtischem Flair: Fast im Jahresrhythmus kommen neue spektakuläre Bauten namhafter Architekten hinzu, etwa die beiden Hochhaustürme am Breitscheidplatz. Spazieren lässt es sich wie eh und je hervorragend auf dem Ku'damm, wo sich schon die Berliner Boheme um 1900 in den Kaffeehäusern und Revuetheatern traf. Heute verlocken auf der berühmten Flaniermeile quasi auf Schritt und Tritt namhafte Luxusdesigner und Kaufhausketten jeglicher Preisklassen (Tauentzienstraße), und auch unbekanntere Modeschöpfer finden im Bikini-Haus am Zoo ihre Kundschaft – als Kontrastprogramm zum legendär-luxuriösen KaDeWe.
Kunstliebhaber zieht es von einer Galerie und Sammlung in die nächste, zu den weltberühmten Meistern von Matisse bis Dalí und Picasso, gleich gegenüber vom barocken Schloss Charlottenburg. Wer es lebendig, wild und exotisch mag, kommt im Zoo auf seine Kosten – dem mit Abstand artenreichsten Tierpark der Welt! Für eine erste Übersicht aus der Vogelperspektive empfiehlt sich die Besteigung des Funkturms – es gibt natürlich auch einen Fahrstuhl. In 125 m Höhe bietet sich ein famoses 360-Grad-Panorama.

In diesem Kapitel:

47	City West	146
48	Schloss Charlottenburg	151
49	Käthe-Kollwitz-Museum	152
50	Museum Berggruen	153
51	Sammlung Scharf-Gerstenberg	154
52	Bröhan-Museum	154
53	Funkturm	154
54	Georg Kolbe Museum	155
Am Abend/Übernachten		156/157

ADAC Empfehlungen:

 Museum für Fotografie – Helmut Newton Stiftung
| Museum |
Der Starfotograf gibt sich die Ehre: viel nackte Modelhaut auf High Heels in einem hochherrschaftlichen ehemaligen Offizierskasinos. 148

KaDeWe
| Kaufhaus |
Eine Berliner Legende: Kaufen ohne Ende im größten Warenhaus auf dem europäischen Kontinent. 150

Residenzkonzerte
| Klassikkonzerte |
Klassik à la carte: Konzerte im barocken Ambiente der Großen Orangerie im Schloss Charlottenburg. 156

Motel One Berlin Upper West
| Hotel |
Modern-stylishes Ambiete zum günstigen Preis und mit tollem City-Panorama. 157

47 City West

Das »alte« Westberliner Zentrum ist wieder stark im Kommen!

Das berühmte namensgebende Café am Kranzler Eck ist längst Geschichte.

Information

- S, U Zoologischer Garten, U Kurfürstendamm, U1 Uhlandstraße, U7 Adenauerplatz
- Parken siehe S. 149

Die Gegend um den Bahnhof Zoologischer Garten war lange ziemlich berüchtigt. Wer sich an den Film »Wir Kinder vom Bahnhof Zoo« (1981) erinnert oder ein paar Jahre nicht hier war, der wird die alte »Schmuddel«-Ecke kaum wiedererkennen. Hier entstanden seit 2013 zwei der höchsten Bauten Berlins mit ihren 118-m-Türmen und verändern die Skyline der City West, v. a. am Breitscheidplatz, mit kontrastreichem Innenleben: das Waldorf Astoria und daneben im leicht gekrümmten weißen Upper West die Hotelkette Motel One. Gegenüber, gleich neben dem Traditionskino Zoo Palast, entstand das innovativ-trendige Shopping Center Bikini Berlin.

Auch der Ku'damm ist stark im Wandel, z. B. am Kranzler Eck: Der berühmte Kaffeehausklassiker mit der rotweißen Rotunde wird seit dem Jahr 2000 von einem Hochhaus des Stararchitekten Helmut Jahn überragt. Ins altehrwürdige Café Kranzler zog eine Szenerösterei mit Kaffee in Pappbechern ein. Aber natürlich kann man weiterhin auf dem Boulevard im Schatten alter Bäu-

City West

Plan S. 149

in den 1920er-Jahren, als hier Theater, Varietés und Kinos wie Pilze aus dem Boden schossen. Als Reminiszenz an die Wirtschaftswunderjahre sind die typischen Schaukästen auf den Gehwegen entlang der Gründerzeitfassaden erhalten – hier stellt sich das Schaufenster gewissermaßen in den Weg der Klienten. Modernen Schwung, aber auch Verdrängung bringen neue Geschäftshäuser, Passagen und Shoppingkomplexe des 20./21. Jh. mit namhaften Boutiquen, Designer- und Juwelierläden.

Viele Geschichten sind mit den Gebäuden auf dem Boulevard zwischen Breitscheidplatz und Adenauerplatz verbunden: In Nr. 234, lange Jahre ein Café, verkehrten vor dem Ersten Weltkrieg viele Offiziersgattinnen, die hier ihre Töchter unter die Haube bringen wollten. Das Haus Nr. 217 mit den auffälligen Ecktürmchen war ein Revuetheater, in dem 1926 Josephine Baker in ihrem legendären Bananenkostüm auftrat. Das dort seit 1934 ansässige Kino Astor ist verschwunden und einem Modegeschäft gewichen. Ein Bummel lohnt sich auch durch die Seitenstraßen, etwa die Fasanenstraße, zwischen Joachimstaler und Leibnizstraße. Hier, insbesondere rund um den Savignyplatz, findet man viele Designerläden, Weingeschäfte, Galerien, Cafés und Restaurants.

me flanieren – Sehen und Gesehenwerden zwischen Straßencafés und Nobelmarken von Armani bis Vuitton.

 Sehenswert

a Kurfürstendamm
| Flaniermeile |

Der 1542 bis zum Jagdschloss Grunewald angelegte Reitweg der Kurfürsten gab dem Boulevard seinen Namen. Otto von Bismarck regte 1886 den Ausbau an – als westliches Pendant zu Unter den Linden und als Berliner Champs Élysées. Seine erste Blüte erlebte der Kurfürstendamm mit prunkvollen Stadtpalais und eleganten Jugendstilhäusern

b Kaiser-Wilhelm-Gedächtniskirche
| Mahnmal |

Die Kaiser-Wilhelm-Gedächtniskirche gehört zu den Wahrzeichen Berlins. 1895 im neoromanischen Stil mit fünf Türmen erbaut, wurde sie 1943 bei

Luftangriffen zerstört. 1957 sollte der verbliebene Hauptturm abgerissen werden, doch die Berliner protestierten. Und so wurde er stattdessen 1961 vom Architekten Egon Eiermann um einen oktogonalen Sakralraum aus mosaikartig blau verglasten Betonplatten ergänzt, außerdem um einen hohen sechseckigen Glockenturm, eine Kapelle und ein Foyer – das Ensemble nennen die Berliner recht salopp »Lippenstift und Puderdose«. Die Gedenkhalle im Turm mahnt zu Frieden und Versöhnung. Ein goldener Riss im Boden erinnert an die Opfer des Terroranschlags auf den Weihnachtsmarkt am 19. Dezember 2016, eine Inschrift an den Stufen nennt die Namen der Toten.

■ Breitscheidplatz, www.gedaechtniskirche-berlin.de, tgl. 10–18 Uhr, Eintritt frei, Turmführung ist möglich

Museum für Fotografie – Helmut Newton Stiftung
| Museum |

 Zeitgenössische Fotokunst und lauter schöne Newton-Menschen

In dem neoklassizistischen Gebäude gilt das rege Besucherinteresse vor allem den Werken des Starfotografen Helmut Newton (1920–2004). Der gebürtige Berliner hatte als Jude 1938 emigrieren müssen und vermachte seiner Vaterstadt dennoch sein Privatarchiv. Die eindrucksvolle Lebenswelt des Meisters wird im Erdgeschoss inszeniert – mit Kameras und Outfits, dem Newton-Mobil und einem Nachbau seines Büros in Monte Carlo. In der ersten Etage kann man den Promis, den Exzentrischen und Schönen im Großformat in die Augen sehen.

Der restaurierte Kaisersaal im zweiten Stock bietet Wechselausstellungen des Museums für Fotografie – von den Anfängen mit historischen Postkarten bis zur Gegenwart.

■ Jebensstr. 2, www.helmut-newton-foundation.org, www.smb.museum, Di, Mi, Fr–So 11–19, Do 11–20 Uhr, 10 €, erm. 5 €, bis 18 J. Eintritt frei

Zoologischer Garten und Aquarium
| Zoo |

Das prächtige Elefantentor (1899) zum ersten und meistbesuchten Tierpark Deutschlands beeindruckt am Eingang Budapester Straße. Die ersten Tiere bei der Eröffnung 1844 stammten aus der Königlichen Tiersammlung von Friedrich Wilhelm IV. 1943 wurde ein großer Teil des Zoos innerhalb von nur 15 Minuten zerstört, nur 91 von knapp 4000 Tieren überlebten. Das Bombardement überstanden hatte das Antilopenhaus (1871) – ein Paradebeispiel prachtvoll-orientalischer Zoobauten. Heute leben und lärmen auf dem 35 ha großen Gelände und im Aquarium rund 19 400 Tiere aus 1500 Spezies. Nahe dem Elefantentor fällt das Aquarium wegen

ADAC Spartipp

In Berlin ist seit 2021 jeder erste Sonntag im Monat **Museumssonntag**: Dann ist der Eintritt in den rund 60 teilnehmenden Einrichtungen frei, darunter sind echte Knüller wie das Pergamonmuseum (S. 83), das Deutsche Historische Museum (S. 73), die Neue Nationalgalerie (S. 104) oder die Zitadelle Spandau (S. 160). Zudem gibt es Führungen, Workshops und Aktionen. Es empfiehlt sich, die Tickets vorab online zu buchen. *www.museumssonntag.berlin*

City West

seiner mit Sauriern geschmückten Jugendstilfassade auf. Bei den Besuchern immer stark bewunderter Blickfang ist der riesige sitzende Iguanodon vor dem Portal. Höhepunkte sind neben der tropischen Krokodilhalle das Haibecken und das Rundumbecken. Bunte Tropenfische, Reptilien, Amphibien und eine der größten Quallenzuchten der Welt begeistern Alt und Jung mit ihrer Farbenpracht und Formenvielfalt.

■ Eingänge: Budapester Str. 34 (Elefantentor), Hardenbergplatz 8 (Löwentor), www.zoo-berlin.de, März–Okt. 9–18/18.30, Ende Okt.–Feb. 9–16.30 Uhr, 17,50 € (mit Aquarium 23,50 €), erm. 9–12 € (12–17 €)

■ Zoo Aquarium: Budapester Str. 32, www.aquarium-berlin.de, tgl. 9–18 Uhr

e C/O Berlin

| Fotoausstellung |

Fotokunst mit jungem Kulturflair zeigt nur ein paar Schritte entfernt im Amerika Haus das C/O Berlin, das sich schon an seinem ersten Standort im Postfuhramt an der Oranienburger Straße mit Ausstellungen zur Fotografie von Annie Leibovitz bis Karl Lagerfeld einen Namen gemacht hatte.

■ Hardenbergstr. 22–24, www.co-berlin.org, tgl. 11–20 Uhr, 10 €, erm. 6 €

Parken

Zum Beispiel Tiefgarage am KaDeWe, Passauer Str. 33–37, www.contipark.de, 4,50 €/Std., 24 €/Tag.

Restaurants

€ | Bleibtreu Netter Service, große Portionen, korrekte Preise – ob Frühstück oder Jägerschnitzel. Sonntags ab 10 Uhr Brunch. ■ Bleibtreustr. 45, Tel. 030/88147 56, www.cafe-bleibtreu.de, Di–So ca. 10 – ca. 22 Uhr, Plan S. 149 a2

 City West

Im Blickpunkt

Berlinalefieber

Jedes Jahr im Februar weht ein Hauch von Hollywood durch Berlin. Vor den Luxushotels warten Autogrammjäger, Premierenlichter erleuchten den Berlinale Palast am Marlene-Dietrich-Platz, und in den Cafés und Restaurants drängen sich Künstler, Presseleute und Fans. An den Zentralen Vorverkaufsstellen im The Playce am Potsdamer Platz, im Haus der Berliner Festspiele, im Kino International sowie im Onlineshop sind Tickets erhältlich. Karten gibt es im Vorverkauf ab drei Tage vor der jeweiligen Vorführung oder Restkarten am selben Tag an der jeweiligen Kinokasse. Das Publikumsfilmfest mit seinen vielen Sparten ist sehr beliebt, und echte Cineasten nehmen auch lange Warteschlangen in Kauf, um dabei zu sein (Ticket-Auskunft: Tel. 030/25 92 02 59, www.berlinale.de).

€ | **L'Osteria** Eine »Pastamanufaktur«: Modern wie eine Fabrikhalle – Pizza und Pasta schmecken trotzdem fast wie in Italien. Riesige Portionen! Man kann jede Hälfte unterschiedlich belegen lassen und sich teilen. ■ Budapester Str. 38–50 (Bikini-Haus), Tel. 030/2579 43 25, www.losteria.net, Plan S. 149 c2

€–€€ | **Bass** Hier trifft die Nordsee auf Baden-Baden, Strandkorb auf Hirschgeweih. Das Besitzerpaar vermischt die beiden Heimatregionen kulinarisch aufs Deftigste – aber immer mit dem gewissen Etwas: Maultaschen und Spätzle, Matjes und Fjordforelle. ■ Xantener Str. 9, Tel. 030/88 67 75 09, www.restaurant-bass.de, Mi–Fr 12–14, 18–23, Sa, So 17–23 Uhr, Plan S. 149 westl. a3

Einkaufen

Nicht nur die **Buchhandlung Kohlhaas & Company** im Souterrain des Literaturhauses Berlin bietet sich nach Ausstellungen und Lesungen an. Auch das historisch-gediegene Gartencafé mit Wintergarten ist zu empfehlen. ■ Fasanenstr. 23, Tel. 030/887 28 60, www.literaturhaus-berlin.de, tgl. 9–24 Uhr, Laden: www.kohlhaasbuch.de, Mo–Fr 10.30–19.30, Sa bis 18 Uhr, Plan S. 149 b3

(18) KaDeWe Einen Besuch im Kultkaufhaus sollte man unbedingt einplanen. Ein Gläschen Champagner in der Feinschmeckeretage im 6. Stock nicht vergessen! ■ Tauentzienstr. 21–24, www.kadewe.de, Mo–Do, Sa 10–20, Fr 10–21 Uhr, Plan S. 149 östl. c2

Bikini Berlin Die erste Concept Mall in Berlin: statt großer Ketten nur lokale Modeschöpfer mit kleinen Labels. Ausruhen kann man in Cafés und Bars – teils mit Blick in den Zoo. ■ Budapester Str. (neben Zoo-Palast), www.bikiniberlin.de, Mo–Sa 10–20 Uhr, Plan S. 149 c2

Schloss Charlottenburg 48

Das Schloss diente 2004 bis 2006 dem Bundespräsidenten zu Repräsentationszwecken.

48 Schloss Charlottenburg

Größtes und glanzvollstes der Berliner Hohenzollernschlösser

■ S Westend, U7 Richard-Wagner-Platz, dann Bus M45 Schloss Charlottenburg
■ Spandauer Damm 10–22, www.spsg.de, Schloss (inkl. Neuer Flügel und Museen im Alten Schloss) April–Okt. Di–So 10–17.30, sonst bis 16.30 Uhr, Altes Schloss 12 €, erm. 8 €, inkl. Neuer Flügel 17 €, erm. 13 €, Familienticket (bis 4 Kinder) 25 €, nur Neuer Flügel 12 €, erm. 8 €; Park tgl. 8 Uhr bis Sonnenuntergang, Eintritt frei, Spende erwünscht; Belvedere (derzeit geschl.) und Mausoleum April–Okt. Di–So 10–17.30 Uhr; Neuer Pavillon April–Okt. Di–So 10–17.30, Nov.–März Di–So 12–16 Uhr, Belvedere (derzeit geschl.) und Neuer Pavillon je 4 €, erm. 3 €, Mausoleum 2 €.

Die preußische Königin Sophie Charlotte (1668–1705) ließ ihr Sommerschlösschen ab dem Beginn des 18. Jh. nach dem Vorbild Versailles repräsentativ ausbauen. Das noch nach ihrem Tod in mehreren Phasen bis 1791 beidseitig auf imposante 500 m Länge erweiterte Alte Schloss wurde durch einen Kuppelturm in der Mitte ergänzt, den eine vergoldete Fortuna bekrönt (2014 umfassend saniert). In der Orangerie im Westen besichtigt man heute Ausstellungen und lauscht Barockmusik (S. 156). Links daneben schließt sich das Schlosstheater von Carl Gotthard Langhans an. In den historischen Räumen im Mitteltrakt des Alten

48 Schloss Charlottenburg

ADAC Wussten Sie schon?

Die schöne **Königin Luise von Preußen** verstarb früh – mit nur 34 Jahren. Dennoch hat sich die Mutter des späteren Kaisers Wilhelm I. schon zu Lebzeiten einen legendären Ruf verschafft, auch als furchtlose Politikerin – so der Mythos. Luise gilt als Symbolfigur für den Wiederaufstieg Preußens, besonders bei ihrer Begegnung mit dem wohl größten Feind des Königreiches im Juli 1807: Napoleon – fast eine Stunde unter vier Augen! Eine offenbar selbstbewusste, schlagfertige und charmante Frau. Im Gedenken an die Monarchin legen noch heute viele Berliner an ihrem Todestag Blumen am Marmorsarkophag nieder.

Schlosses sowie dem links anschließenden alten Westflügel befinden sich die Eichengalerie, das herrliche Porzellankabinett und die früheren Wohnräume Sophie Charlottes.

Im 2017 sanierten Neuen Flügel liegen die prunkvollen Gemächer Friedrichs des Großen, das Schlafzimmer von Königin Luise und der Weiße Saal, der Friedrich II. als Speise- und Thronsaal diente. Beeindruckend ist die 42 m lange Goldene Galerie mit ihren kunstvollen Dekorationen aus vergoldetem Stuck. Zu den wichtigsten Exponaten gehören die Gemälde von Jean-Antoine Watteau und die Tabakdosensammlung des Alten Fritz.

Ein Glanzstück europäischer Gartenbaukunst: Der Schlosspark (55 ha) wurde 1687 als erster französischer Barockgarten in Deutschland stilgerecht symmetrisch sowie mit achteckigen Brunnen gestaltet und ab 1825 von Peter Joseph Lenné um einen englischen Landschaftsgarten erweitert. Im nördlichen Teil fällt das 1788 erbaute barocke Belvedere ins Auge, ein hübsches Teehaus mit einer Ausstellung der Königlichen Porzellan-Manufaktur (KPM) des 18. und 19. Jh.

Im Westteil des Parks steht ein kleiner dorischer Tempel, das Mausoleum (1812) – die letzte Ruhestätte der beim Volk sehr beliebten, früh verstorbenen Königin Luise von Preußen (1776–1810).

49 Käthe-Kollwitz-Museum

Drucke und Zeichnungen der großen expressionistischen Künstlerin

■ S Westend, U7 Richard-Wagner-Platz, dann Bus M45 Schloss Charlottenburg
■ Spandauer Damm 10, im Theaterbau von Schloss Charlottenburg, Tel. 030/ 88 25 210, www.kaethe-kollwitz.de, tgl. 11–18 Uhr, 7 €, erm. 4 €

Das private Käthe-Kollwitz-Museum ist im Herbst 2022 in den Theaterbau von Schloss Charlottenburg gezogen und zeigt nun wieder die Werke der herausragenden Künstlerin (1867–1945) und wichtigen Protagonistin des Expressionismus. Bemerkenswert unter den etwa 100 Druckgrafiken, 70 Zeichnungen und Originalplakaten sind die

Gefällt Ihnen das?

Wenn Sie sich für die Künstlerin Käthe Kollwitz interessieren, dann sollten Sie auch die **Neue Wache** (S. 72) und den **Kollwitzplatz** (S. 118) besuchen.

zahlreichen Selbstbildnisse der sozial engagierten Grafikerin, ihre Arbeiten zum Thema Tod, wie der Holzschnitt-Zyklus »Krieg« (1922/23), und das Gedenkblatt für Karl Liebknecht.

 Parken

Gebührenpflichtige Parkplätze vor dem Schloss, 2 €/Std.

 Restaurants

€ | Kleine Orangerie Selbstbedienungslokal im kleinen Orangerie-Haus: Im Biergarten oder Wintergarten kann man bei Kaffee, Kuchen und einem warmen Imbiss eine Pause einlegen – die Berliner schwören auf die Windbeutel! ▪ Spandauer Damm 20, Tel. 030/ 32220 21, Mi–So 11.30–18 Uhr

€–€€ | Brauhaus Lemke Bierfreunde aufgepasst: überzeugende Bierauswahl, urige Atmosphäre und deftige Speisen. Verkostung und Brauereiführung möglich. ▪ Luisenplatz 1, Tel. 030/ 30 87 89 79, www.lemke.berlin, Mo–Do 14–22, Fr–So 13–23 Uhr

50 Museum Berggruen

Berühmte Sammlung mit Werken von Picasso, Klee, Matisse, Cézanne

▪ S Westend, U7 Richard-Wagner-Platz, dann Bus M45 Schloss Charlottenburg
▪ Schlossstr. 1/Spandauer Damm, www. smb.museum, wg. Sanierung bis vorauss. 2025 geschl., einige Werke werden in dieser Zeit in der Sammlung Scharf-Gerstenberg gezeigt (S. 154)

Der Kunstsammler Heinz Berggruen (1914–2007) war 60 Jahre nach seiner

Im Käthe-Kollwitz-Museum lässt sich das Werk der großen Künstlerin entdecken.

Emigration als Jude aus Nazi-Deutschland 1996 in seine Heimatstadt zurückgekehrt. Als Geste der Versöhnung überließ er der Stiftung Preußischer Kulturbesitz seine private Kollektion von rund 200 Werken der klassischen Moderne zu einem Drittel des Marktwertes. Gegenüber vom Schloss Charlottenburg können die Klassiker im westlichen Stülerbau bewundert werden, darunter allein 100 Gemälde, Skulpturen und Grafiken von Pablo Picasso, z. B. der »Sitzende Harlekin« (1905) und »Der gelbe Pullover (Dora Maar)«. Mit bedeutenden Werken sind auch Paul Klee und Henri Matisse vertreten, hinzu kommen einige Gemälde von Paul Cézanne und Skulpturen von Alberto Giacometti. Interessant ist auch die Lebensgeschichte von Heinz Berggruen mit Fotos und Videos.

51 Sammlung Scharf-Gerstenberg

Tiefe Einblicke in surreale Welten von Goya bis Magritte

■ S Westend, U7 Richard-Wagner-Platz, dann Bus M45 Schloss Charlottenburg
■ Schlossstr. 70, www.smb.museum, Di–Fr 10–18, Sa, So 11–18 Uhr, 10 €, erm. 5 €, bis 18 J. freier Eintritt

Rund 250 Werke des Surrealismus ziehen die Besucher ins Museum Scharf-Gerstenberg, das an einen der bedeutendsten Kunstsammler, Otto Gerstenberg (1848–1935), und seinen Enkel Dieter Scharf (1926–2001) erinnert. Neben Gemälden von Max Ernst, René Magritte und Salvador Dalí gibt es v. a. Grafik zu sehen, darunter Vorgänger der Surrealisten wie Piranesi und Goya. Während der Schließung des Museums Berggruen (S. 153) sind hier Werke von Giacometti, Picasso, Klee und Cézanne zu Gast.

 Cafés

Café Kunstpause Eine kleine Erholung vom Kunstmarathon bietet das helle Museumsfoyer mit Kuchen, Sandwiches und Suppen. ■ Tel. 030/700 89 39

52 Bröhan-Museum

Jugendstil, Art déco und Funktionalismus in einer früheren Infanteriekaserne

■ S Westend, U7 Richard-Wagner-Platz, dann Bus M45 Schloss Charlottenburg
■ Schlossstr. 1 a, www.broehan-museum.de, Di–So und Fei 10–18 Uhr, 8 €, erm. 5 €, Eintritt frei am 1. Mi im Monat

Das Bröhan-Museum widmet sich der Kunst zwischen 1889 und 1939. Der Unternehmer Karl H. Bröhan (1921–2000) hatte seit 1966 eifrig Kunsthandwerk, Gemälde, Möbel, Gläser und Design des Art déco, Art Nouveau, Jugendstil und Funktionalismus zusammengetragen und gestiftet, darunter auch Entwürfe von Künstlern der 1898 gegründeten Berliner Secession und des großen belgischen Architekten und Designers Henry van de Velde.

53 Funkturm

Stählerner Pionier der Rundfunkhistorie mit herrlichem Panoramablick

■ S Messe Nord/ICC, Messe Süd, U2 Kaiserdamm, Theodor-Heuss-Platz
■ Hammarskjöldplatz 1, Tel. 030/30 38 19 05, www.funkturm-messeberlin.de
■ Aussichtsplattform Fr, Sa 13–22.30 Uhr, bei schlechtem Wetter geschl., 8 €, erm. 4 €

Der »Lange Lulatsch«, wie die Berliner scherzhaft eines ihrer bekanntesten

ADAC Wussten Sie schon?

Der **Funkturm** schrieb Fernsehgeschichte: Von hier aus wurde 1929 das erste Fernsehbild in Deutschland ausgestrahlt und 1935 das weltweit erste reguläre Fernsehprogramm. Auch sonst ist der Turm ein Meisterwerk früher Hightech: Der Fahrstuhl (max. 10 Personen sausen in 33 Sekunden zur Plattform, d. h. 4 m/s) wird per Funk gesteuert. Wer lieber Treppen steigt: 287 Stufen sind es bis zum Restaurant, 610 zur Plattform (beides derzeit geschlossen).

Georg Kolbe Museum 54

Wahrzeichen nennen, misst mit Antennen 147 m. Er entstand 1924–26 anlässlich der dritten Großen Deutschen Funkausstellung und diente als Antennenträger, Rundfunksendemast und Signalturm für den Flugverkehr. 1945 zerstörte eine Granate eine der Hauptstreben des Turms, der sich jedoch mithilfe von 800 kg schweren Schrauben auf den verbliebenen drei Beinen wacker hielt. Übrigens ruhen seine Eckpfeiler auf Porzellan der KPM und weisen ein Gesamtgewicht von 600 t auf. Vom Restaurant in rund 55 m Höhe und von der Aussichtsplattform (125 m) hat man einen fantastischen Blick, z. B. auf das raumschiffartige, aber dringend sanierungsbedürftige ICC (Internationale Congress Centrum) zu seinen Füßen.

Restaurants

€€ | **Funkturm-Restaurant** Stilvoll speisen und dabei die Aussicht über die Stadt genießen. ■ Tel. 030/30 38 29 00, www.funkturm-messeberlin.de, Fr, Sa 18–22.30 Uhr, 4 €, erm. 3 €

54 Georg Kolbe Museum

Eine Sammlung zur Skulptur des 20. Jh. mit viel Garten-Ambiente

■ S5 Heerstraße
■ Sensburger Allee 25, www.georg-kolbe-museum.de, tgl. 10–18 Uhr, 7 €, erm. 5 €

Im Wohn- und Atelierhaus des Bildhauers Georg Kolbe (1877–1947) ist heute eine Sammlung zur Skulptur des 20. Jh. mit Schwerpunkt auf Kolbes Werk untergebracht. Auch rings um das Gebäude gibt es viel Werke des

Als Sendemast hat er ausgedient – aber Berlin ohne Funkturm wäre undenkbar.

Künstlers zu sehen, so im Garten u. a. den »Tänzerinnenbrunnen«, im nahen Georg-Kolbe-Hain stehen Skulpturen wie die »Große Kniende«, »Ruhende«, »Dionysos«, »Großer Stürzender« oder »Mars und Venus«.

Das Grab des Bildhauers findet man nahebei (5 Min. Fußweg gen Norden) auf dem besonders schön gelegenen Friedhof Heerstraße um den Sausuhlensee. Hier haben auch viele andere Berühmtheiten ihre letzte Ruhestätte gefunden: der Dichter Joachim Ringelnatz (gest. 1934), der Maler George Grosz (gest. 1959), der Dramatiker Curt Goetz (gest. 1960) und Bühnen- bzw. Filmstars wie Grete Weiser (gest. 1970), Tilla Durieux (gest. 1971) und Loriot (Vicco von Bülow, gest. 2011).

City West und Charlottenburg-Wilmersdorf

 **Am Abend**

In Charlottenburg ist die gehobene Kultur von Oper und Polit-Kabarett zu Hause, und danach geht's meist noch in die gemütliche Kiezkneipe oder zum Bummel über den Ku'damm.

 Bühne

Deutsche Oper Berlin Ob »La Traviata« oder »Lohengrin«, Mozart, Wagner oder Verdi – das Haus bietet Operngenuss vom Feinsten. ■ Bismarckstr. 35, U2 Deutsche Oper, Tel. 030/34 38 43 43, www.deutscheoperberlin.de
Die Stachelschweine Das kleine Polit-Kabarett spielt hier im Europa-Center seit 1965. Es blickt auf eine lange Geschichte seit 1949 zurück und sticht immer noch. ■ Europa-Center (UG), Tauentzienstr. 9–12, S, U Zoologischer Garten, Tel. 030/261 47 95, www.diestachelschweine.de
Schaubühne am Lehniner Platz Hier treten auch Tatort-Kommissare auf, natürlich in anderen Rollen, z. B. Mark Waschke und Jörg Hartmann, aber auch Nina Hoss und Lars Eidinger gehören zum Ensemble. ■ Kurfürstendamm 153, U7 Adenauerplatz, Tel. 030/89 00 23, www.schaubuehne.de
Stage Theater des Westens Ein pompöses Schmuckstück und traditionsreiche Spielstätte von großen Musicalproduktionen, teils auch Operetten. ■ Kantstr. 12, S, U Zoologischer Garten, Tel. 0180/544 44, www.stage-entertainment.de
Komödie am Kurfürstendamm im Schiller Theater Das Theater überzeugt mit Boulevard, Lesungen und Konzerten. ■ Bismarckstr. 110, U2 Ernst-Reuter-Platz, Tel. 030/88 59 11 88, www.komoedie-berlin.de

 Konzerte

Residenzkonzerte Musiker in Kostümen und mit Perücken spielen Mozart und Vivaldi. Es kann ein Gourmetdinner mitgebucht werden. ■ Spandauer Damm 22–24, Bus M45 Schloss Charlottenburg, Tel. 030/25 81 03 50, www.residenzkonzerte.berlin, 20 Uhr, mit Dinner: 18 Uhr
Badenscher Hof Renommierter Jazzclub und Musikcafé mit Restaurant (€). ■ Badensche Str. 29, Ecke Berliner Str., U7 Blissestraße, Tel. 030/861 00 80, www.badenscher-hof.de, Mo–Fr ab 16 Uhr
Quasimodo Der Live-Musikkeller ist winzig, Rock'n'Roll, Funk, Jazz, Blues, Soul und Kabarett. ■ Kantstr. 12a, S, U Zoologischer Garten, www.quasimodo.de, ab 19/20 Uhr

 Kneipen, Bars und Clubs

Mommsen Eck Im Haus der 100 Biere waren die Wirte schon 1905 stolz auf die Flüssignahrung und sagten, während die Pferdekutschen vorbeirollten: »Ein gut gezapftes Bier ist eine Gabe Gottes.« ■ Mommsenstr. 45, U7 Adenauerplatz, Tel. 030/324 25 80, www.mommsen-eck.de, Mo–Sa ca. 16 – ca. 23 Uhr
Hard Rock Cafe Zentral, freundlich, mit Burger-Kost. ■ Kurfürstendamm 224, U Kurfürstendamm, www.hardrockcafe.com, So–Do 11.30–23, Fr, Sa 12–24 Uhr

ADAC Das besondere Kino

Erleben Sie einen ganz besonderen Kinoabend und lassen Sie sich verwöhnen in der **Astor Film Lounge**: purer Genuss bei ausgesuchten Filmklassikern, entspannt zurücklehnen in bequemen Paarsesseln mit viel Beinfreiheit, und der Kellner kommt auf Wunsch mit Prosecco und kleinen Speisen vorbei.
Kurfürstendamm 225, Karten-Tel. 030/ 88385 51, www.www.berlin.premiumkino.de

 ## Übernachten

Rund um den Ku'damm beherrschen große Hotelnamen die Szene, doch behaupten sich seit rund 100 Jahren auch traditionelle Alterberliner Familienpensionen, wo in den riesigen Wohnungen einzelne Zimmer vermietet werden.

€–€€
Pension Brinn Zentral und doch ruhig: nur sechs geräumige Parkettzimmer in einer Familienpension in U-Bahnnähe, teils mit eigenem Bad/Waschecke. ■ Schillerstr. 10, Tel. 030/312 16 05, www.pension-brinn.de
Hotel-Pension Charlottenburg Für Sparfüchse ein Preis-Leistungs-Knaller nahe Ku'damm: Die kleinen Zimmer haben Bad, Kühlschrank und TV. Allerdings gibt es derzeit kein Frühstück, aber das ergibt sich in der Umgebung fast auf Schritt und Tritt. ■ Pfalzburger Str, 87, Tel. 030/881 84 27, https://charlottenburg.wixsite.com/pension

€€
 Motel One Berlin Upper West Günstig wohnen mit Design und Filmatmosphäre. Lobby, Bar und Frühstücksterrasse im 10. Stock bieten ein tolles Citypanorama. ■ Upper-West-Gebäude, Kantstr. 163–165, Tel. 030/31 51 73 60, www.motel-one.com
Hotel Seifert Hochherrschaftliches Jugendstilhaus: 52 gemütliche, meist kleine Zimmer (teils Gemeinschaftsbad, Balkon), reichhaltiges Frühstücksbüffet, freundliches Personal: die Inhaberfamilie Zielke. ■ Uhlandstr. 162, Tel. 030/884 19 10, www.hotel-seifert.de

€€€
Waldorf Astoria Hoch über den Dächern (West-) Berlins: elegante Herberge der Hilton-Kette im New-York-Stil mit Spa Guerlain und High Tea mit Aussicht (inklusive Fernrohr und einem Gläschen Champagner ...). ■ Hardenbergstr. 28, Tel. 030/81 40 00 24 60, www.hilton.com

Der grüne Westen und Sanssouci

Grunewald und Wannsee lassen die Großstadthektik schnell vergessen, und in Sanssouci lustwandelt man zwischen Rokoko und Barock

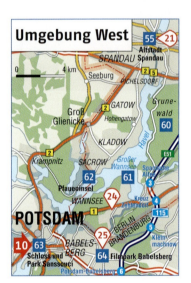

In diesem Kapitel:

55	Altstadt Spandau	160
56	Brücke-Museum	161
57	Freilichtmuseum Domäne Dahlem	162
58	Museum Europäischer Kulturen	163
59	Botanischer Garten	163
60	Grunewald	164
61	Großer Wannsee	165
62	Pfaueninsel	166
63	Schloss und Park Sanssouci	168
64	Filmpark Babelsberg	172

Jetzt wird es dörflich und bodenständig, historisch und prunkvoll. Spandau war schon immer etwas Besonderes, immerhin ist seine Altstadt samt Zitadelle älter als Berlin! 1232 erhielt man hier das Stadtrecht – also schon fünf Jahre vor Berlin-Cölln. Die Havel verbindet die »grünen« Bezirke an der Westflanke Berlins miteinander. Allein die lauschigen Cafés und Ausflugslokale lohnen einen Abstecher ins Grüne.

Und als Höhepunkt Preußens Glanz und Gloria! Sanssouci war der Lieblingssitz des Alten Fritz, der sich hier vor den Toren Berlins sein eigenes Versailles bauen ließ – und Potsdam zur königlichen Hauptresidenz kürte.

ADAC Top Tipp:

10 Schloss und Park Sanssouci
| Schlossanlage |
Ein UNESCO-Welterbe: Die Potsdamer Schlösserpracht bezaubert mit Rokoko-, Barock- und Renaissancebauten und exotischen Überraschungen in einer herrlichen Parklandschaft. 168

ADAC Empfehlungen:

21 Altstadt Spandau
| Stadtbild |
Ein herrlich restauriertes Ensemble aus mittelalterlichen Gassen und Plätzen wartet hier auf Erkundung. 160

 Freilichtmuseum Domäne Dahlem
| Freilichtmuseum |
In Dahlems historischem Ortskern kann man das Landleben vergangener Zeiten erleben. 162

 Café in der Königlichen Gartenakademie
| Café |
Eine grüne Oase zum Schmausen und Brunchen, vor oder nach einem Pflanzenkauf oder dem Besuch im Botanischen Garten. 164

 Mutter Fourage
| Café |
In dem urigen Hofcafé kann man unter Weinreben schlemmen oder im Laden stöbern. 166

 Filmpark Babelsberg
| Filmstudios |
Hier dürfen die Zuschauer im Fernsehstudio hinter die Kulissen schauen und mitmachen und danach im Erlebnisrestaurant ausspannen. 172

Altstadt Spandau

Kleinstadtflair mit mittelalterlicher Kulisse am Westufer der Havel

- U7 Altstadt Spandau

Im Herzen der mittelalterlichen Altstadtgassen liegen der Markt- und der Reformationsplatz mit der St.-Nikolai-Kirche. Viele der umliegenden Häuser stehen unter Denkmalschutz, so der Gasthof zum Stern (Carl-Schurz-Str. 47, heute ein Lokal) aus dem frühen 18. Jh. und das klassizistische Haus in der Breiten Str. 20 (1800). An der Havel (Behnitz 5) steht das Heinemann-Haus (1795) mit spätbarocken Elementen. Die Alte Kolkschänke (Kolk 3) ist mehr als 250 Jahre alt, die 1964 wiederhergestellte Marienkirche stammt von 1848.

Sehenswert

St.-Nikolai-Kirche
| Kirche |

Das Gotteshaus mit seinem steilen Satteldach und dem mächtigen Westturm stammt aus der ersten Hälfte des 15. Jh. und ist ein bedeutendes Monument märkischer Backsteingotik. Bedeutende Sehenswürdigkeiten im Kirchenschiff sind der Renaissancealtar (1581) sowie die Kanzel (um 1700). Am Eingang zur Nordkapelle ist eine Kreuzigungsgruppe (16. Jh.) zu sehen.

- www.nikolai-spandau.de, Mo–Sa 12–14 Uhr und So nach den Gottesdiensten, derzeit keine Turmführungen, aber Museum und Café sind geöffnet: Fr–So 15–18 Uhr

Zitadelle Spandau
| Festung |

Die Festung (1560–94) mit vier Bastionen, begehbaren Wällen und Brücke erhebt sich majestätisch in strategisch günstiger Lage, ringsum von Wasser umgeben – sie wurde bereits 1197 erstmals erwähnt und vermutlich um 1160 unter Markgraf Albrecht dem Bären als Burg angelegt. Die 1560 unter Kurfürst Joachim II. als Renaissancefestung ausgebaute Zitadelle diente nicht nur als militärischer Stützpunkt, auch als Gefängnis (bis 1876) und als eine Art Tresor: Im Verlies des Juliusturms (13. Jh.) ließ Reichskanzler Otto von Bismarck 1874 einen Großteil der 120 Mio. Goldmark einlagern, die Frankreich als Entschädigung für den Krieg von 1870/71 gezahlt hatte. Ab 1935 entwickelten die Nazis hier chemische Kampfstoffe und kippten die Reste bei Kriegsende 1945 einfach in den Brunnen des Hofes.

- Am Juliusturm, www.zitadelle-berlin.de, Fr–Mi 10–17, Do 13–20 Uhr, 4,50 €, erm. 2,50 €, U7 Zitadelle, Bus X33

Restaurants

€ | **Alt-Spandau** Kroatische und internationale Gerichte, üppige Portionen,

ADAC Mittendrin

Der stimmungsvolle **Weihnachtsmarkt** in der Spandauer Altstadt ist einer der größten und beliebtesten in Berlin, da reisen die Berliner sogar aus dem Südosten der Stadt an: 250 bis 400 Stände mit Kunsthandwerk, kulinarischen Leckereien und Glühwein, ein Mittelaltermarkt, ein weihnachtliches Bühnenprogramm und eine Weihnachtskrippe mit echten Tieren warten auf Besucher. *In der Regel um den 21. Nov.–22. Dez. So–Do 11–20, Fr, Sa 11–22 Uhr*

In der Spandauer Altstadt ist der Hauptstadttrubel plötzlich ganz weit weg.

und viele Stammgäste. ■ Moritzstr. 7, Tel. 030/33 30 80 92, www.altspandau.de, Di–So 11.30– ca. 22.30 Uhr

€–€€ | Satt & Selig Spezialität der »Steakeria« in historischem Fachwerkbau: saftige argentinische Steaks vom Lavasteingrill oder ein »Luxus-Frühstück« à la carte. ■ Carl-Schurz-Str. 47, Tel. 030/36 75 38 77, www.steakeria-sattundselig.de, tgl. 9 – ca. 24 Uhr

 Events

Citadel Music Festival Zwischen Mai und September genießen die Besucher der Konzerte im weiten Hof der Zitadelle in toller Kulisse die Super-Stimmung. Es treten viele Altstars der 1970er- und 1980er-Jahre auf, sogar Weltstars, etwa The Beach Boys und Lionel Richie (www.zitadelle-berlin.de).

 Erlebnisse

An der Charlottenbrücke kann man vom Schiffsanleger aus auf eine gemütliche **Havelfahrt** gehen (u. a. bis zum Wannsee, z. B. mit der Stern- und Kreisschifffahrt, www.sternundkreis.de, www.reederei-riedel.de).

56 Brücke-Museum

Eine erlesene Kollektion expressionistischer Meisterwerke

■ U3 Oskar-Helene-Heim, dann Bus 115 Pücklerstraße
■ Bussardsteig 9, www.bruecke-museum.de, Mi–Mo 11–17 Uhr, 6 €, erm. 4 €

In dem bungalowähnlichen Flachbau in Zehlendorf – 1967 eröffnet von der expressionistischen Künstlergemeinschaft Brücke – sind über 400 Gemälde, Zeichnungen, Aquarelle und Druckgrafiken der Brücke-Künstler zu sehen. Die ausdrucksstarken Werke von Karl Schmidt-Rottluff, Erich Heckel, Ernst Ludwig Kirchner, Otto Mueller, Emil Nolde und Max Pechstein werden in Wechselausstellungen präsentiert.

Freilichtmuseum Domäne Dahlem

 So lebten und arbeiteten die Menschen im Barock auf dem Land

- U3 Dahlem Dorf
- Königin-Luise-Str. 49, www.domaenedahlem.de, Gelände: tgl. 7–22 Uhr,
- Ökomarkt: Sa 8–13 Uhr, Museen Herrenhaus: Mi–So 10–17, Culinarium: Mi–So 10–17 Uhr, Gelände: Eintritt frei, aber Spende erwünscht, beide Museen: 5 €, erm. 3 €, Marktfeste (mit Ausnahme Mittelaltermarkt): ab ca. 3,50 €, erm. 2 €

Auf dem Biohof ist immer was los: Im barocken Flair eines historischen Gutshauses (1680) finden regelmäßig Konzerte und Lesungen statt, hier tummeln sich viele Tiere zum Füttern und Streicheln, und man schaut Handwerkern über die Schulter. Es gibt einen Blumengarten und Gemüsefelder, Pferdestall und Karussell. Das Museum informiert über die Historie der Domäne und über ökologische Landwirtschaft und Ernährung mit der preisgekrönten Erlebnisausstellung »Vom Acker bis zum Teller« im Culinarium. Doch von wegen altmodisch: Im historischen Kaufmannsladen berät eine virtuelle Angestellte per Licht-Projektion. Auch der samstägliche Ökomarkt, Bio-Laden, die Kinderaktionen und Marktfeste lohnen hier einen Besuch.

Restaurants

€–€€ | Landgasthaus In dem zur Domäne gehörenden neuen Lokal mit großem Garten ist alles 100 % Bio. Das hausgemachte Schnitzel kommt vom Neuland-Schwein, und auch der Burger, die selbstgezüchteten Sperber-Hähnchen haben allerdings ihren Preis (€€€), die Kuchenrezepte stammen aus Omis Backbuch. ■ Tel. 0157/77 59 88 49, www.landgasthausdahlem.eatbu.com, Do–So 11–18 Uhr

Artenvielfalt und Blütenpracht im Botanischen Garten sind überwältigend.

Botanischer Garten 59

 Kinder

Der Biohof bietet ein umfangreiches Programm mit: Kinderwerkstätten, Ferientöpferkursen, Märchenstunden, einer Lehr- und Erlebnisküche u. v. a. spannenden Mitmachaktionen.

58 Museum Europäischer Kulturen

Ein Ausflug in die Alltagskultur mit rund 270 000 Objekten

■ U3 Dahlem Dorf, Bus M11, X83, 101
■ Arnimallee 25, www.smb.museum, Di–Fr 10–17, Sa, So 11–18 Uhr, 8 €, erm. 4 €, bis 18 J. freier Eintritt

Das Museum Europäischer Kulturen (MEK) beherbergt Exponate zur Alltagskultur des 18.–21. Jh., darunter Schmuck und Votivbilder, Textilien und Keramik, Haushaltsgeräte, Kinderspielzeug und sogar verschiedene Verkehrsmittel. Die vielfältigen Themen reichen von Hochzeit und Totengedenken über Halloween bis hin zur »Döner-Industrie«. Außerdem finden hier länderspezifische Kulturtage, der beliebte europäische Oster- oder Adventsmarkt mit Livemusik statt.

 Cafés

Gastraum Dahlem Im Souterrain des Museums genießt man hausgemachten Kuchen und multikulturelle Bio-Snacks wie Quiche und Suppen. Meist zweimal im Monat gibt es So 11 Uhr ein Märchenfrühstück (22 €, Kinder 15 €) im Beduinenzeltambiente. ■ Takustr. 38/40, Tel. 030/830 14 33, Mo–Fr 10–16 Uhr, www.esskultur-berlin.de

59 Botanischer Garten

Einer der größten Botanischen Gärten der Welt ist Heimat von 22 000 Arten

■ S7 Botanischer Garten, U3 Dahlem-Dorf, Breitenbachplatz, Rathaus Steglitz, dann Bus M48, X83, 101
■ Eingänge: Königin-Luise-Platz und Unter den Eichen 5–10 (derzeit geschl.), Botanisches Museum: Königin-Luise-Str. 6–8 (Museum bis voraus. Ende 2023 wg. Sanierung geschl.), www.bo.berlin, tgl. 9–20, Gewächshäuser bis 18.30 Uhr, 6 €, erm. 3 €

Der Botanische Garten Berlin ist mit 43 ha der größte in Europa und der drittgrößte der Welt! Angelegt bereits vor mehr als 100 Jahren, gedeihen hier heute etwa 22 000 Pflanzenarten, darunter viele Nutz- und Arzneipflanzen. Gleich beim Eingang Unter den Eichen findet man das Arboretum (Baumgarten) mit etwa 1800 Baum- und Straucharten zwischen Wiesen und Teichen. Vegetationszonen aus allen Teilen der Welt sind hier versammelt, vom Italienischen Garten über Steingärten à la Himalaya und Japanischen Wald bis zur Nordwestdeutschen Heide. Beim Rundgang streifen die Besucher im wahrsten Wortsinn durch den Duft- und Tastgarten oder erkunden den Sumpf- und Wassergarten. Zu den absoluten Publikumslieblingen zählen die 16 Schaugewächshäuser mit ihren prachtvollen Exoten aus tropischen bzw. subtropischen Breitengraden, wie Kakteen, Bromelien und Orchideen sowie tierfressende Pflanzen.
Seltene und gefährdete Pflanzenexemplare kann man im Großen Tropenhaus (1905–07) bewundern, einem der größten freitragenden

59 Botanischer Garten

Gewächshäuser der Welt mit 1360 Pflanzenarten, Palmen, Lianen und dem eindrucksvollen 26 m hohen Riesenbambus. Als zweiter architektonischer Hingucker beeindruckt zur Rechten das dreischiffige Mittelmeerhaus mit zwei Portaltürmen.

Cafés

(23) Café in der Königlichen Gartenakademie Speisen im alten Gewächshaus oder auf der Wiese einer Gärtnerei, von Frühstück über Brunch (So 10–14 Uhr, €€–€€€, unbedingt reservieren) bis zum Tortenbüfett. Läden mit schönem Dekozubehör und Pflanzen gibt es auch. ■ Altensteinstr. 15 a, Tel. 030/832 20 90 29, www.dascafeindergartenakademie.de, Di–Sa 9–18, So 10–16 Uhr

60 Grunewald

Der Ortsteil im Westen Berlins trägt den gleichen Namen wie der Forst

■ S7 Grunewald, S5 Heerstraße (beides ca. 20 Min. Fußweg), Bus 218, X34, X49, M49 S Bhf. Heerstraße
■ Jagdschloss: Bus X83, 115 Clayallee (20 Min. Fußweg)

Rückblende: Nicht allen Bewohnern aus Rixdorf oder Wedding gefiel es, wenn in ihrem Erholungsgebiet für die sogenannte Millionärskolonie seit Ende des 19. Jh. die Bäume gefällt wurden. In dem stadtnahen Forst zwischen der Havel und den vielen Seen – Grunewaldsee, Hundekehlesee, Dianasee, Königssee, Hertha-See und Hubertussee bis hoch zum Halensee mitten in der City West – erstreckt sich heute das noble Villenviertel Charlottenburg-Wilmersdorf.

Hier wohnten und wohnen zahllose Prominente, Politiker, Intellektuelle und Schauspieler, Verleger und Theaterleute, von Max Reinhardt und Johannes Heesters über Romy Schneider bis Hildegard Knef und Joschka Fischer. Dennoch locken hier heute noch Badestellen und idyllische Ausflugslokale. Auf Wanderwegen in ausgedehnten Wäldern kann man Frischluft schnappen.

Sehenswert

Teufelsberg und Drachenberg
| Aussichtspunkt |

Im Norden des Grunewalds erhebt sich der 120 m hohe Teufelsberg mit der ehemaligen US-Abhörstation aus der Zeit des Kalten Krieges. Dem zweithöchsten Berg Berlins sieht man heute nicht mehr an, dass er aus 25 Mio. m³ Trümmerschutt besteht. Zur kalten Jahreszeit tummeln sich hier Rodler oder Skifahrer, sonst lässt man hier Drachen steigen, und Mountainbikes düsen abwärts. Spaziergänger genießen vor allem den weiten Panoramablick über das Grün des Grunewalds bis hin zur Havel – wohlgemerkt: vom benachbarten Drachenberg! Am Fuß des Berges liegt der Teufelssee, den im Sommer Fans der Freikörperkultur gern zum Baden und Sonnen nutzen.

Jagdschloss Grunewald
| Schloss |

Das idyllische Kleinod am Südostufer des Grunewaldsees ist eines der ältesten Schlösser Berlins: 1542 errichtet, gehörte es im späteren 16. Jh. Kurfürst Joachim II. von Brandenburg. Aus dem Namen »Zum grünen Wald« wurde später »Grunewald«. Der schlichte Renaissancebau wurde zu Beginn des 18. Jh. barock umgestaltet. Er beherbergt eine

Verfallende Abhöranlage auf dem Teufelsberg, ein Relikt des Kalten Krieges

Gemäldesammlung mit hochkarätigen Werken deutscher und niederländischer Meister des 15.–19. Jh., darunter Bilder der Cranachschule (etwa die »Quellnymphe« und »Judith mit dem Haupt des Holofernes« von Lucas Cranach d. Ä.). Im Obergeschoss zeigt die Herrschergalerie Kurfürsten und Könige der Hohenzollern vom 16.–19. Jh. im Porträt.

■ Hüttenweg 100, www.spsg.de, April–Okt. Di–So 10–17.30, Nov./Dez. und März Sa, So, Fei 10–16 Uhr, im Jan./Feb. geschl., 6 €, erm. 5 €

 Restaurants

€€–€€€ | Chalet Suisse Landhaus mitten im Wald mit Biergarten (€, im Winter Lagerfeuer), drinnen gehobene Küche mit Schweizer Einschlag, im Winter Raclette und Käsefondue, im Herbst Wild und Fisch aus der Gegend.
■ Clayallee 99, Tel. 030/832 63 62, www.chalet-suisse.de, Biergarten bei schönem Wetter tgl. ab 12 Uhr, Restaurant Mi–Fr 17–ca. 22, Sa, So ab 12 Uhr

61 Großer Wannsee

Der Schlager aus den 1950ern fordert zu Recht: Pack' die Badehose ein!

■ S7 Nikolassee, Wannsee

Manch einer, der sich in sommerlicher Hitze mit dem Auto, Fahrrad oder der S-Bahn auf den Weg zum Wannsee macht, trällert den 1950er-Jahre-Hit »Pack' die Badehose ein« vor sich hin. Das 1907 erstmals eröffnete Strandbad Wannsee ist immer noch das beliebteste Freibad Berlins mit Terrassen und einem 1,3 km langen und 80 m breiten Sandstrand – eine der größten Badeanstalten an einem Binnensee in Europa. Auf der Nordseite erstreckt sich die 25 ha große Halbinsel Schwanenwerder, auf der Ende des 19. Jh. ein Villenviertel entstand, wo beispielsweise Nazi-Größen wie Joseph Goebbels, später US-Militärgouverneur Dwight D. Eisenhower und der Verleger Axel Springer wohnten.

61 Großer Wannsee

 Sehenswert

Liebermann-Villa
| Museum |
Die Liebermann-Villa ist Leben und Werk des großen Impressionisten Max Liebermann (1847–1935) gewidmet. Dessen Spätwerk entstand hier rund um sein »Schloss am See«. Wiederkehrendes Motiv ist der vom Meister selbst gestaltete riesige und wunderschöne Garten direkt am See.
■ Colomierstr. 3, www.liebermann-villa.de, April–Sept. Mi–Mo 10–18, Okt.–März Mi–Mo 11–17 Uhr, 10 €, erm. 6 €

Haus der Wannseekonferenz
| Gedenkstätte |
Am 20. Januar 1942 lud SS-Obergruppenführer Heydrich Nazi-Größen sowie Vertreter der NSDAP und Reichsministerien zur Wannseekonferenz. Bei diesem Treffen besprachen die 15 Anwesenden ein »effektiveres« Vorgehen durch Kooperation bei der Vernichtung von Millionen Juden in Europa: die »Endlösung der Judenfrage«. Zum 50. Jahrestag richtete man 1992 hier die Gedenkstätte »Haus der Wannseekonferenz« und ein Mahnmal gegen Rassismus mit einer Dauerausstellung ein.
■ Am Großen Wannsee 56–58, www.ghwk.de, tgl. 10–18 Uhr, Eintritt frei

Kladow
| Stadtteil |
Der südlichste Teil von Spandau liegt malerisch an der Havel und besticht mit seinem dörflichen Charme. Nach ca. 4 km Fahrt mit der Wannseefähre F10 im Hafen Kladow angekommen, kann man an der Promenade mit Spielplatz, Badestelle und Lokalen gut verweilen oder beispielsweise im August beim alljährlichen Jazzfest mit den Berlinern tanzen.

 Verkehrsmittel

Die **Wannseefähre F10** fährt 20 Minuten von der großen Dampferablegestelle am Wannsee vorbei an der Insel Schwanenwerder zum ländlichen Alt-Kladow im Bezirk Spandau für den Preis eines BVG-Tickets AB. ■ www.bvg.de, www.sternundkreis.de, halbstündlich Mai–Aug. Mo–Fr 6–21, Sa 7–21, So 9–21, April, Sept., Okt. bis 20, Nov.–März Mo–Sa bis 19, So 10–17 Uhr

 Cafés

㉔ **Mutter Fourage** Einladendes Café mit Galerie und Kulturscheune: Frühstück, leckere Torten oder ein leichtes Mittagessen, alles aus ökologischem Anbau, raffiniert zubereitet. Im Laden gibt es allerlei Leckereien und Kleinigkeiten. ■ Chausseestr. 15 a, Tel. 030/80 58 32 83, www.mutterfourage.de, Mai–Sept. tgl. 9–19, Okt.–April 10–18 Uhr

62 Pfaueninsel

Das Meisterwerk deutscher Gartenbaukunst ist ein beliebtes Ausflugsziel

■ S7 Wannsee, dann Bus 218
■ Nikolskoer Weg, www.spsg.de, Öffnungszeiten siehe Website, Insel/Fähre: 4 €, erm. 3 €; Meierei: 3 €, erm. 2 €
■ Schloss wegen Sanierung bis auf Weiteres geschlossen

Die idyllische Pfaueninsel ist nur für Fußgänger mit einer Minifähre zu erreichen: Das Eiland wird auch »Perle im Havelmeer« genannt – gilt es doch als

Musterbeispiel eines »Sentimentalen Landschaftsgartens« im Sinne der Romantik, erweitert mit klassizistischer Architektur und künstlichen Ruinen. Im 19. Jh. strömten die Berliner in Massen auf die nur 1,5 km lange und 500 m breite Insel, um Tiere wie Löwen und Kängurus zu bestaunen. Die Insel mit bis zu 600 Jahre alten Baumriesen und einer artenreichen Vogelwelt ist Teil des UNESCO-Welterbes »Schlösser und Parks von Potsdam und Berlin«. Stars sind die frei herumstolzierenden Pfauen und seit 2018 Wasserbüffel. Man spaziert vorbei an Rosengarten, Gebirgsbach und Fontäne sowie traditionell bewirtschafteten Feldern. Ein Blickfang ist das weiße Ruinenschlösschen mit den beiden durch eine Brücke verbundenen Türmen: 1794–97 ließ König Friedrich Wilhelm II. hier ein Liebesnest für sich und seine Geliebte Wilhelmine Encke bauen, doch der Monarch starb vor der Fertigstellung. Später diente es seinem Sohn Friedrich Wilhelm III. und dessen Gemahlin, Königin Luise, an die der Luisentempel (1829) von Schinkel erinnert, als Sommerresidenz. Die nahe Meierei wurde 1795 als neogotische Klosterruine mit eindrucksvollem Saal im Obergeschoss errichtet.

 Parken

Am Nikolskoer Weg vor der Fährstelle müssen die Autos und Räder geparkt werden, auch Hunde dürfen nicht mit, und Rauchen ist verboten!

 Restaurants

€€ | **Blockhaus Nikolskoe** Mit herrlichem Blick auf Havel und Pfaueninsel sitzt man bei gut-berlinerischer Küche auf der Veranda in dem historischen Holzhaus, das Friedrich Wilhelm III. 1819 für seine Tochter Charlotte und ihren Mann, den späteren Zaren Nikolaus I., hat errichten lassen. ■ Nikolskoer Weg 15, Tel. 030/8052914, www.blockhaus-nikolskoe.de, Di–Do, So 12–18, Fr, Sa 12–20 Uhr

Romantisches Lustschlösschen in Ruinenoptik auf der Pfaueninsel

63 Schloss und Park Sanssouci
Unterwegs auf den Spuren Friedrich des Großen

Sechs Weinbergterrassen bilden den gestalterischen Mittelpunkt des Parks.

 Information

- S7 Potsdam Hbf., dann Bus 695, X15
- Potsdam Tourismus Service, Tel. 0331/27 55 88 99, www.potsdamtourismus.de; Informationsbüros: im Hbf. Potsdam (Mo–Sa 9–17 Uhr), Alter Markt/Humboldtstr. 2 (Mo–Fr 9–18, Sa 9–17, So 9.30–15 Uhr)
- Sanssouci-Eingänge: Am Grünen Gitter 1 (Haupteingang, am Ende der Allee nach Sanssouci), und Zur Historischen Mühle/Maulbeerallee, Schopenhauerstr., Am Neuen Palais, Geschwister-Scholl-Straße
- Besucherzentren: Zur Historischen Mühle/Maulbeerallee 5 (in der Historischen Mühle), Tel. 0331/969 42 00, www.spsg.de, Öffnungszeiten variabel (siehe Website), Park: tgl. ab 8 Uhr bis Einbruch der Dunkelheit, »freiwilliger Eintritt« (Flyer mit Plan): 2 €
- Begrenzte Eintrittskarten an der Kasse, lange Schlangen möglich, frühzeitiger Ticketkauf im Online-Ticketshop mit Zeitfenster wird empfohlen
- Parken siehe S. 172

 Die berühmteste deutsche Schlossanlage mit Gemäldegalerie

Schloss Sanssouci ist das bedeutendste unter all den Schlössern und Parks von Potsdam und Berlin, die 1990 von der UNESCO als Ensemble in die Liste des Welterbes aufgenommen wurden.

Schloss und Park Sanssouci

Plan S. 171

Sehenswert

a Schloss Sanssouci
| Schloss |

Das Rokokoschloss konnte 1747 nach Plänen des Hofarchitekten Georg Wenzeslaus von Knobelsdorff vollendet werden. Ludwig Persius erweiterte es 1840–42. Die eingeschossige Flügelanlage mit dem überkuppelten Mittelbau thront am Ende einer Freitreppe auf dem Weinberg. Die Fassade bevölkern heitere Skulpturen mit »tragender« Bedeutung: weibliche Karyatiden, muskulöse Atlanten und engelsgleiche Putten.

In den zwölf Sälen des Schlosses sind Möbel, Porzellan, Skulpturen und Gemälde zu sehen, überwiegend aus dem 18. Jh., darunter Werke von Antoine Watteau. Der ovale Marmorsaal im Mittelbau bezaubert mit Doppelsäulen, vergoldeter Kuppel und Nischenfiguren wie Venus und Apoll. Im Ostflügel sticht das Konzertzimmer hervor, dessen Wände mit Ornamenten, Spiegeln und Gemälden dekoriert sind. In der Bibliothek aus Zedernholz las Friedrich der Große die Schriften des Philosophen Voltaire (1694–1778), den er ab 1750 auch für drei Jahre beherbergte.

Friedrich der Große (1712–86) hatte die Anlage mit eigenen ersten Skizzen als private Sommerresidenz vor den Toren der Stadt geplant. Fernab vom höfischen Zeremoniell und ohne Regierungsgeschäfte wollte Friedrich II. hier im Sommer »sans souci« (ohne Sorge) leben. 1744 ließ er zunächst sechs Weinbergterrassen in der Nähe des bestehenden königlichen Küchengartens anlegen. Heute beeindruckt der 300 ha große Komplex mit seiner Mischung aus Rokoko-, Barock- und Renaissancebauten und den mediterran oder exotisch-fernöstlich inspirierten Gebäuden in einer weitläufigen Parklandschaft.

Am Rand der östlichen Schlossterrasse liegt Friedrichs schlichtes Grab: Erst zu seinem 205. Todestag überführte man 1991 seine Gebeine hierher.

■ April–Okt. Di–So 9–17.30, Nov.–März Di–So 10–16.30 Uhr, das Ticket »sanssouci+« für 19 €, erm. 14 € ist gültig für alle Potsdamer Schlösser an einem Tag, außer Schloss Sacrow und Jagdschloss Stern

Schloss und Park Sanssouci

Park Sanssouci und Große Fontäne
| Park |

Zu Friedrichs Lebzeiten wurde die Schlossanlage durch weitere Bauten ergänzt und der Park Sanssouci ab 1745 als Zier- und Nutzgarten angelegt. Heute kann man hier über 16 km Parkwege schlendern. Vor den Weinbergterrassen entstand auf der Hauptallee ein Wasserbecken mit der Großen Fontäne, umringt von allegorischen Figuren und antiken Göttern in Marmor. Zu Friedrichs Zeiten scheiterten alle Bemühungen, die Fontäne in Gang zu setzen.

■ tgl. 8 Uhr bis Sonnenuntergang, freiwilliger Parkeintritt 2 €, die Wege wegen akuter Astbruchgefahr nicht verlassen

Bildergalerie
| Gemäldesammlung |

Da das Schloss für eine angemessene Präsentation seiner Gemäldesammlung nicht ausreichte, ließ Friedrich 1755–64 etwas weiter östlich die Bildergalerie bauen. In kostbar dekorierten Sälen aus Gold und Marmor werden die Werke der größten Meister Europas gezeigt, bspw. Caravaggio, Rubens, van Dyck und Tintoretto.

■ nur Mai–Okt. Di–So 10–17.30 Uhr, Einzelpreis: 6 €, erm. 5 €

Neue Kammern
| Architektur |

Als Gegenstück zur Bildergalerie schuf Knobelsdorff 1747 die Alte Orangerie etwas westlich vom Schloss. Georg Christian Unger baute sie 1771–74 auf Friedrichs Wunsch zum Gästehaus Neue Kammern um. Die Glanzlichter im Reigen all ihrer Festgemächer mit Rokokodekor sind der reich mit Edelsteinen geschmückte Jaspissaal und die Ovidgalerie, in der Reliefs die Szenen aus den »Metamorphosen« des namensgebenden römischen Dichters illustrieren.

■ nur April–Okt. Di–So 10–17.30 Uhr, Einzelpreis: 6 €, erm. 5 €

Historische Mühle
| Windmühle |

Hinter den Kammern und der Maulbeerallee wurde die Historische Mühle 1787–91 nach holländischem Vorbild errichtet und nach dem Zweiten Weltkrieg rekonstruiert. Sie bietet neben herrlicher Aussicht eine Ausstellung über Funktion und Technik historischer Mühlen samt Laden und die Gelegenheit, selbst Getreide zu mahlen oder frisch gemahlen zu kaufen.

■ Maulbeerallee 5 (Zur Historischen Mühle), nur April–Okt. tgl. 10–18 Uhr, Einzelpreis: 4 €, erm. 2–3 €

Orangerieschloss
| Schloss |

Im Westen von Park Sanssouci liegt die luftige Orangerie (1851–64) mit ihren zwei quadratischen Türmchen. Geschaffen hat sie Persius im Auftrag Friedrich Wilhelms IV. (1795–1861), dem Initiator der zweiten großen Bauperiode in Sanssouci. Die Dreiflügelanlage mit ihren noch heute genutzten Pflanzenhallen ist italienischen Renaissancevillen nachempfunden. Im Raffaelsaal sind 50 Kopien von Gemälden des namensgebenden Malergenies versammelt, darunter so berühmte wie die »Sixtinische Madonna«. Prunkvoll ist auch das goldene Dekor des Malachitzimmers. Vom westlichen Turm (bis auf Weiteres geschl.) öffnen sich formidable Blicke über die Potsdamer Parklandschaft.

■ An der Orangerie 3–5, nur April Sa, So 10–17.30, Mai–Okt. Di–So 10–17.30 Uhr, 6 €, erm. 5 €, Turm 3 €, erm. 2 €

Schloss und Park Sanssouci

g Belvedere auf dem Klausberg
| Aussichtspunkt |

Die Maulbeerallee führt nach Westen auf den Klausberg. Dort steht das 1769 erbaute Belvedere: Der Rundbau entzückt mit Säulenumgängen und stuckierten Gemächern. Ihm zu Füßen steht das fernöstlich inspirierte Drachenhaus (1770) von Carl von Gontard. 16 Skulpturen zieren das einstige Winzerhäuschen.

■ Maulbeerallee, Belvedere nur für Sonderveranstaltungen geöffnet, siehe Website

h Neues Palais
| Schloss |

Nach Ende des Siebenjährigen Krieges entstand im äußersten Westen des weitläufigen Parks das Neue Palais (1763–69). Das Barockschloss wird von einer 55 m hohen Tambourkuppel bekrönt, 440 Skulpturen schmücken den Außenbau. Das Palais birgt 200 Säle und Galerien, darunter den kostbaren Marmorsaal und den vor lauter Mineralien, Erzen und Edelsteinen funkelnden Grottensaal sowie die Königswohnung (im Winter geschl.).

■ April–Okt. Mi–Mo 10–17.30, Nov.–März Mi–Mo 10–16.30 Uhr, 8 €, erm. 6 €

i Chinesisches Haus
| Pavillon |

Das Chinesische Haus im Süden von Park Sanssouci wurde 1754 von Johann Gottfried Büring im Stil der damaligen Chinamode errichtet – ein Rokokopavillon umgeben von vergoldeten Figuren. Auf der Spitze des Rundbaus thront eine vergoldete Figur mit Sonnenschirm, innen begeistern Meissener und ostasiatisches Porzellan.

■ Bis auf Weiteres geschlossen, sonst 4 €, erm. 3 €

10 63 a – 63 m Schloss und Park Sanssouci

63 Schloss und Park Sanssouci

Plan S. 171

 Römische Bäder
| Architektur |

Im Stil römischer Villen konzipierte Ludwig Persius die Römischen Bäder (1829–40). Das Dekor orientiert sich an pompejischen Wandmalereien und Kopien berühmter Skulpturen des Altertums. Im Garten stehen römische Tempelchen mit Säulen-Portikus.

■ nur Mai–Okt. Di–So 10–17.30 Uhr, Einzelpreis: 5 €, erm. 4 €

 Schloss Charlottenhof
| Schloss |

In den als Landschaftsgarten gestalteten Park Charlottenhof gliedert sich das klassizistische Schloss Charlottenhof harmonisch ein (1826–29, Schinkel und Persius). Die am südwestlichen Ende der Gärten etwas versteckte Anlage ist samt Interieur fast vollständig im Original erhalten. Ungewöhnlich ist das blau-weiß gestreifte Zeltzimmer.

■ Geschwister-Scholl-Str. 34 a, nur Mai–Okt. Di–So 10–17.30 Uhr, 6 €, erm. 5 €

 Friedenskirche
| Kirche |

Am Ostrand des Parks erhebt sich die Friedenskirche (1845–54, Ludwig Persius, Friedrich August Stüler). Mit ihrem markanten Campanile und dem Mosaik aus dem 12. Jh. im Chor erinnert sie an die frühchristlichen Kirchen in Rom.

■ Am Grünen Gitter 3, Öffnungszeiten siehe www.spsg.de, Eintritt frei

 Dampfmaschinenhaus
| Bauwerk |

An der Neustädter Havelbucht wurde 1841–43 das Dampfmaschinenhaus, darin das Pumpwerk für die Große Fontäne, in Gestalt einer Moschee gebaut.

■ Breite Str. 28, Mai–Okt. 1. So im Monat u. best. Feiertage 10–17.30 Uhr, 4 €, erm. 3 €

 Parken

An der Historischen Mühle und am Neuen Palais (gebührenpflichtig).

 Restaurants

€–€€ | **Drachenhaus** Saisonale Küche und angemessene Preise, idyllisch draußen oder elegant drinnen. ■ Maulbeerallee 4, Tel. 0331/5053808, www.drachenhaus.de, April–Okt. Mi–Mo 11–19, Nov.–März Mi–So 12–18, Jan., Feb. nur Sa, So 12–18 Uhr, Plan S. 171 a1

€–€€ | **Garage du Pont** Vorwiegend französisch-deutsche Küche, gute Weinauswahl. Abends reservieren. ■ Berliner Str. 88, Tel. 0331/87093272, www.garagedupont.de, Do–So 12–23 Uhr

64 Filmpark Babelsberg

 Ausflug in die Traditionsstätte des deutschen Films

■ S7 Babelsberg, dann Bus 601, 690 (Filmpark)
■ August-Bebel-Str. 26–53, Eingang Großbeerenstr. 200, www.filmpark-babelsberg.de, wechselnde Öffnungszeiten und Schließtage s. Website, 23 €, erm. 16–20 €, online 19 €, erm. 13–17 € (inkl. aller Shows)

Die Filmstudios und -ateliers wurden 1912 gegründet und waren bis 1939 die größte Filmstadt Europas. Heute gehören sie zur Medienstadt Babelsberg, wo auch internationale Kinofilme gedreht werden Bei einer Studiotour locken Attraktionen wie 4D-Actionkino, Sandmann-Haus, Metropolis-Halle, Filmtier- und Stuntshow, außerdem Horrornächte und Mitmach-Shows. Hier kann man locker fünf, sechs Stunden verbringen.

SATT UND GLÜCKLICH!

Yes we camp! Der kulinarische Campingführer präsentiert rund 150 Landgasthöfe, Weingüter und andere Gastgeber aus Deutschland und Österreich, die Wohnmobil-Reisende und Camper mit offenen Armen empfangen. Ihr besonderes Angebot: Sie dürfen eine Nacht auf dem Gelände in ihrem Wohnmobil **übernachten – kostenlos bei allen teilnehmenden Gasthöfen mit der Vignette** im Buch.

Jetzt überall, wo es Bücher gibt, oder online bestellen.

powered by **ADAC**

ADAC Service Berlin

Beim **ADAC Infoservice**, in den **ADAC Geschäftsstellen** sowie auf dem **Internetportal des ADAC** (adac.de) erhalten Sie Informationen zu den Dienstleistungen des Automobilclubs und zu Ihrem Reiseziel. So können Sie sich von der **ADAC Trips App** (adac.de/services/apps/trips) via Smartphone oder Tablet-PC inspirieren lassen oder als **ADAC Mitglied** die kostenlosen **ADAC Toursets® Berlin** und **Berlin family** (adac.de/reise-freizeit/reiseplanung/tourset) mit vielen Reiseinfos und Karten anfordern. Bei Pannen und Notfällen steht Ihnen unser Team rund um die Uhr telefonisch und digital (adac.de/hilfe und ADAC Pannenhilfe App) zur Verfügung.

ADAC Infoservice
T 0800 510 11 12
Infos zu allen ADAC Leistungen
(Mo–Sa 8–20 Uhr, gebührenfrei)

ADAC Pannenhilfe Deutschland
T 089 20 20 40 00, Mobil 22 22 22
(Verbindungskosten je nach
Netzbetreiber/Provider)

ADAC Ambulanzdienst
T +49 89 76 76 76
(Erkrankung, Unfall, Verletzung,
Transportfragen, Todesfall)

ADAC Pannenhilfe Ausland
T +49 89 22 22 22
(Verbindungskosten je nach
Netzbetreiber/Provider)

Online-Angebote des ADAC für Ihre Reiseplanung

Service	Webadresse
Reiseinspirationen, -planung und -hinweise	adac.de/reise-freizeit/reiseplanung
Aktuelle Verkehrslage	adac.de/verkehr
Individuelle Routenplanung	adac.de/maps
Infos zu Tankstellen und Spritpreisen	adac.de/tanken
Infos zu mautpflichtigen Strecken	adac.de/reise-freizeit/maut-vignette
Infos zu Fährverbindungen	adac.de/faehren
Aktuelle Infos vor Reiseantritt	adac.de/tourmail
Informationen für Camper	adac.de/camping
Informationen für Motorrad- und Oldtimerfahrer	adac.de/reise-freizeit/reisen-motorrad-oldtimer
Informationen für Segler und Skipper	skipper.adac.de
ADAC Reiseangebote	adacreisen.de
ADAC Autovermietung	adac.de/autovermietung
ADAC Versicherungen für den Urlaub	adac.de/versicherungen
Weltweite Preisvorteile für ADAC Mitglieder	adac.de/vorteile-international
Telemedizinische Beratung	adac.de/meinmedical

Diese **Produkte des ADAC** könnten Sie interessieren: **ADAC Reiseführer Brandenburg**, **ADAC Reiseführer Hamburg** und **ADAC Campingführer Deutschland und Nordeuropa** – erhältlich im Buchhandel, bei den ADAC Geschäftsstellen und in unserem ADAC Online-Shop (adac.de/shop).

Berlin von A–Z

Anreise

Auto
Nach Berlin gelangt man von Westen über die **A 2**, von Süden aus Richtung Hof über die **A 9** oder aus Richtung Dresden über die **A 13**, von Osten aus Richtung Frankfurt/Oder über die **A 12,** von Norden aus Richtung Szczecin (Stettin) über die **A 11**, aus Richtung Hamburg über die **A 24**.
Die Innenstadt ist innerhalb des S-Bahn-Rings **Umweltzone**, also nur für Autos mit grüner Plakette befahrbar.

Bahn
Fernbahnhöfe sind Hauptbahnhof, Spandau, Ostbahnhof, Südkreuz und Gesundbrunnen.
Fahrplanauskunft:
Deutsche Bahn, Tel. 030/29 70 (rund um die Uhr Auskünfte zu Fahrpreisen und Fahrplänen), www.bahn.de
Österreichische Bundesbahnen, Tel. 05/17 17 (österreichweit), +43/5/17 17 (aus dem Ausland), www.oebb.at
Schweizerische Bundesbahnen, Tel. 08 48/44 66 88 (CHF 0,08/Min. aus dem Schweizer Festnetz), www.sbb.ch

Bus
Zentraler Omnibusbahnhof (ZOB) am Funkturm, Messedamm 8 und Masurenallee 4–6 (Charlottenburg), Tel. 030/30 10 01 75, www.zob.berlin
Anschluss in die Innenstadt mit U2 ab Kaiserdamm, mit S41, S42, S46, ab Messe Nord/ICC oder mit Bus M49, X34, X49, 104, 139, 218, 349, N2, N42
Günstig reist man per Fernbus zwischen vielen Städten in Deutschland, Österreich und der Schweiz. Portale wie www.checkmybus.de und www.busliniensuche.de vergleichen alle Anbieter.

Flugzeug
Der Flughafen Berlin Brandenburg BER »Willy Brandt« wurde im Oktober 2020 eröffnet. Die Flughäfen Tegel und Schönefeld sind stillgelegt.
Flugauskunft, Tel. 030/609 16 09 10 (tgl. 8–20 Uhr), https://ber.berlin-airport.de
Der BER ist z. B. vom Berliner Hauptbahnhof mehrmals stündlich zu erreichen mit dem Airport Express (FEX), Regionalbahnen (RE7, RB14, ab Potsdam BER2), S-Bahnen (S9, S45) und Expressbussen (X7, X71 ab U7 Rudow) sowie mit dem Auto (A 113, B 96a). Achtung: Der BER liegt im Tarifbereich C.

Auto und Straßenverkehr

Parken
Parken in Berlin kann auf den ersten Blick kompliziert und teuer wirken. Es gibt viele Parkhäuser, die Gebühren fürs Innenstadtparken sind vergleichsweise günstig (ab 1–4 €/Std.), allerdings kann das Knöllchen für abgelaufene Parkscheine teuer werden.
Parkplatzsuche per App, SMS oder Anruf: siehe S. 111. Münzen sollte man natürlich immer dabeihaben. Info: smartparking.de

Unfall
Nach einem Unfall sofort anhalten, die **Unfallstelle** absichern und Erste Hilfe leisten. Bei **Personenschaden** müssen Sie zwingend die Polizei verständigen (Notruf: 112). Die **ADAC Pannenhilfe** erreichen Sie bei Fahrzeugpannen und Unfällen unter Tel. 089/20 20 40 00.
Unbedingt Kennzeichen, Name und Anschrift von Fahrern und Haltern der beteiligten Fahrzeuge sowie deren Haftpflichtversicherung und **Versiche-**

Festivals und Events

Hier nur eine Auswahl, den hauptstädtischen Veranstaltungskalender findet man unter www.berlin.de.

Februar
Berlinale – Internationale Filmfestspiele Berlin Filmwettbewerb um die Goldenen Bären, auch diverse weitere Sparten.

März
maerzmusik Internationales Festival für Neue Musik.

Mai
Theatertreffen Berlin Leistungsschau des deutschsprachigen Theaters.

Mai und Juni
Karneval der Kulturen Straßenfest, Parade und Partys mit Akteuren aus aller Welt (Pfingsten).

Juni
Fête de la Musique Ein weltweites Projekt: 500 Bands aus 100 Ländern spielen am 21. Juni über die ganze Stadt verteilt und kostenfrei.

Juni und Juli
Volksfestsommer Eines der größten Volksfeste Berlins (ehem. Deutsch-Französisches Volksfest) – bereits seit 1963 (Mitte Juni–Mitte Juli).
Classic Open Air Melodien aus Oper, Operette und Musical auf dem Gendarmenmarkt (Mitte Juli).
CSD – Christopher Street Day Bunte Parade der Lesben, Schwulen, Bisexuellen und Transgender (Ende Juli).

August
Tanz im August Internationale Tanzprojekte, Workshops und Tanzfilmnacht in diversen Locations (HAU, Berliner Festspiele, Sophiensäle etc.).

September
Internationales Literaturfestival Literarisches Großereignis auch jenseits von Berlin.
Musikfest Berlin Zahlreiche Stars der internationalen orchestralen Musik kommen nach Berlin – ein Hörgenuss.

Oktober
Tag der Deutschen Einheit Spektakuläre Party zwischen Brandenburger Tor und Rotem Rathaus.
Festival of Lights Zahlreiche Bauwerke werden eindrucksvoll illuminiert.

November
JazzFest Berlin Jazz als Weltmusik, auf einem der renommiertesten Festivals der Welt (Anfang Nov.).

Dezember
Silvesterparty am Brandenburger Tor Größtes Silvesterevent in Deutschland.

Berlin von A–Z

rungsnummer notieren. Außerdem Name von (möglichst neutralen) **Unfallzeugen** festhalten und die Unfallstelle fotografieren. Unterzeichnen Sie keine Schriftstücke, deren Inhalt nicht verständlich ist. Lassen Sie sich bei Problemen vom ADAC beraten (Tel. 0800/510 11 12).

Ihre **Schadensersatzansprüche** können Sie entweder bei der gegnerischen Versicherung oder über einen **Regulierungsbeauftragten** der Haftpflichtversicherung in Deutschland geltend machen, der Ihnen über den **Zentralruf der Autoversicherer** vermittelt wird.

Zentralruf der Autoversicherer Auskunftsstelle / GDV

 Glockengießerwall 1, 20095 Hamburg, Tel. 0800/250 26 00, 040/33 44 90, www.gdv-dl.de

Barrierefreies Reisen

Barrierefrei zugänglich für Rollstuhlfahrer sind die meisten Bahnhöfe, Hauptbahnhof, Flughäfen, Verkehrsmittel, die meisten Museen und Sehenswürdigkeiten usw.

Dazu kommen abgesenkte Bordsteine, für Rollstuhlfahrer zugängliche öffentliche (Wall City) Toiletten, auch viele Restaurants und Kneipen, Kieztouren für Rollstuhlfahrer und 1300 öffentliche Behindertenparkplätze.

Info über spezielle Aps und Portale: App »accessBerlin«, www.visitberlin.de/de/barrierefrei-rollstuhlfahrer-berlin, www.enableme.de

Feiertage

1. Januar (Neujahr), 8. März (Frauentag), Karfreitag, Ostermontag, 1. Mai (Tag der Arbeit), Christi Himmelfahrt, Pfingstmontag, 3. Oktober (Tag der Dt. Einheit), 25./26. Dezember

Fundbüros

Zentrales Fundbüro, Platz der Luftbrücke 6 (Tempelhof), Tel. 030/902 77 31 01, Mo, Di 9–14, Do 13–18 Uhr.
BVG-Fundbüro, Rudolfstr. 1–8 (Friedrichshain), Tel. 030/194 49, www.bvg.de/Fundbuero (Fundanfrage auch online möglich), Mo, Di, Do, Fr 9–17 Uhr.
Fundbüro der Deutschen Bahn, Tel. 030/586 02 09 09 (Mo–Sa 8–20 Uhr), www.bahn.de

Geld und Währung

Banken und **Sparkassen** sind zumeist Mo–Fr 10–16, Do bis 17.30 Uhr geöffnet. Mit **EC- und Kreditkarten** kann man bei vielen Filialen an Automaten rund um die Uhr Geld abheben. Viele Geschäfte, Hotels, Vorverkaufsstellen für Tickets und Restaurants akzeptieren ebenfalls Kreditkarten und die EC-Karte. Wir empfehlen den **Geldumtausch** zu Hause oder bei einer deutschen Bank.

Kosten im Urlaub

(durchschnittliches Preisniveau)

Tasse Kaffee	ca. 2–3,50 €
Softdrink (Limonade)	ab 2,50 €
Glas Bier (0,4 Liter)	ab 3,50 €
Glas Wein (0,2 Liter)	3,50–6 €
Hauptgericht (Restaurant)	12–15 €
Eintritt Staatl. Museum	ca. 8–19 €
Mietwagen pro Tag (3 Tage)	ab ca. 50 €
Mietrad pro Tag	ab ca. 12 €
ÖPNV (Einzelfahrt A/B)	3 €

Berlin von A–Z

Im Innenteil des Reiseführers finden Sie zahlreiche **ADAC Spar-Tipps** für Ihren Berlin-Urlaub.

Gesundheit

Apotheken haben in der Regel Mo–Fr 9–18, Sa 9–13 Uhr geöffnet.
Apotheken-Notdienst: Tel. 0800/0022833, Mobil 22833 (Apothekenfinder: www.akberlin.de/notdienst.html)
Ärztlicher Bereitschaftsdienst: Tel. 030/116117
Zahnärztlicher Notdienst: Tel. 030/89004333
Giftnotruf: Tel. 030/19240
Rufnummern für Notfälle (S. 180).

Information

In den **Berliner Tourismus-Informationen** gibt es Stadtpläne, Veranstaltungsmagazine und Unterkunftsverzeichnisse. Zudem werden Tickets, die Berlin WelcomeCard (siehe Spartipp, S. 183) usw. verkauft sowie Hotels und Führungen vermittelt. Büros sind hier zu finden:
Hauptbahnhof, EG, tgl. 8–21 Uhr
Brandenburger Tor, tgl. 10–18 Uhr
Humboldt Forum, tgl. 10–18 Uhr
Flughafen BER, Terminal 1, Ebene E0, tgl. 9–21 Uhr
■ www.visitberlin.de
In **Potsdam** gibt es zwei Tourist-Informationen:
Hauptbahnhof, Mo–Sa 9–17 Uhr
Alter Markt, Mo–Fr 9–18, Sa 9–17, So, Fei 9.30–15 Uhr
■ Potsdam Tourismus Service, Tel. 0331/2755 8899, www.potsdamtourismus.de
Berlin im Internet:
www.berlin.de, www.museumsportal-berlin.de, www.tip-berlin.de, https://berlin.prinz.de, www.berlin030.de

Klima und beste Reisezeit

Im Sommer durchschnittlich 22–23 °C, es kann aber auch wärmer werden, wie in den Rekordsommern 2015–2022 mit bis zu 39 Grad und schweren Unwettern; im Winter etwa 2–3 °C, was aber oft als kälter empfunden wird. Niederschläge fallen gleichmäßig, doch nicht sehr viel.

In Berlin ist das ganze Jahr über viel los, es gibt keine bevorzugte Reisezeit.

Klimatabelle Berlin

Monat	Luft (°C) (min./max.)	Sonne (h/Tag)	Regentage
Jan.	-3/2	2	10
Feb.	-2/4	3	9
März	0/8	4	8
April	4/13	5	9
Mai	8/19	7	10
Juni	11/22	7	10
Juli	13/23	7	9
Aug.	12/23	7	9
Sept.	9/19	5	9
Okt.	6/13	4	8
Nov.	2/7	2	10
Dez.	-1/3	1	11

Kultur und Tickets

Das Berliner Kulturangebot ist Weltklasse – ob Philharmoniker oder der deutsche Ableger des Lollapalooza-Rock-Festivals (2 Tage im September, www.lollapaloozade.com). Liebhaber von Oper und klassischen alten Meistern kommen Unter den Linden, auf der Museumsinsel und im Kulturforum sowie beim Schloss Charlottenburg auf ihre Kosten. Wer Galerie-Hopping be-

treiben will, besucht das alte Scheunenviertel in Berlin-Mitte. Berühmte Theaterstätten finden sich rund um die Friedrichstraße und den Kurfürstendamm, Tanz- oder Improvisationstheater beispielsweise in Kreuzberg. Und nicht zu vergessen: Park und Schloss Sanssouci in Potsdam.
Adressen von vielen Bühnen und Shows finden Sie jeweils am Kapitelende unter der Überschrift »Am Abend« (S. 92, 106, 120, 142, 142).
Vorverkaufsstellen:
www.berlin-buehnen.de, gemeinsames Portal zahlreicher Berliner Theater mit Programm und Kartenvorverkauf.
visitBerlin, Buchungshotline Tel. 030/ 25 00 23 33, www.visitberlin.de
KoKa Konzertkasse, Oranienstr. 29, Tel. 030/61 10 13 13, www.koka36.de
Stage Entertainment, Tel. 01805/ 44 44 (0,14 €/Min., mobil mehr), www.stage-entertainment.de

Märkte und Flohmärkte

Im Winter sollte man die Berliner **Winter- und Weihnachtsmärkte** besuchen: von Riesenrad-Rummel (Alexanderplatz) über Öko (Kollwitzplatz) bis Märchenlesung (Jagschloss Grunewald). Beliebt sind die Märkte am Breitscheidplatz (international), Opernpalais (nostalgisch), in der KulturBrauerei (skandinavisch-nordisch, S. 118) und in der Altstadt Spandau (S. 160). Im Sony Center locken Lichtfiguren und eine Eis- und Rodelbahn, in Rixdorf in Neukölln wird Holzspielzeug und Selbstgemachtes verkauft, am Gendarmenmarkt zahlt man einen geringen Eintritt und kann Kunsthandwerkern zuschauen (S. 76). Eine gute Übersicht bietet www.weihnachteninberlin.de

Ganzjährig gibt es die 250 Berliner Wochenmärkte, am bekanntesten sind der **Türkmarkt** (S. 130), der **Winterfeldtmarkt** am Schöneberger Winterfeldtplatz (winterfeldtplatz.winterfeldt-markt.de, Mi 8–14, Sa 8–16 Uhr) und der **Ökomarkt** am Kollwitzplatz (www.grueneliga-berlin.de, Do 12–19 Uhr) in Prenzlauer Berg. Unter den Flohmärkten lohnen: der **Trödelmarkt** mit Kunst- und Kunsthandwerk an der Straße des 17. Juni (www.berlinertroedelmarkt.com, Sa, So 10–17 Uhr – hart verhandeln!), der **Berliner Kunst- und Nostalgiemarkt** (Am Zeughaus, Museumsinsel, www.kunstmarkt-berlin.com, Sa, So 11–17 Uhr) und der recht überlaufene und touristische **Flohmarkt** am Mauerpark (Bernauer Straße, www.flohmarktimmauerpark.de, So 9–18 Uhr) in Prenzlauer Berg.

Nachtleben

Ob Lange Nacht der Museen, Filmfestspiele oder Theatertreffen, Oper oder Open-Air-Kino, Rooftop- oder Partyhopping, Rockmusik, Rap oder Schlager – Berlins Nachtleben ist vielseitig und bunt. Sperrstunden sind unbekannt. Fürs Partyvolk ist neben Prenzlauer Berg und Kreuzberg-Friedrichshain jetzt auch die Nord-Neuköllner Gegend im Reuter-Kiez (Reuter- und Weserstraße) angesagt. Aber auch die beiden »alten« Teile Kreuzbergs (»36« um die Oranienstraße und »61« um die Bergmannstraße) sind trendige Ausgehzonen mit Imbissen, Restaurants und Bars. In den alten West-Berliner Bezirken wie Charlottenburg und Schöneberg geht es etwas gediegener zu.
Adressen von Bars und Club stehen jeweils am Kapitelende unter der Überschrift »Am Abend« .

Notfall

EU-weiter Notruf:
Tel. 112 (Polizei, Unfallrettung, Feuerwehr)
Giftnotruf der Charité:
Tel. 030/192 40 (24 Std.)
Sperrnotruf für EC- und Kreditkarten:
Tel. +49/11 61 16, Mobil: 11 61 16, www.sperr-notruf.de, Kontonummer, Bankleitzahl bzw. IBAN angeben

 Öffnungszeiten

Geschäfte und Kaufhäuser haben unterschiedliche Öffnungszeiten, in der Regel **Kaufhäuser** Mo–Sa 10–20 bzw. 21/22 Uhr, so auch die Shopping Malls. Die **Spätis** mit Lebensmitteln, Alkohol, Tabak usw. sind fast rund um die Uhr geöffnet. Aber auch viele Supermärkte öffnen Mo–Sa bis 22 oder sogar 24 Uhr. Viele Läden und (Mode-) Shops findet man im **Hauptbahnhof Berlin** (meist ca. 8–21/22 Uhr, Sonntagsshopping an acht festen Terminen pro Jahr, meist zu internationalen Veranstaltungen: www.berlin.de, Stichwort »verkaufsoffen«.
Museen sind meist montags geschlossen, viele haben aber täglich geöffnet. Einige Museen haben ihren wöchentlichen Schließtag auf den Dienstag verlegt.

 Post

Mo–Fr 8–18, Sa 8–13 Uhr. Längere Öffnungszeiten in einzelnen Filialen oder Kiosken, Mo–Fr 6–22, Sa, So 8–22 Uhr.

 Rauchen und Alkohol

Es gilt Rauchverbot in allen öffentlichen Gebäuden, im ÖPNV (auch offene Bahnsteige) und in den meisten Restaurants, die jedoch gelegentlich ein Raucherzimmer/-bereich anbieten. In der Praxis wird in vielen Clubs und Bars weitergeraucht. Mehr als 1000 Kneipen sind explizite Raucherkneipen und weisen per Schild darauf hin, ganz zu schweigen von den unzähligen Shisha-Bars.

 Sicherheit

Wie in jeder Großstadt sollte man sich in Acht nehmen vor Taschendieben, Trickbetrügern und »Antänzern« (v. a. in öffentlichen Verkehrsmitteln und auf Bahnhöfen, insbes. U-Bhf. Warschauer Straße, Märkten, in Einkaufspassagen und bei Veranstaltungen). Die Taschendiebstahlzahlen in Berlin sind in den letzten Jahren dramatisch gestiegen. Die beliebtesten Maschen: Rempel-, Drängel-, Stadtplan-, Geldwechsel-, Ketchup-/Verschmutzer- und der PIN-Ausspäh-Trick am Geldautomaten. Besonders in den trubeligen Szenebezirken ist im Umgang mit Handtaschen, Handys und Geldbörsen Vorsicht geboten (z. B. RAW-Gelände). Handtaschen lieber quer umhängen und Rucksäcke vor dem Bauch tragen. Info: www.polizei-beratung.de/startseite-und-aktionen

 Sport

In Berlin finden zahlreiche nationale und internationale sportliche Großereignisse statt, darunter im Sommer das DFB-Pokalfinale (www.dfb.de, www.berliner-fussball.de, www.herthabsc.de) im Herrenfußball, im September der Berlin-Marathon und im Herbst das Internationale Stadionfest ISTAF (www.istaf.de) für Leichtathleten.

Eissport

Es gibt Eisflächen auf den Weihnachtsmärkten am Potsdamer Platz, Neptunbrunnen und Alexanderplatz. Über Eisstadien verfügen die Stadtbezirke Neukölln (Oderstr. 182), Wedding (Müllerstr. 185), Wilmersdorf sowie Charlottenburg mit der Eissporthalle (Glockenturmstr. 14), außerdem eine Rodelbahn am Teufelsberg. Infos: www.eissport-berlin.de

Joggen

Es läuft sich gut im Tiergarten, im Schlosspark Charlottenburg und in fast allen anderen Stadtparks. Passionierte Läufer aus aller Welt starten jedes Jahr im September beim Berlin-Marathon (www.bmw-berlin-marathon.com).

Radfahren

Es gibt ein gut ausgebautes Radwegenetz mit insgesamt 590 km. Übersichtskarten und GPS-Tracks für Radrouten durch Berlin unter: www.berlin.de, Stichwort »Fahrrad«.

Wassersport und Bootsverleih

Wer will, kann im Urlaub auch selbst Boot fahren oder seinen Binnen-Segelschein machen. Hier einige Anlaufstellen:
Marina Lanke Berlin, Scharfe Lanke 109–131 (Spandau), Tel. 030/36 20 0 90, www.marina-lanke.de (Vermietung von Jachten, Motor- und Hausbooten, Segel- und Motorbootschule).
Minigolf und Bootsvermietung Mühl, Nördliche Greenwichpromenade an der Tegeler Hafenbrücke (Tegel), Tel. 030/61 63 32 11.
Segelschule Berlin, Friederikestr. 24 (Tegel), Tel. 030/43 11 71, www.segelschule-berlin.de (Segel- und Sportbootkurse sowie Bootsverleih).

 Stadtbesichtigung

Berlin aus der Luft

Berlin aus der Vogelperspektive sieht man z. B. bei einem Helicopterrundflug. Infos: **Air Service Berlin**, Flughafen BER, Terminal T1, Tel. 030/53 21 53 21, www.berlinhelicopter.de

Stadttouren

Ariadne, Mobil 0179/15 13 22 0, www.ariadne-berlin.de. Exklusive Führungen durch die Staatlichen Museen, etwa ganz alleine zu Nofretete.
art:berlin, Bessemerstr. 22 (Schöneberg), www.artberlin-online.de. Mode- und Bauhaus-Touren sowie Kiezführungen.
Berlin on Bike, Tel. 030/43 73 99 99, www.berlinonbike.de. Viele Thementouren und Radausleihe ab 15 €/Tag.
Berliner Unterwelten, www.berliner-unterwelten.de. Bunker und Tunnel.
GoArt!, Tel. 030/30 87 36 26, www.goart-berlin.de. Führungen und Touren für Kunst- und Kulturinteressierte.
Postdam per Pedales, Tel. 0331/748 00 57, www.potsdam-per-pedales.de. Radverleih, Rad- und Kajaktouren.
StattReisen Berlin, Liebenwalder Str. 35a (Wedding), Tel. 030/455 30 28, www.stattreisenberlin.de. Kiez- und Stadtspaziergänge zu diversen Themen.
Ticket B, Frankfurter Tor 1 (Friedrichshain), Tel. 030/420 26 96 20, www.ticket-b.de. Stadtführungen von Architekten, »Sehfahrten« mit Solarboot.
Trabi Safari, Zimmerstr. 97/Ecke Wilhelmstr. (Mitte), www.trabi-safari.de. Eine Stadtführung erleben und dabei selber »Rennpappe« fahren.

Stadtrundfahrten

Stationen der **Hop-on-Hop-off-Busse** sind Ku'damm/Meinekestraße, Tauent-

zienstraße am KaDeWe und am Alex hinter dem Park Inn. Weitere Haltestellen liegen entlang den Routen.
Berlin City Tour, Tel. 030/70 17 12 50, www.berlin-city-tour.de. Berlin und Potsdam in Doppeldeckerbussen.
City Circle in gelben Bussen und in der Regel auch Potsdam-Touren bieten:
City Circle, Tel. 030/880 41 90, www.city-circle.de
BEX Sightseeing, Kurfürstendamm 216, Tel. 030/880 41 90, www.bex.de
Besonders günstig kann man die Stadt mit dem **Bus 100** (Zoo bis Alex) besichtigen (S. 74). Der **Bus 200** fährt ab Zoo nach Prenzlauer Berg über Potsdamer Platz und Alexanderplatz, der **Bus 300** verbindet die Philharmonie, Unter den Linden und die East Side Gallery. Die **Tram M1** fährt von Friedrichstraße nach Prenzlauer Berg.

Schiffsrundfahrten
Reederei Riedel, Tel. 030/62 93 31 94, www.reederei-riedel.de. Start u. a. ab Hansabrücke, Märkisches Ufer, Moltkebrücke, Corneliusbrücke, Haus der Kulturen der Welt und Kottbusser Brücke.
Stern- und Kreisschifffahrt, Tel. 030/536 36 00, www.sternundkreis.de. Von/nach Treptow, Charlottenburg, Tegel, Köpenick und über den Großen Müggelsee bis zur Woltersdorfer Schleuse.
Potsdamer Wassertaxi, Tel. 0331/275 92 10, www.potsdamer-wassertaxi.de. Verkehrt zwischen Park Glienicke und Strandbad Templin, hält u.a. am Park Babelsberg, nahe Schloss Cecilienhof, am Hbf. Potsdam und nahe Sanssouci.

Telefon und Internet

Mehr als 600 Hotspots kostenlos, unbegrenzt und ohne Anmeldung fast überall (ÖPNV, Cafés usw.) in der Stadt.

Unterkunft und Hotels

Hotels und Pensionen
Es gibt rund 800 Hotels, Pensionen, Hostels und einfache Familienpensionen mit rund 140 000 Betten. Infos zum Hotelangebot in den einzelnen Stadtteilen mit **Preiskategorien** finden Sie am Ende jedes Kapitels (S. 92, 107, 121, 143, 157).

Jugendherbergen
Die drei Berliner Jugendherbergen (und eine weitere in Potsdam) sind beliebt und schnell ausgebucht (Zentrales Tel. 03 31/87 79 1 00, www.jugendherberge.de).

Camping
Eine gute Auswahl geprüfter Plätze für den Berlinbesuch bieten ADAC Campingführer und ADAC Stellplatzführer (adac.de/campingfuehrer). Die Inhalte gibt es auch als App für iPhone, iPad und Android.

Verkehrsmittel in der Stadt

Öffentliche Verkehrsmittel
Die Berliner Verkehrsbetriebe (BVG) mit U-Bahn, Bus, Trambahn und die S-Bahn Berlin bilden ein gemeinsames Verkehrsnetz (Plan s. hintere Umschlagklappe). Beide gehören dem Verkehrsverbund Berlin-Brandenburg (VBB) an, ebenso wie der Verkehrsbetrieb Potsdam GmbH (ViP) mit Bussen und Straßenbahnen.

■ BVG, Tel. 030/194 49, www.bvg.de
■ S-Bahn Berlin, Tel. 030/29 74 33 33, www.sbahn.berlin
■ Verkehrsbetrieb Potsdam (ViP), Tel. 03 31/661 42 75, www.swp-potsdam.de/de/verkehr/
■ VBB, Tel. 030/25 41 41 41, www.vbb.de

Fahrscheine gibt es an Automaten auf den S- und U-Bahnsteigen und in der Tram; Letztere nehmen nur Münzen. Einzelfahrscheine kosten 3 €, 4-Fahrten-Karten 9,40 €. Sie müssen am Bahnsteig oder im Bus entwertet werden. Einzeltickets für den Tarifbereich AB, BC oder ABC gelten jeweils zwei Stunden für Fahrten in eine Richtung. Der Flughafen BER liegt im Bereich C. Kurzstreckentickets (2 €, 4-Fahrten-Karte 6 €) gelten für maximal drei U- bzw. S-Bahn-Stationen (mit Umstieg) oder für maximal sechs Bus- oder Tramstationen (ohne Umstieg), im Tarifbereich C nur für die S-Bahn. Gut zu wissen: Tageskarten (8,80 €) lohnen bereits ab drei Fahrten.

Muva

Als Nachfolger vom BerlKönig bietet sich der **BVG-Rufbus** Muva an, u. a. für mobilitätseingeschränkte Menschen mit Rollator, Rollstuhl oder Kinderwagen. Der Service kann als »Aufzugersatz«, wenn ein U-Bahn-Aufzug defekt oder nicht vorhanden ist (leider nur auf der U8 und Teilen der U5), oder als barrierefreie Sammelbus-Fahrt per »BVG Muva«-App bestellt werden mit direkter Anbindung zum Nahverkehr – allerdings nur in Teilen von Lichtenberg, Marzahn-Hellersdorf, nördliches Treptow-Köpenick und östliches Friedrichshain-Kreuzberg. 24 Std., ab 1,50 Euro. Call-Center: 030/25 62 33 33, www.bvg.de

Fahrrad

Regulärer Verleih über diverse Fahrradstationen, z. B. **Radwelt**, Warschauer Str. 31 und Leipziger Str. 56, www.radwelt.berlin, oder **Fahrradstation**, Dorotheenstr. 30, Tel. 030/28 38 48 48, www.fahrradstation.de.

Außerdem kann man innerhalb des S-Bahn-Rings per App und nach Anmeldung Fahrräder mieten (inkl. Scan für QR-Code und Schloss-Code): von der Deutschen Bahn (www.callabike-interaktiv.de) und von Edeka (www.nextbike.de).

Mietwagen und Carsharing

Für Mitglieder bietet die ADAC Autovermietung günstige Konditionen an. Buchungen über adac.de/autovermietung, die ADAC Geschäftsstellen oder unter Tel. 089/76 76 20 99.
Im Stadtgebiet finden sich zudem alle großen Autovermieter.
Auch Share Now (www.share-now.com), WeShare (www.we-share.io) und Miles (www.miles-mobility.com) sind innerhalb des S-Bahn-Rings mit zahlreichen Autos vertreten.

ADAC Spartipp

Folgende Touristentickets sind erhältlich bei allen Touristinfos, in Hotels, an Fahrkartenautomaten oder als Onlineticket:
Berlin WelcomeCard (www.berlin-welcomecard.de, 2–3 Tage ca. 24–52 €): Fahrkarte für Tarifbereich AB oder ABC für einen Erwachsenen und bis zu drei Kinder (bis 14 J.), gültig 2–6 Tage, Rabatte (bis 50 %) bei ca. 200 Sehenswürdigkeiten. Eine lohnenswerte 3-Tage-Variante ist inkl. Museumsinsel (52 €).
CityTourCard (www.citytourcard.com, 2–3 Tage ca. 20–30 €): Fahrkarte für Tarifbereich AB oder ABC für einen Erwachsenen und bis zu drei Kinder (bis 14 J.), gültig 2–6 Tage, Rabatte (meist 25 %) bei den Top-Attraktionen.

Die Geschichte Berlins

6./7. Jh. n. Chr. Besiedlung durch westslawische Stämme
1307 Vereinigung von Cölln und Berlin
1415 Friedrich IV. von Hohenzollern wird zum Kurfürst Friedrich I. von Brandenburg
1640–88 Der »Große Kurfürst« Friedrich Wilhelm gibt Impulse für den Aufstieg Brandenburg-Preußens
1713–40 Regierungszeit von König Friedrich Wilhelm I.
1740–86 Friedrich II., macht Preußen zur Großmacht und zum Zentrum der Aufklärung, Kultur und Wissenschaft
1806–08 Napoleon besetzt Berlin
1870/71 Deutsch-Französischer Krieg
1871 Preußens König Wilhelm I. wird zum Deutschen Kaiser proklamiert. Bismarck erhält das Amt des Reichskanzlers (bis 1890). Berlin wird Hauptstadt des neuen Deutschen Reiches
1918 9. November: Der Sozialdemokrat Philipp Scheidemann ruft vom Reichstag die Republik aus. – 10. November: Kaiser Wilhelm II. dankt ab
1929 Weltwirtschaftskrise (600 000 Arbeitslose)
1933 30. Januar: Machtergreifung Adolf Hitlers. – Februar: Reichstagsbrand
1938 9./10. November: In der Reichspogromnacht zerstören Nationalsozialisten die Berliner Synagogen
1939 Beginn des Zweiten Weltkriegs
1945 8. Mai: Kapitulation der deutschen Wehrmacht. Im Juni wird die in vier Sektoren geteilte Stadt Sitz des Alliierten Kontrollrates
1948/49 Sowjetische Blockade West-Berlins und Luftbrücke der Alliierten. – 7. Oktober: Gründung der DDR mit Ost-Berlin als Hauptstadt
1961 13. August: Beginn des Mauerbaus vonseiten der DDR
1963 Besuch von US-Präsident John F. Kennedy in West-Berlin
1989 7. November: Rücktritt der DDR-Regierung. – 9. November: Die Mauer wird geöffnet
1990 3. Oktober: Auflösung der DDR durch Beitritt zur Bundesrepublik
1999 Umzug von Bundesregierung und Parlament nach Berlin
2016 Ein islamistischer Attentäter rast mit einem LKW in den Weihnachtsmarkt am Breitscheidplatz: 11 Tote, 55 Verletzte
2019 Im Juli Eröffnung der James-Simon-Galerie von Stararchitekt David Chipperfield als zentraler neuer Eingang für die Museumsinsel
2020 Eröffnung des Flughafens BER nach 14-jähriger Bauzeit
2021 Vollendung der verlängerten U5 (zuvor: U55) mit Eröffnung des U-Bahnhofs Museumsinsel. – Schrittweise Eröffnung des Humboldt Forums. – Das Bundesverfassungsgericht kippt den Berliner Mietendeckel

Menschen aus Ost und West feiern am 10. November 1989 den Fall der Mauer.

2 Gratis-Ausgaben testen

So wird die schönste Zeit des Jahres perfekt: **ADAC Reisemagazin** bietet Ihnen viele **Inspirationen und Beratung** mit wertvollen Profi-Reisetipps und nützlichen Hinweisen zu den schönsten Reisezielen in Deutschland, Europa und vielen anderen Ländern – als **Print-Magazin oder Digital-Ausgabe,** Sie haben die Wahl.

2 Ausgaben im Wert von zzt. 19,60 €

gratis

Digital-Abo mit Direkt-Zugang zur aktuellen Ausgabe

Jetzt bestellen:

reise-magazin.com/reisefuehrer-gratis

0781 639 6654

Bestell-Nr. **ADA1PFN2** – 2 aktuelle Ausgaben im Wert von 19,60 € **gratis** testen

Angebot der Abonnenten Service Center GmbH, Hauptstr. 130, 77652 Offenburg in gemeinsamer Verantwortlichkeit mit Motor Presse Stuttgart GmbH & Co. KG und Motor Presse Hamburg GmbH & Co. KG Verlagsgesellschaft. Alle Preise in Euro inkl. ges. MwSt. und Versand. Sie haben ein gesetzliches Widerrufsrecht. Die Belehrung können Sie unter shop.motorpresse.de/agb abrufen. Dort finden Sie auch die für den Vertrag geltenden Allgemeinen Geschäftsbedingungen. **Datenschutzinfo:** Kontakt zum Datenschutzbeauftragten: Abonnenten Service Center GmbH, Postfach 1223, 77602 Offenburg, Tel: 0781-6396102. Namens-, Adress- und Kontaktdaten zum Vertragsschluss erforderlich. Verarbeitung (auch durch Zahlungs- und Versanddienstleister) zur Vertragserfüllung sowie zu eigenen und fremden Werbezwecken (Art. 6 I b) bzw. f) DSGVO) solange für diese Zwecke oder aufgrund Aufbewahrungspflichten erforderlich. Bei Art. 6 I f) DSGVO ist unser berechtigtes Interesse die Durchführung von Direktwerbung. Sollten wir Ihre Daten in einen Staat außerhalb der Europäischen Union übermitteln, stellen wir sicher, dass Ihre Daten gemäß Art. 44ff. DSGVO geschützt sind. Sie haben Rechte auf Auskunft, Berichtigung, Löschung oder Einschränkung der Verarbeitung, Widerspruch gegen die Verarbeitung, auf Datenübertragbarkeit sowie auf Beschwerde bei einer Aufsichtsbehörde. Details unter: shop.motorpresse.de/datenschutz | Bei großer Nachfrage kann es zu Lieferverzögerungen kommen. Dieses Angebot gilt nur in Deutschland (Auslandskonditionen bitte auf Anfrage) und solange der Vorrat reicht.

Motor Presse Stuttgart GmbH & Co. KG, Leuschnerstr. 1, 70174 Stuttgart, Handelsregister: Stuttgart HRA 9302

Register

A

Admiralspalast 76
Ahrensfelde 52
Akademie der Künste 69
Aktion Offene Gärten 43
Alexanderplatz 88
AlliiertenMuseum 45
Alt-Düppel 40
Alte Nationalgalerie 83
Alter Fritz *siehe* König Friedrich II.
Alter Jüdischer Friedhof 115
Altes Museum 82
Altes Palais 72
Alt-Köpenick 40
Altlandsberg 57
Alt-Marzahn 40
Altstadt Köpenick 139
Altstadt Spandau 42, 160
Alt-Tegel 40
Ampelmann Shop 74
Anna Blume 119
Anne Frank Zentrum 116
Anreise 175
Aquarium 148
Archenhold-Sternwarte 128
Arminius-Markthalle 101
Asisi Panorama – Die Mauer 78
Asisi Panorama, Pergamonmuseum 83
Atombunker Harnekop 52
Aussichtspunkte 84
Auto und Straßenverkehr 175

B

Badeschiff 20, 128
Bad Freienwalde 53
Bahn 175
Banksy 37
Barrierefreies Reisen 177
Bauhaus-Archiv 105
Bebel, August 72
Bebelplatz 72
Begas, Reinhold 89
Behrens, Peter 88
Belvedere auf dem Klausberg 171
Berggruen, Heinz 153
Bergmannstraße 132
Berlinale 21, 150
Berlin-Blockade 49
Berliner Carillon 100
Berliner Dom 30, 82
Berliner Ensemble 76, 92
Berliner Küche 22
Berliner Luftbrücke 48
Berliner Mauer 46, 68, 82, 99, 112, 113, 126, 127
Berliner Moderne 98
Berliner Philharmonie 104, 106
Berliner Stadtschloss 86
Berliner Wein 24
Berlinische Galerie 131
Berlin-Marathon 21
Beste Reisezeit 18, 178
Bikini Berlin 26, 146, 150
Blaue Mauritius 98
Bode-Museum 84
Böhmisch-Rixdorf 41
Bootsverleih 181
Botanischer Garten 20, 163
Bötzsee 57
Boule 41
Brandenburger Tor 68
Brandt, Willy 71
Brecht, Bertolt 56, 112
Brecht-Haus 112
Brecht-Weigel-Haus Buckow 56
Bröhan-Museum 154
Brücke-Museum 161
Bruderkuss 127
Buckow 56
Buddy Bären 27
Burgermeister 128
Bus 100 74

C

Café in der Königlichen Gartenakademie 164
Carsharing 183
Centrum Judaicum 114
Charlottenburg 144
Checkpoint Charlie 77
Chipperfield, James 81
City West 146
Clay, Lucius D. 49
C/O Berlin 149
Comenius-Garten 41
Craft Beer 24
Currywurst 23, 25

D

Dampferfahrt 129, 141, 161
Dampfmaschinenhaus, Potsdam 172
DDR Museum 91
Deutscher Dom 75
Deutsches Historisches Museum (DHM) 73
Deutsches Spionagemuseum 45, 95, 97
Deutsches Technikmuseum 30, 32, 49, 51, 135
Döblin, Alfred 88
Dorotheenstädtischer Friedhof 111
Dreißigjähriger Krieg 44
Dussmann – das Kulturkaufhaus 79

E

East Side Gallery 51, 126
Edikt von Potsdam 44
Eisenman, Peter 70
Eissport 181
Engels, Friedrich 91
Ephraim-Palais 87
Events 41, 176

F

Fahrrad 181, 183
Feiertage 177
Fernbus 175
Fernsehturm 89
Festival of Lights 74
Festivals 176
FEZ 31
Filmfestspiele 150
Filmpark Babelsberg 31, 172
Flohmärkte 21, 27, 179
Flughafen Berlin Brandenburg BER »Willy Brandt« 175
Flughafen Tempelhof 48
Flussbad Gartenstraße 140
Forum Willy Brandt 71
Französischer Dom 75
Freilichtmuseum Domäne Dahlem 32, 162
Friedrichshain 122
Friedrichstadt-Palast 76, 92
Friedrichstraße 76

Register

Friedrichswerdersche Kirche – Schinkelmuseum 79
Fundbüros 177
Funkturm 154
Futurium 110

G

Galeries Lafayette 26
Gärten der Welt 19, 41, 138
Gartenstadt Falkenberg 98
Gedenkstätte Berliner Mauer 112
Gedenkstätte Berlin-Hohenschönhausen 136
Gedenkstätte Deutscher Widerstand 105
Gedenkstätte Seelower Höhen 54
Geld 177
Gemäldegalerie 102
Gendarmenmarkt 74
Georg Kolbe Museum 155
Gerstenberg, Otto 154
Gesundheit 178
Glienicker Brücke 45, 97
Goldelse *siehe* Siegessäule
Graffiti 34
GRIPS Theater 50, 106
Gropius, Martin 99
Gropius, Walter 98, 105
Großer Kurfürst *siehe* Kurfürst Friedrich Wilhelm von Brandenburg
Großer Müggelsee 20, 129, 141, 182
Großer Tiergarten 20, 100
Großer Wannsee 165
Großsiedlung Britz 98
Grunewald 164

H

Hackesche Höfe 116
Hamburger Bahnhof – Nationalgalerie der Gegenwart 110
Hauptmann von Köpenick 139, 140
Haus der Kulturen der Welt 101
Haus der Schweiz 71
Haus der Wannseekonferenz 166
Haus Wagon-Lits 71
Havel 42, 160, 161, 164, 166
Heartfield, John 56

Hohenwutzen 53
Hohenzollern 44
Holocaust-Mahnmal 70
Hotel Adlon-Kempinski 68, 93
Hotels 182
Hugenotten 44, 76, 139
Humboldt Forum 86
Humboldt, Wilhelm von 80, 87

I

Information 178
Internet 182
Ischtar-Tor 84

J

Jagdschloss Grunewald 164
Jahn, Helmut 96, 146
Jahnsfelde 55
James-Simon-Galerie 81
Joggen 181
Jüdische Mädchenschule 114
Jüdischer Friedhof 119
Jüdisches Museum Berlin 30, 132

K

KaDeWe 26, 51, 150
Käfer 67
Kaisersaal 96
Kaiser-Wilhelm-Gedächtniskirche 147
Kaiser Wilhelm I. 44, 71, 72, 152
Kaiser Wilhelm II. 97
Kaiser-Wilhelm-Palais 72
Kalter Krieg 45, 78
Karl-Marx-Allee 125
Karneval der Kulturen 38, 135
Käthe-Kollwitz-Museum 152
Kieze 40
Kiezfeste 41
Kindermuseum Labyrinth 32
Kladow 166
Kleihues, Josef Paul 69, 88, 110
Klima 178
Klunkerkranich 130
Knobelsdorff, Georg Wenzeslaus von 101
Knoblauch, Eduard 114
Knoblauchhaus 87
Kollhoff-Tower 97
Kollwitz, Käthe 69, 73, 118, 152
Kollwitzplatz 118
König Friedrich II. 44, 54, 68, 71, 101, 152

König Friedrich Wilhelm II. 68, 167
König Friedrich Wilhelm III. 71, 80
König Friedrich Wilhelm IV. 80, 148, 170
Königin Luise von Preußen 152, 167
Königin Sophie Charlotte 151
Konzerthaus 75
Köpenick 138
Körnerpark 41, 130
Kreuzberg 122
KulturBrauerei 118
Kulturforum 102
Kultur und Tickets 178
Kunstbibliothek 103
Kunstgewerbemuseum 103
Kupferstichkabinett 103
Kurfürstendamm 147
Kurfürst Friedrich Wilhelm von Brandenburg 44, 70

L

Langhans, Carl Ferdinand 72
Langhans, Carl Gotthard 68, 90, 151
Lenné-Park Blumberg 52
Liebermann-Haus 69
Liebermann, Max 69
Liebermann-Villa 166
Linie 1 50
Lustgarten 81

M

Mall of Berlin 26
Märkische Schweiz 56
Märkisches Museum 131
Märkte 179
Markttor von Milet 84
Marlene Dietrich Collection 96
Martin-Gropius-Bau 99
Marx-Engels-Forum 91
Marx, Karl 91
Mauerfall 46
Maybachufer 130
Mellowpark 31
Mies van der Rohe, Ludwig 104
Mietwagen 183
Ming Pei, Ieoh 73
Mitte 108
Modedesigner 28
Molecule Men 128

187

Register

Monbijou-Park 114
Motel One Berlin Upper West 157
Müggelturm 141
Müncheberg 55
Museum Berggruen 153
Museum Blindenwerkstatt Otto Weidt 116
Museum Europäischer Kulturen 163
Museum für Film und Fernsehen, Deutsche Kinemathek 96
Museum für Fotografie – Helmut Newton Stiftung 148
Museum für Kommunikation 98
Museum für Naturkunde 30, 32, 110
Museum Schloss Trebnitz 55
Museumsinsel 80
Museumspass 82
Mutter Fourage 166

N

Nachtleben 179
Nebukadnezars Thronsaal 84
Neptunbrunnen 89
Nering, Johann Arnold 74
Neue Nationalgalerie 104
Neues Museum 83
Neue Synagoge Berlin – Centrum Judaicum 114
Neue Wache 72
Neuhaus, Gert 36
Neukölln 41
Neuköllner Oper 41
Newton, Helmut 148
Niemeyer, Oscar 98
Nikolaikirche 87
Nikolaiviertel 86
Nofretete 81, 83
Notfall 180

O

Oberbaumbrücke 51, 127
Oderbruch 53
Öffentliche Verkehrsmittel 182
Öffnungszeiten, allgemein 180
Oranienburger Straße 112

P

Palais am Festungsgraben 73
PalaisPopulaire 73
Panoramapunkt 97
Pariser Platz 68
Park am Gleisdreieck 136
Parken 175
Park Inn by Radisson 93
Park Sanssouci 158, 168, 170
Paul-Lincke-Ufer 130
Pei, I. M. 73
Pergamonaltar 83
Pergamonmuseum 83
Pfaueninsel 166
Planetarium am Insulaner 32
Post 180
Potsdam 168
Potsdamer Platz 96
Prater Garten 120
Prenzlauer Berg 108
Preußen 44
Preußenpark 42
Prinzessinnengärten 132

R

Rahnsdorf 141
Rauchen 180
Raum der Stille 68
Regierungsviertel 67
Reichstag 66
Reiterdenkmal Friedrichs des Großen 71
Reuter, Ernst 49, 100
Rheingauer Weinbrunnen 42
Richardplatz 41
Römische Bäder, Sanssouci 172
Rosinenbomber 48, 135
Rote Mauritius 98
Rotes Rathaus 90
Rudolf-Wilde-Park 41
Russische Botschaft 71

S

Sammlung Boros 112
Sammlung Scharf-Gerstenberg 154
Sanssouci, Schloss und Park 169
Schabowski, Günter 47
Scharf, Dieter 154
Scharoun, Hans 102, 104
Scheunenviertel 27, 117
Schillerdenkmal 75
Schinkel, Karl Friedrich 72, 79, 82, 99, 112
Schinkelmuseum 79
Schloss Bellevue 100
Schloss Charlottenburg 151
Schloss Diedersdorf 55
Schloss Gusow 54
Schloss Köpenick 139
Sea Life 91
Seitz, Gustav 55
Shoppingcenter 26
Sicherheit 180
Siegessäule 21, 100
Simon, James 81
Sony Center 96
Sophie-Gips-Höfe 117
Sophienstraße 117
Sowjetisches Ehrenmal 128
Spandau 160
Spionage 45
Sport 180
Staatliche Museen zu Berlin 32
Staatsbibliothek – Haus Potsdamer Straße 104
Stadtbesichtigung 43, 181
Stage BLUEMAX Theater 106
Stasi-Museum 125
St.-Hedwigs-Kathedrale 72
St.-Marien-Kirche 90
St.-Matthäus-Kirche 103
St.-Nikolai-Kirche, Spandau 160
Strandbad Müggelsee 141
Strandbar Mitte 20, 115
Strausberg 57
Street-Art 34
Stüler, Friedrich August 82, 103, 114

T

Tape Art 36
Taut, Max 98
Tegeler See 40
Telefon 182
Tempelhofer Feld 20, 49, 133
Tempodrom 106
Teufelsberg 20, 21, 45, 164
Thaipark 42
The Wall Museum 127
Tickets 178
Tierpark Friedrichsfelde 31, 137
Topographie des Terrors 98
Trabrennbahn Karlshorst 42
Tränenpalast 77
Treptower Park 128
Türkenmarkt 130, 179
TV-Asahi-Kirschblütenallee 19

Bildnachweis

U
U-Bahn 50
Übernachten 93, 107, 121, 143, 157, 182
Übernachten mit Kindern 30
Unfall 175
Unter den Linden 70
Urban Nation – Museum for Urban Contemporary Art 37

V
Viermächteabkommen 49
Viktoriapark 132
Volkspark Friedrichshain 124

Volkspark Wilmersdorf 42

W
Wagin, Ben 34, 35
Währung 177
Waldsieversdorf 56
Wandmalerei 34
Wassersport 181
Weihnachtsmärkte 21, 76, 160, 179
Weltzeituhr 88
Werneuchen 52
Wilhelmstraße 70
Wilmersdorf 144

Wintergarten 106
Wochenmärkte 27, 43, 179
Wohnungsmarkt 47

Z
Zentrale der DDR-Staatssicherheit 125
Zille, Heinrich 87
Zille Museum 87
Zitadelle Spandau 42, 160
Zollernhof 71
Zoologischer Garten 31, 148
Zuckmayer, Carl 140
Zuse, Konrad 135

Bildnachweis

Titel: Brandenburger Tor
Foto: Getty Images (Sylvain Sonnet/Collection: Photographer's Choice)
Rücktitel: shutterstock.com: canadastock

AWL Images: Sabine Lubenow 8/9, 111, 131, 192; Francesco Iacobelli 10 – **badedampfer.de:** 3.2 – **David Baltzer:** 50 – **Deutsches Spionagemuseum:** 45.2 – **Deutsches Technikmuseum:** 135 – **dpa Picture-Alliance:** Eventpress Hoensch 63.3 – **Frank Löhmer:** 38 – **Friedrichstadtpalast:** Robert Grischek 60.2 – **Getty Images:** Gustavo Muniz 19; Cultura RF 23; Jeremy Moeller 28; Svein Nordrum 49; Sylvain Sonnet/Collection: Photographer's Choice 69; Jorg Greuel 145.2 – **Grimm's Hotels:** 30 – **Huber Images:** Lubenow 14/15, 146/147; Gianluca Santoni 21; Günter Gräfenhain 155 – **imago stock:** Frank Sorge 27; Olaf Selchow 35; N.N. 78; VWPics 153; Future Image 176 – **Jahreszeiten Verlag:** 61.2, 66, 95.1, 109.1, 124, 141, 159.1; Lukas Spörl 99 – **laif:** Dagmar Schwelle 2, 3.1; Katja Hoffmann 22; Jan-Peter Boening/Zenit 39; Dagmar Schwelle 40, 116, 123, 161; Pierre Adenis 42; Piero Oliosi/Polaris 46.1; Julia Zimmermann 46.2; Gerhard Westrich 48; Amin Akhtar 62.1, 134; Yadid Levy/robertharding 80/81; Milan SZYPURA/HAYTHAM-REA 95.2; Paul Langrock/Zenit 95.3; Rene Mattes/hemis.fr 102/103; Gerhard Westrich 139; Michael Danner 143 – **look-foto:** Ulf Böttcher 54; Roetting+Pollex 85; H. & D. Zielske 109.2; Elan Fleisher 145.3 – **mauritius images:** Novarc/Christian Reister 18, 113, 119; age fotostock/Iain Masterton 24; Rene Meyer 26; imageBROKER/Moritz Wolf 34; rphstock 45.1; Torsten Elger 55; imageBROKER/Lothar Steiner 63.1; imageBROKER/Julie Woodhouse 71; Iain Masterton/Alamy 79, 91; Anna Stowe Travel/Alamy 86; United Archives 89; imageBROKER/Kohls 133; imageBROKER/Christian Reister 137; creativep/Alamy 157; EQRoy/Alamy 162 – **Philipp_Ganzer_Wizet.de:** 36 – **picture alliance:** dpa 121; AP Images 184 – **Sandy Wolf:** 43 – **Seasons Agency:** GourmetPictureGuide 93, 107 – **shutterstock.com:** canadastock 9.2, 75; RossHelen 12/13; Lana_May 16/17; Neirfy 20; Bildagentur Zoonar GmbH 47; Kiev.Victor 61.3; Stavros Argyropoulos 62.2; Flik47 62.3; elxeneize 72; Antonshutterstock 73; hbpictures 77; Cineberg 88; AlexAnton 90; anyaivanova 127; WorldWide 129; paul prescott 145.1; 360b 150; Yuri Turkov 145.4 – **Stiftung Preußische Schlösser und Gärten Berlin-Brandenburg:** Hans Bach 151; Daniel Lindner 167; Leo Seidel 168/169 – **stock.adobe.com:** Ina Meer Sommer 2/3; Pixelshop 9.1; philipk76 11; karepa 25; Robert Kneschke 32; nmann77 44; jotily 51; moment 52; Rolf Dräger 56; ArTo 57; JFL Photography 58/59; Claudio Divizia 98; till beck 115; ArTo 140; BRN-Pixel 165 – **Tape That:** 37 – **Thomas Rosenthal:** 31
Yadegar Asisi (Mauerpanorama) auf S. 78: © VG Bild-Kunst, Bonn 2023

Impressum

© 2023 GRÄFE UND UNZER VERLAG GmbH,
Postfach 86 03 66, 81630 München

Markenlizenz der ADAC Medien und Reise GmbH, München

ISBN 978-3-95689-864-8

1. Auflage 2023

Alle Rechte vorbehalten. Nachdruck, auch auszugsweise, sowie Verbreitung durch Film, Funk, Fernsehen und Internet, durch fotomechanische Wiedergabe, Tonträger und Datenverarbeitungssysteme jeglicher Art nur mit schriftlicher Genehmigung des Verlags.

Autorin: Martina Miethig
(www.martina-miethig.com)
Redaktion: Juliane Helf, Susanne Kronester-Ritter
Lektorat: Katja Tegler
Satz: Mediendesign Anne Tegler, Berlin
Bildredaktion: Dr. Nafsika Mylona
Reihengestaltung: Eva Stadler, München; Independent Medien Design, Horst Moser, München
Kartografie: Kunth Verlag GmbH & Co. KG, München, Huber Kartographie GmbH, www.kartographie.de
Herstellung: Felix Robitsch, Mendy Willerich
Druck und Bindung: Drukarnia Dimograf Sp z o.o. (Polen)

Ein Unternehmen der
GANSKE VERLAGSGRUPPE

Wichtiger Hinweis
Die Daten und Fakten für dieses Werk wurden mit äußerster Sorgfalt recherchiert und geprüft. Wir weisen jedoch darauf hin, dass diese Angaben häufig Veränderungen unterworfen sind und inhaltliche Fehler oder Auslassungen nicht völlig auszuschließen sind, zumal zum Zeitpunkt der Drucklegung die Auswirkungen von Covid-19 auf das Hotel- und Gastgewerbe vor Ort noch nicht vollständig abzusehen waren. Für eventuelle Fehler oder Auslassungen können Gräfe und Unzer, die ADAC Medien und Reise GmbH sowie deren Mitarbeiter und die Autoren keinerlei Verpflichtung und Haftung übernehmen. Alle Inhalte im Buch wenden sich an und gelten für alle Geschlechter (w/m/d). Soweit grammatikalisch männliche, weibliche oder neutrale Personenbezeichnungen verwendet werden, dient dies allein der besseren Lesbarkeit.

Ansprechpartner für den Anzeigenverkauf:
KV Kommunalverlag GmbH & Co. KG,
MediaCenter München, Tel. 089/928 09 60

Bei Interesse an maßgeschneiderten B2B-Produkten:
b2b-kontakt@graefe-und-unzer.de

Leserservice
GRÄFE UND UNZER Verlag
Grillparzerstraße 12, 81675 München
www.graefe-und-unzer.de

Umwelthinweis
Nachhaltigkeit ist uns sehr wichtig. Der Rohstoff Papier ist in der Buchproduktion hierfür von entscheidender Bedeutung. Daher ist dieses Buch auf PEFC-zertifiziertem Papier gedruckt. PEFC garantiert, dass ökologische, soziale und ökonomische Aspekte in der Verarbeitungskette unabhängig überwacht werden und lückenlos nachvollziehbar sind.

Anzeige

Qualitätsmietwagen von Premium-Anbietern mit All-Inclusive-Leistungen.

Buchen Sie jetzt Ihren ADAC Mietwagen mit Rundum-sorglos-Paket und Best-Preis-Garantie auf adac.de/autovermietung, unter (089) 76 76 20 99 oder in allen ADAC Geschäftsstellen.

Ihr persönlicher Gutschein-Code im Wert von 20 Euro* ist hier abrufbar: adac.de/ferienmietwagen-gutschein

* Nur gültig für eine Mietwagen-Anmietung bis einschließlich 31.12.2024 mit einer Mindestmietdauer von 5 Tagen.

Genossenschaftliche FinanzGruppe
Volksbanken Raiffeisenbanken

ANTRIEB
ZUKUNFT

Unter Nachhaltigkeit verstehen wir, **heute die Leistungsfähigkeit von morgen zu sichern.**

Nachhaltigkeit braucht gezielte Anstöße, damit sie langfristig wirkt. Wie bei einem Perpetuum mobile, das sich nach einem ersten Impuls von außen immer wieder selbst antreibt. Dieses ist zwar fiktiv, dient uns von der DZ BANK aber als Vorbild und Haltungsgrundlage. Wir denken in Kreisläufen und unterstützen unsere Kunden dabei, nachhaltige Veränderungen anzustoßen. Dabei haben wir immer die langfristigen Auswirkungen unseres Handelns im Blick. So sichern wir gemeinsam die Zukunft durch nachhaltige Leistungsfähigkeit. Erfahren Sie mehr über unsere Haltung unter: **dzbank.de/haltung**

DZ BANK
Die Initiativbank

Unterwegs in Berlin

Sightseeing mit der Linie 100
Eine Sightseeingtour mit dem Bus – für den Preis eines regulären Fahrscheins? Kein Problem in Berlin. Die Linie 100 gondelt ohnehin an den wichtigsten Sehenswürdigkeiten entlang. Eine Stunde dauert die Fahrt vom Bahnhof Zoo zum Alexanderplatz.

■ Details auf S. 74

Radeln, wo die Mauer stand
Entlang der ehemaligen innerdeutschen Grenze verläuft heute ein Radwanderweg. Der etwa 160 Kilometer lange Mauerweg (auch in Etappen machbar) führt einmal um West-Berlin herum, vorbei an alten Grenzanlagen und Mauerresten, am Brandenburger Tor und Checkpoint Charlie. Fahrräder kann man ausleihen.

■ www.berlin.de/mauer/mauerweg; Details zum Fahrradverleih auf S. 183

Mit dem Boot durch Berlin
Leinen los: Entdecken Sie die Hauptstadt doch mal per Schiff! Berlin durchzieht ein Netz aus Wasserstraßen, großen und kleinen Seen – Oasen der Ruhe in der Hektik der Großstadt. Ausflugsdampfer starten z. B. vom Hauptbahnhof, am Märkischen Ufer oder Halleschen Tor.

■ Details auf S. 79 und 129

Gut informiert mit der BVG-App
Wo ist die nächste Bushaltestelle? Wie komme ich zum Bahnhof? Und ist die S-Bahn pünktlich? Die kostenlose App »Fahrinfo« der Berliner Verkehrsbetriebe informiert über den öffentlichen Nahverkehr. Auch Tickets lassen sich kaufen.

■ www.bvg.de

Reisen in Corona-Zeiten
Liebe Leserin, lieber Leser, durch die langen pandemiebedingten Einschränkungen im Hotel- und Gastronomiegewerbe können wir nicht ausschließen, dass einige der im Buch empfohlenen Adressen zum Zeitpunkt Ihrer Reise nicht mehr aktuell sind. Wenn Sie trotz unserer Bemühungen um Aktualität eine solche Adresse finden, teilen Sie uns diese bitte mit. Wir belohnen jede in die nächste Auflage aufgenommene Korrektur mit **einem kostenlosen Reiseführer Ihrer Wahl**. Zuschriften bitte an: adac@graefe-und-unzer.de